LEO SCHAYA
URSPRUNG UND ZIEL DES MENSCHEN

LEO SCHAYA

URSPRUNG UND ZIEL DES MENSCHEN

im Lichte der Kabbala

OTTO WILHELM BARTH VERLAG
WEILHEIM/OBERBAYERN

Der Titel der im Verlag Editions Buchet/Chastel, Corrêa, Paris
erschienenen französischen Originalausgabe lautet:
L'HOMME ET L'ABSOLU SELON LA KABBALA
Die deutsche Ausgabe wurde vom Autor übersetzt,
neu bearbeitet und erweitert.

1972
ISBN 3 87041 262 3

Druck: Hohenloher Druck- und Verlagshaus, Gerabronn/Württ.
Bindearbeit: Großbuchbinderei Gebhardt, Ansbach

בראשית

(דף ט"ו ע"א)

(א) בריש (ב) (נ"א בראשית בחכמתא דמלכא גליף וכו') (ג) הורמנותא
דמלכא (ד) גליף גלופי (נ"א גליפו) (ה) בטהירו עלאה (ו) בוצינא
דקרדינותא · ונפיק גו סתים דסתימו מרישא (נ"א מרזא) דאין סוף
(ז) קוטרא (פי' עשן) בגולמא נעיץ בעזקא לא חוור ולא אוכם לא סומק
ולא ירוק ולאו גוון כלל כד (נ"א הדר) מדיד (ח) משיחא עביד גוונין
לאנהרא לגו · בגו בוצינא נפיק (נ"א ונפיק) חד נביעו דמניה אצטבעו
גוונין לתתא · סתים גו סתימין דרזא דאין סוף (ט) בקע ולא בקע
אוירא דיליה (י) לא אתיידע כלל עד דמגו דחיקו דבקיעותיה (יא) נהיר
(נ"א נקודא חדא סתימא עלאה · בתר ההיא נקודא לא אתיידע כלל
ובגין כך אקרי ראשית מאמר קדמאה דכלא (עיין בסוף הספר סימן א') :
(דניאל י"ב) והמשכלים יזהירו כזהר הרקיע ומצדיקי הרבים ככוכבים
לעולם ועד · זהר סתימא דסתימין (יב) בטש
אוירא דיליה (דמטי (יג) ולא מטי) (נ"א ואנהיר) בהאי נקודה (ס"א נהורא)
וכדין אתפשט האי ראשית ועביד ליה היכלא ליקריה ולתושבחתיה
יקרא להיכליה ולתושבחתיה · (נ"א וליקריה ולהיכליה ולתושבחתיה) ·
תמן זרע זרעא דקודשא לאולדא לתועלתא דעלמא · ורזא דא (ישעיה ו')
זרע קדש מצבתה · זהר דזרע זרעא ליקריה כהאי זרעא דמשי
דארגון טב (יד) דאתחפי לגו ועביד ליה היכלא דאיהו תושבחתא
דיליה

[illegible]

Eine Seite des *Sepher ha-Sohar*, des »Buches des Glanzes«,
dem berühmtesten Sammelwerk kabbalistischer Schriften.
Die Seite handelt von dem ersten Wort der Bibel:
Bereschith
»Im Anfang ...«, das alle Geheimnisse der Schrift enthält.

VORWORT

Die Kabbala oder jüdische Esoterik ist ihrem hebräischen Namen gemäß – wie jede wahre Innenlehre und Metaphysik – vor allem reine »Empfängnis« der göttlichen Offenbarung. Wenn unter Offenbarung die Heilige Schrift verstanden wird, so ist die Kabbala deren esoterische Deutung; und diese ist ihrerseits Offenbarung, insofern sie die unverfälschte Frucht wahrer Inspiration, unmittelbarer Eingebung von oben ist. Rein menschlich aber bedeutet sie die innere Aufnahme, Beschauung, Vertiefung und Verwirklichung der offenbarten Wahrheit.

Fern aller selbstherrlichen Tätigkeit der menschlichen und begrenzten Vernunft, benützt die Kabbala das Denken in dem Maße, wie es an der Erkenntnis der Wahrheit teilnehmen und ihr dienen muß, weist es aber immer wieder ins Innere seiner natürlichen Schranken zurück. Dieser wird übrigens ein folgerichtiges Denken von selber gewahr, wenn es mittels Abstraktionen die Ebene der Erscheinungen zu übersteigen und deren übersinnlichen Urgrund zu erfassen versucht; da wird es sich notwendigerweise seiner eigenen – aller unterscheidenden Erkenntnis innewohnenden – Grenzen bewußt und stellt seine Unfähigkeit fest, diese zu überschreiten. Das gibt der Denker allerdings nicht immer zu, sonst hätten wir keine von Menschen ersonnenen philosophischen Systeme; doch deren Mangel an letzter Gewißheit kommt immer wieder zum Vorschein und beweist, daß es nicht genügt, Gedankengewebe zu spinnen, um die Wirklichkeit an sich zu erfassen. Nur die überlieferten, heiligen, von oben her eingegebenen Lehren vermögen es, den *circulus vitiosus* des rein Gedanklichen zu sprengen: Sie allein sind imstande, den Weg zum reinen, unerschaffenen Allgeiste zu weisen.

Die Kabbala lehrt – wie auch in unmittelbarer Weise der Neuplatonismus und der Vedanta –, daß der über der Seele stehende Geist zugleich in ihrem Innersten wohnt. Die Seele, wie alle formhaften und der Unterscheidung zugänglichen Erscheinungen, seien sie innerer oder äußerer Natur, hat ihren Ursprung im Geiste; er aber ist ohne Form und Unterschied, in ihm sind Subjekt und Objekt aller Erkenntnis eins: Der Geist erkennt sich selber ganz und gar, er ist alle Erkenntnis und alles Erkennbare, an sich und in allen Dingen. Das Denken hingegen ist nichts als eine menschliche Spiegelfläche, wo alles in Formen erscheint, was an Erkennbarem in sie eindringt und was an sich reine, überförmliche Erkenntnis, reiner unendlicher Geist ist. Das Denken bewegt sich stets zwischen dem Denkenden und dem Gegenstande, der sich im Gedanken spiegelt; was sich nun aber also widerspiegelt, wird vom Gedanken nur in der gedachten Form angeeignet und nicht in seiner tatsächlichen, leiblichen oder seelischen Gestalt und noch viel weniger in seiner überförmlichen, geistigen und allweltlichen Wirklichkeit. Das Denken ist ein menschlicher, vernunftmäßiger Spiegel aller erkennbaren Dinge – der Gedanke ein Spiegelbild, das als solches nie wird, was es darstellt. So gestattet das Denken allein dem Menschen nicht, sich die Wirklichkeit des Gedachten anzueignen: Das Denken bleibt ein sinnbildliches Erkennen der Dinge, ein Erkennen, das den Denkenden ihnen nähert, aber nicht mit ihnen vereint. Der Gedanke läßt die Zweiheit zwischen dem Erkennenden und dem Erkannten bestehen, weshalb der Mensch, der sich nur durch das Denken erkennt, nicht wahrhaft er selber ist: Er kennt sich selber nicht wirklich und ist sich selber nichts als seine eigene gedankliche Form, das Bild, das er von sich selber macht. Diese dem Denken innewohnende Zweiheit ist die Ursache alles Zweifels und Irrtums; der Geist, im Gegenteil, ist die wirkliche Einheit des Erkennenden und des Erkannten, und diese Einheit ist die Wahrheit und Gewißheit aller Erkenntnis.

Die Wahrheit kann also nicht durch das Denken allein gefunden werden, durch eine Fähigkeit, die ihrer zweiheitlichen Natur wegen eben nicht imstande ist, den Abgrund ihres inneren Zweifels zu überbrücken. Hingegen kann der Mensch die Wahrheit auch nicht ohne jede Hilfe des Gedankens finden; denn er ist ein denkendes Wesen, und wenn der Gedanke keinerlei Beziehung zur Wahrheit hätte, gäbe es zwischen dem Menschen und ihr auch kein bewußtes Band. Eines ist gewiß: Der Begriff der Wahrheit besteht; das Denken stellt ihn demjenigen des Irrtums gegenüber und dem der Wirklichkeit gleich. Das deutet äußerlich auf eine Beziehung zwischen dem Denken und der Wahrheit hin, auf ein Band, das innerlich nichts anderes ist als der Geist. Der Geist ist es, der zur Wahrheit führt. Der Gedanke verbindet den Menschen mit dem Geiste, stellt sich aber auch zwischen sie als ein Hindernis, als etwas in sich Gespaltenes. Deshalb kann das Denken nicht über Zweifel und Irrtum hinwegkommen und zur Wahrheit heimfinden, es sei denn, es stimme mit dem Geiste ganz überein, versenke sich in ihn und gehe in ihm auf.

»Der Gottlose lasse von seinem Wege und der Übeltäter von seinen Gedanken und bekehre sich zu *JHWH**, so wird Er Sich seiner erbarmen, und zu unserem Gott, denn bei Ihm ist viel Vergebung. Denn: Meine Gedanken sind nicht eure Gedanken, und eure Wege sind nicht Meine Wege, spricht *JHWH*. Sondern so viel der Himmel höher ist als die Erde, so sind auch Meine Wege höher als eure Wege und Meine Gedanken höher als eure Gedanken (*Jesaia* 55, 7–9).«

Gottes Gedanke, das ewige und höchste Urbild alles menschlichen Denkens, hat zwei wesentliche Anblicke: Einerseits ist er überkosmische »Weisheit«, andrerseits kosmische »Vernunft«. In Seiner Weisheit kennt Gott Seine eigene, nicht kundgegebene, unendliche Wirklichkeit; in Seiner Vernunft kennt Er Seine Allkundgebung und die daraus fließende Schöpfung, das begrenzte, vergängliche Dasein. Seine Weisheit bestimmt die unerschaffenen Urbilder; Seine Vernunft gibt sie in ihrer geistigen und überförmlichen Wirklichkeit kund, welche sich ihrerseits in feinen und in groben Stoff einhüllt, um Himmel und Erde zu gebären. »Und gleichwie Regen

---

* Das Tetragrammaton JHWH bedeutet für die jüdische Überlieferung den allerheiligsten Namen Gottes. Vor mehr als zweitausend Jahren wurde den Juden sein Aussprechen untersagt, und seine Vokalisierung als solche oder in ihren Variationen — oft durch JeHoWaH oder JaHWeH ersetzt – ist der Allgemeinheit nicht mehr zugänglich. Es werden hier deshalb nur seine eigentlichen vier Buchstaben oder Konsonanten wiedergegeben.

und Schnee vom Himmel fallen und nicht wieder dahin kommen, es sei denn, sie haben die Erde gefeuchtet, sie fruchtbar und wachsend gemacht, daß sie Samen gibt dem Sämann und Brot dem, der ißt, also ist auch Mein Wort, das aus Meinem Munde geht: Es kommt nicht leer zu Mir zurück, sondern tut, was Mir gefällt, und vollbringt, wozu Ich es sende (*Jesaia* 55, 10–11).«

Mit Seinem Gedanken, der als unendliche Weisheit in Ihm ruht, bestimmt Gott alle Dinge; und mit demselben Gedanken – wenn Er ihn als vernünftiges Wort ausspricht – erschafft Er alle Dinge und offenbart zugleich ihren Daseinsgrund. Sein Wort an sich ist Sein in Ihm verborgener Gedanke, Sein erster, in Ihm beruhender Ausfluß, die erste Ausstrahlung *in divinis*; das »Wort, das aus Seinem Munde geht«, ist Sein schaffender Gedanke, Seine schöpferische, offenbarende und erlösende Tat. Jede aussprechbare Wahrheit ist in dieser göttlichen Alloffenbarung enthalten; und wenn dieses eine und einzige, allweltliche Wort Gottes zur Erde niedersteigt, vervielfältigt es sich in verschiedene »Zungen« oder Offenbarungen, die sich an ebenso viele verschiedene Gruppen der Menschheit richten.

Von dieser geistigen Ureinheit aller Offenbarungen oder Religionen, die sich am Anfang der Zeiten und angesichts einer noch geeinten Menschheit als eine einzige Urüberlieferung kundgab, ist heute namentlich in den Werken von Frithjof Schuon, René Guénon und Ananda Coomaraswamy die Rede. Sie zeigen die Übereinstimmung der wesentlichen Grundsätze aller echten Überlieferungen; diese Übereinstimmung, diese innere Einheit kann man durch die metaphysische Vertiefung der verschiedenen Glaubenslehren und -sinnbilder entdecken; letztere weichen äußerlich mehr oder weniger voneinander ab, verlieren aber im Lichte der überförmlichen, allweltlichen Wahrheit das, was sie einander entgegensetzt, und offenbaren sich in ihrem inneren Wesen als das Eine selber. Doch muß man sich davor hüten, die Gegensätzlichkeit der verschiedenen Überlieferungen dadurch überwinden zu wollen, daß man die scharfen Umrisse ihrer Formen durch irgendeinen Synkretismus künstlich zu verwischen versucht, anstatt sie im Gegenteil von einer Religion zur andern streng zu achten; gerade im Grunde der »Einzigkeit« einer jeden findet man ihrer aller überförmliche »Einheit«: den »einen Vater und Gott«. Sein rein geistiges, schöpferisches und erlösendes

Licht ist überall dasselbe, der Sonne gleich, deren Strahl die verschiedensten Landschaften beleuchtet. Hat deshalb der menschliche Geist einmal die förmliche Ebene der Glaubenslehren und -sinnbilder überstiegen, ist er einmal in das Reich ihrer überförmlichen Urbilder eingedrungen, dann schaut er die Klarheit des Einen und sieht, wie sie nur rein äußerlich in eine Vielfalt von offenbarenden Strahlen zerfällt. Diese Strahlen, mögen sie auch verschiedene Richtungen einschlagen und verschiedene Farben annehmen, gehen von einer einzigen Mitte aus, um überall dieselben göttlichen Geheimnisse zu offenbaren und um jene Menschen, von denen sie in Wahrheit aufgenommen werden, zum selben Anfang und Ende aller Dinge zurückzugeleiten.

Die vergleichende Betrachtung der Metaphysik der Religionen ist ein Mittel, um deren transzendente Einheit zu zeigen, wobei sichtbar wird, daß alle geistigen Wege den Menschen schließlich zum »Einen ohne Zweiten« zurückführen. Ein anderes Mittel hierzu besteht in der Beschreibung der heiligen Lehren einer einzigen Offenbarung, und dies habe ich im vorliegenden Buche zu tun versucht. Ich fand im Judentum die *philosophia perennis*, die ich im Hinduismus, im Buddhismus und im Sufitum kennengelernt hatte und die auch das Christentum birgt. Im Lichte dieser metaphysischen Universalität habe ich die vorliegende Arbeit unternommen, ohne aber darin zur vergleichenden Metaphysik zu greifen, weil das im Rahmen dieses Buches zu weit geführt hätte. Ich muß es deshalb dem Leser überlassen, allfällige Vergleiche mit anderen esoterischen Lehren zu ziehen, was die Kabbala ohne allzugroße Schwierigkeiten erlaubt: Dank ihres universalen Charakters bildet sie die geistige Brücke zwischen den »ausschließenden« Formen der mosaischen Religion* und denjenigen anderer Überlieferungen. Trotzdem muß ich mich also hier darauf beschränken, ein zusammenfassendes Bild der überaus reichen, innersten »Empfängnis« der göttlichen Offenbarung durch das auserwählte Volk zu geben.

Unter den zeitgenössischen wissenschaftlichen Forschern der Kabbala möchte ich vor allem Gershom Scholem erwähnen, dessen Arbeiten über die jüdische Esoterik eine weite theoretische Kenntnis derselben vermittelt haben. Wieviel Licht braucht es aber noch, um die Kabbala jenseits der geschichtlichen, literarischen und rein gedanklichen Forschung zu ergründen! Deshalb habe ich hier von Geschichte und Literatur der Kabbala sowie von allen beiläufigen Gedankengängen absehen wollen, um so unmittelbar wie möglich ins Wesentliche einzudringen. Wenn im allgemeinen wenig Hoffnung auf eine erschöpfende Darstellung der Kabbala besteht, gibt es hingegen Mittel, ihre rein geistige Lehre klar zusammenzufassen. Eines dieser Mittel, von dem ich hier weitgehend Gebrauch mache, ist die grundlegende kabbalistische Lehre der zehn *Sephiroth*; das sind die zehn wesentlichen Anblicke Gottes, die uns als geistige Schlüssel helfen werden, Seine Allwirklichkeit zu betrachten. Und was uns in dieser metaphysischen, kosmologischen und anthropozentrischen Betrachtung des Alls besonders nahetreten wird, ist das Geheimnis des Gottesnamens. Es handelt sich dabei nicht nur um die allweltliche Wirklichkeit des heiligen Namens, sondern auch um seine erlösende Wirkung auf den Menschen. Über seine methodische Anrufung aber wird hier geschwiegen. Da gilt das alte Wort: »Wer da sucht, der findet.«

---

* Diese Ausschließlichkeit, welche die nichtjüdischen Religionen verneint und keinen anderen zureichenden Grund haben kann als den des Schutzes der überlieferungsmäßigen Form Israels, – diese Ausschließlichkeit wurde von Zeit zu Zeit sogar auf der exoterischen Ebene des Judentums durchbrochen, und zwar durch universalistische Aussagen gewisser seiner großen Vertreter wie Saadja (10. Jahrh.), Maimonides (12 Jahrh.) oder Jehuda Halevy. So hat sich z. B. der letztere in seinem gegen 1140 geschriebenen Zwiegespräch *Al-Chasarî* folgendermaßen ausgedrückt: »Das Christentum und der Islam sind die Vorläufer und Wegbahner der messianischen Zeit; sie sind dazu berufen, die Menschen auf das Reich der Wahrheit und Gerechtigkeit vorzubereiten . . .«

THORA UND KABBALA

Die Offenbarung der schriftlichen und der mündlichen Thora

Alles Licht, das Gott Israel geschenkt hat, ist in der *Thora** (Gesetz, Lehre) enthalten; diese ist die geheimnisvolle Kristallisierung und dauernde Gegenwart der sinaitischen Offenbarung. Am Sinai erschien dem auserwählten Volk die Wahre Gegenwart der *Chochmah*, der göttlichen »Weisheit«. »Israel drang ins Geheimnis der *Chochmah* ein«, sagt der *Sohar***, und »die Israeliten schauten am Berge Sinai die Herrlichkeit (oder Wahre Gegenwart) ihres (göttlichen) Königs von Angesicht zu Angesicht . . .«.

Nun muß zwischen der Herabkunft oder Offenbarung der ersten und der zweiten Tafeln der Thora unterschieden werden. Der *Sohar* lehrt, daß die ersten Tafeln vom Baume des Lebens herrührten, Israel aber wegen seiner Anbetung des goldenen Kalbes »nicht würdig erachtet wurde, ihrer teilhaftig zu werden«. Deshalb gab Mose dem Volk mit der Einwilligung Gottes andere Tafeln, die vom Baum der Erkenntnis

---

* Bekannte Begriffe wie *Thorah* und *Kabbalah* werden in der deutschen Schreibweise allgemein mit »Thora« und »Kabbala« wiedergegeben, und wir folgen hier diesem Brauche.

** Der *Sohar* oder *Sepher ha-Sohar* (Buch des Glanzes) ist eine Sammlung kabbalistischer Schriften, die vor allem geistige Auslegungen der Thora darstellen. Ebenso umstritten in seinem Aramäisch wie in der Urheberschaft — zuerst Rabbi Simon ben Jochaj (2. Jahrh.) oder seiner Schule und schließlich dem spanisch-jüdischen Kabbalisten Mose de Leon (13. Jahrh.) zugeschrieben –, ist der Sohar indessen zum verbreitetsten und einflußreichsten Werk der esoterischen Literatur des Judentums geworden. Viele jüdische Mystiker haben ihn als eine Sammlung inspirierter Schriften betrachtet; man nannte ihn den »heiligen Sohar«, dem in den mystischen Kreisen Israels schließlich eine ähnliche Verehrung gezollt wurde wie der Thora und dem Talmud.

des Guten und Bösen stammen. Und so ist das Gesetz der zweiten Tafeln aus Geboten und Verboten gebildet: «Dieses ist gut oder erlaubt, jenes schlecht und untersagt«; vom Guten und Gebotenen kommt das Leben, vom Bösen und Verbotenen der Tod. Die ersten Tafeln, lehrt die Kabbala weiter, waren das Licht und die Lehre des Messias, die Ankunft der Allerlösung hienieden, das auf Erden hervorquellende ewige Leben. Die zweiten Tafeln bedeuteten nur noch die mittelbare, »gebrochene« Kundgebung dieses Lichtes; *Chochmah*, die reine und erlösende Weisheit konnte darin nicht mehr unmittelbar erreicht werden: Sie verbarg sich nunmehr hinter den »Vorhängen« der *Binah* oder schöpferischen »Vernunft« Gottes.

Die Kundgebung der göttlichen Thora hatte sich geändert, nicht aber ihr reines Wesen, *Chochmah*. Die Wahre Gegenwart der Weisheit Gottes wohnt in ihrer zweiten Kundgebung wie in ihrer ersten, mit dem Unterschiede, daß bei der zweiten *Binah* den Menschen verhindert, »seine Hand auszustrecken, vom Baume des Lebens zu nehmen, davon zu essen und ewig zu leben«. Um an *Chochmah* teilzuhaben, muß er seiner Seele »Erde bearbeiten« durch das Unterscheiden von Gut und Böse und das Befolgen des göttlichen Gesetzes und muß mit viel Eifer die hinter dem Buchstaben der Heiligen Schrift verborgene Wahrheit suchen. Dieses geistige Eindringen in die schriftliche Lehre *(Torah schebichtab)* wird durch die mündliche Lehre *(Torah schebal peh)* erleichert, die ja nichts anderes ist als die Erklärung der ersteren: Es handelt sich um die beiden unzertrennlichen, einander ergänzenden und zusammen kundgegebenen Anblicke der mosaischen Offenbarung. Die schriftliche Thora oder der unbewegliche »Buchstabe« dient als sicherer Ausgangspunkt zur geistigen Betrachtung der offenbarten Wahrheit, und die Art und Weise dieser Betrachtung ist ihrerseits offenbarter Natur: Es ist die heilige Auslegung des »in den Stein (der Gesetzestafeln) gehauenen Buchstabens«, es ist die ganze mündliche Überlieferung, die »gleich einem Hammer auf den Stein schlägt«, damit die darin verborgenen »Funken« der *Chochmah* hervorsprühen und aufleuchten und in ihrer Befreiung den »hämmernden« Menschen selber zur geistigen Befreiung führen.

Was die gleichzeitige Offenbarung der schriftlichen und der mündlichen Lehre betrifft, geht sie aus folgender Schriftstelle hervor: »Und das ganze Volk sah den Donner, die Flammen, den Ton der Posaune und den rauchenden Berg (*Exodus* 20, 18).« Der *Sohar* sagt zu diesem Vers, daß die Worte Gottes sich in die Finsternis der Wolke einprägten, die Seine Wahre Gegenwart verhüllte. So wurden Seine Worte von Israel zugleich gehört – als mündliche Lehre – und gesehen – als die schriftliche. Dabei teilte sich jedes Wort in siebzig Töne, welche die siebzig grundlegenden Deutungsweisen der Schrift offenbarten und den Kindern Israels als ebensoviele strahlende Lichter erschienen; die zehn Gebote aber faßten das ganze Gesetz zusammen, und im Augenblick ihrer Offenbarung drang Israel in alle Geheimnisse der Thora ein.

Von der äußeren zur inneren Lehre

Durch die mündliche Lehre werden von einem Geschlecht zum andern die göttlichen Geheimnisse in ihren heiligen Deutungen überliefert – Geheimnisse und Deutungen, die als Töne oder offenbarte Worte und als Lichter oder geistige Erkenntnisse in der geschriebenen Thora verborgen sind. Die innerste, reinste Empfängnis dieser geheimen Töne und Worte, dieser Lichter und Erkenntnisse Gottes ist die Kabbala. Das geht unter anderem aus der grundlegenden Definition der Überlieferung durch die talmudischen »Sprüche der Väter« (*Pirke Aboth,* 1, 1) hervor: »Mose empfing (*kibbel* = *Kabbalah,* ›Empfängnis‹) die Thora am Sinai und überlieferte sie dem Josua, Josua den Ältesten, die Ältesten den Propheten, und die Propheten überlieferten sie ihrerseits den Männern der großen Synagoge.« Am Anfang dieser heiligen »Kette der Überlieferung« steht Mose vereint mit der Kabbala oder »Empfängnis« der Thora, der ganzen schriftlichen und mündlichen Lehre; deshalb wurde diese Kette, die bis ans Ende der Welt gehen soll, von den jüdischen Mystikern *Schalscheleth ha-Kabbalah,* die »Kette der Empfängnis (und Weitergabe)« genannt. Aber in obigem Lehrsatze findet man die Kabbala nur angedeutet; sie wird darin nicht ausdrücklich erwähnt, denn sie ist die verborgene Empfängnis, die geheime Lehre, die als solche auch in anderen maßgebenden Bestimmungen des Begriffs der Überlieferung fast nie genannt wird, wie z. B. in der folgenden: »Als der Heilige, gesegnet sei Er, Sich auf dem Sinai offenbarte, um Israel die Thora zu schenken, übergab Er sie dem Mose in der folgenden Ordnung: die Schrift (oder schriftliche Thora); die *Mischnah*, den *Talmud* und die *Haggadah* (eine Zusammenfassung der mündlichen Thora, die noch andere Bestandteile miteinbezieht) (*Exodus Rabba*, 47, 1).«*

Jeder wahre Unterricht der mündlichen Lehre, selbst wenn er als persönlicher Ausdruck eines Lehrers erscheint, rührt von den »Tönen« und »Lichtern« des Sinai her; und »sogar was einem begabten Schüler bestimmt ward, im Beisein seines Meisters zu lehren, war schon dem Mose am Sinai gesagt worden (*P. Peah* 17a).« Was nun innerhalb der mündlichen Lehre die Beziehung zwischen dem exotischen oder talmudischen und dem esoterischen oder kabbalistischen Bereich betrifft, so besteht sie in vielen, oft unmerklichen Übergängen, aber auch in stufenweisem, bewußtem Vordringen vom einen zum anderen. Eine Menge jener Übergänge findet man in der *Haggadah* oder den haggadischen *Midraschim*: Diese sind Brücken zwischen dem öffentlichen Unterricht der Lehre und der Kabbala, die – wie gesagt – die »geheime Überlieferung« bezeichnet, weil sie ihrem eigentlichen Wortsinne gemäß die reine »Empfängnis«, »Annahme« und »Aufnahme« des Göttlichen durch den Menschen ist, sein unmittelbares – erkennendes und einendes – »Sich in der Gegenwart (Gottes) Befin-

* Die schriftliche Thora besteht im engeren Sinne aus dem *Pentateuch (Chamischah chumsche Torah)*, den »fünf Fünfteln der Lehre« oder fünf Büchern Moses und im weiteren Sinne auch aus den Propheten *(Nebiim)* und den Hagiographen *(Ketubim)*. Die mündliche Thora umfaßt einerseits den *Talmund*, das öffentliche »Studium« oder den exoterischen Kommentar der Heiligen Schrift (welcher, wie oben angegeben, zuerst in der *Mischnah*, der überlieferungsmäßigen »Wiederholung« der mündlichen Lehre besteht, dann durch dessen »Ergänzung« oder Kommentar, *Gemarah*, bereichert als *Talmud* erscheint; im weiteren Sinne aber versteht man unter *Talmud* die ganze maßgebende talmudische Literatur, d. h. auch die *Midraschim*, die rabbinischen »Auslegungen« der schriftlichen und mündlichen Lehre; dabei unterscheidet man in der letzteren zwischen der – nicht gesetzlichen – *Haggadah* oder überlieferten »Erzählung« erbaulicher und sinnbildlicher Natur und der in Gesetzeserläuterungen bestehenden *Halachah*, dem »Gehen« auf dem Wege der offenbarten Gebote und Verbote); andererseits enthält die mündliche Lehre die *Kabbalah* oder den esoterischen Kommentar der Heiligen Schrift, die Einweihung in die »Geheimnisse der Thora«.

den«. Die *Haggadah* führt vom Gottesdienst zu dieser der geistigen Elite Israels vorbehaltenen Nähe und Erkenntnis Gottes: »Hegst du den Wunsch, Denjenigen zu erkennen, Der sprach, und die Welt ward, so vertiefe dich in die *Haggadah;* dank ihrer wirst du dazu gelangen, den Heiligen, gesegnet sei Er, zu erkennen und Seine Wege zu gehen *(Siphre Deuteron.* 49, 85 a).«

Andrerseits wird die Heilige Schrift durch die mündliche Lehre dank vier wesentlichen Auslegungsarten gedeutet, welche stufenweise vom talmudischen Gebiet bis zur Kabbala, der Sphäre des *Sod* oder »Geheimnisses« führen. Diese Stufenleiter des zunehmenden geistigen Lichtes wird überlieferungsmäßig *PaRDeS,* das »Paradies« der göttlichen Erkenntnis genannt; dabei bezeichnen die vier Buchstaben oder Konsonanten des Wortes *(PRDS)* die vier Stufen oder Methoden der fortschreitenden Deutung oder Erkenntnis. *P* bedeutet *Peschat,* die »einfache«, auf den Buchstaben der Schrift gerichtete Betrachtungsweise; *R, Remes,* die »Andeutung« des vielfachen, in jedem Satze, Buchstaben, Zeichen und Punkte der Thora verborgenen Sinnes; *D, Derasch,* die »Darlegung« der lehrbaren Wahrheiten, die alle möglichen Deutungen der Thora umfaßt; und *S, Sod,* das »Geheimnis«, die Einweihung in die *Chochmah* oder göttliche Weisheit, die in der Schrift verborgen ist und in Hinsicht auf ihre lehrbare Übermittlung *Chochmat ha-Kabbalah,* die esoterische »Weisheit der Überlieferung« genannt wird.*

Diese vierte Methode, welche die »Geheimnisse der Thora« *(Sithre Torah)* zum Gegenstand hat, besteht wesentlich in der geistigen Deutung und Verwirklichung des ersten Kapitels der Genesis *(Ma'asseh Bereschith,* das »Werk des Anfangs«) und des ersten Kapitels des Propheten Ezechiel, das den göttlichen Thron als himmlischen »Wagen« beschreibt *(Ma'asseh Merkabah,* das »Werk des Thronwagens«). Außer diesen

---

* Die kabbalistische Methode benützt zur Schriftdeutung oft die heilige Wissenschaft der »Buchstaben« oder der »Zahlen«, die ihnen entsprechen. Drei stark entwickelte Zweige dieser Wissenschaft sind die *Gematria,* welche sich des Zahlenwertes der Buchstaben bedient, der *Notarikon,* der sich besonders auf die Anfangs-, Mittel- und Endbuchstaben der offenbarten Worte stützt, und die *Temurah,* die von der Umstellung und Verbindung der Buchstaben ausgeht.

grundlegenden Lehren aber, welche die göttliche Ursache und ihre allweltliche Kundgebung einerseits sowie ihre Wahre Gegenwart in der himmlischen oder geistigen Mitte der Schöpfung andrerseits betreffen, dient die ganze Heilige Schrift als Ausgangspunkt zur Deutung des *Sod*. Die zehn *Sephiroth*, d. h. die zehn zusammenfassenden »Aufzählungen« oder Bestimmungen der unendlichen Anblicke Gottes sind die wesentlichsten beschaulichen Stützpunkte dieser rein geistigen Deutungsweise, während die Anrufungen der göttlichen Namen – und andere ähnliche Gnadenmittel – grundsätzlich den Gegenstand der Beschauung unmittelbar verwirklichen helfen: Sie sind dazu bestimmt, den Kabbalisten, der sich ihrer vorschriftsmäßig bedient, mit dem Lichte des Sinai, der Wahren Gegenwart Gottes zu vereinen. Hier geht die »theoretische Kabbala« *(Kabbalah ijunith)* in die »praktische Kabbala« *(Kabbalah ma'assith)* über, deren Zugang strengen Bedingungen unterworfen ist: Vor allem handelt es sich um den Anschluß an einen wahren kabbalistischen Meister, welcher dem Schüler, der alle nötigen Eigenschaften dazu besitzt, die überlieferungsmäßige Einweihung gibt und ihm damit den göttlichen Segen und den geistigen Einfluß der bis zum Sinai hinaufreichenden heiligen »Kette« übermittelt. Dazu kommt die Leitung und strenge Überwachung des Schülers, seine Übereinstimmung mit allen gegebenen geistigen Vorschriften, ohne die er sich großen Gefahren aussetzt, wie jeder, der unbefugt die übermenschlichen Kräfte, die durch die praktische Kabbala wachgerufen werden können, in Bewegung setzt.

Kabbala: Empfängnis und Überlieferung der Innenlehre

Die Kabbala ist das innerste lehrbare Wesen der Thora selber, die Gesamtheit der »seit dem Beginn der Zeiten verborgenen Geheimnisse«, insofern sie im Judentum Fuß gefaßt haben. Gott hat diese Geheimnisse in verschiedenen überlieferungsmäßigen oder religiösen Formen offenbart; und diese Verschiedenheit ist nichts anderes als ein Ausdruck des unendlichen Reichtums des Einzig Wahren: Sie trübt in keiner Weise dessen übersinnliche und unbewegliche Einheit. Die Kabbala ist gleichsam der jüdische Zweig des allweltlichen Baumes der Ewigen Weisheit: Diese ruht im Grunde aller rechtgläubigen Wege, und ihre Offenbarung führt zur reinen, vollkommenen Erkenntnis Gottes in Gott selber.

Diese Erkenntnis der Höchsten Wahrheit wurde den Patriarchen Israels und ihren geistigen Nachfolgern zuteil, bis sie sich schließlich in der sinaitischen Offenbarung kristallisierte. Mose überlieferte ihren Zugang dem Ahron und den Auserwählten seiner Umgebung, insbesondere dem Josua, sowie den Ältesten Israels; die Ältesten überlieferten ihn den Propheten, die Propheten den erlesenen Männern der großen Synagoge, und diese vermachten ihn den künftigen Gliedern der heiligen »Kette der Kabbala«. Diese Kette soll heute noch bestehen: Sie ist dazu bestimmt, die Weisheit des paradiesischen Adams mit derjenigen des Messias zu verknüpfen. Nach der Rückkehr Israels aus Babylonien, als sein Prophetentum zu Ende ging, hinterließ Esra dem Judentum in endgültiger Weise die Thora mit ihren Gesetzen, Geheimnissen und Deutungen. Sein göttliches Vermächtnis wurde durch die Männer der großen Synagoge, die »Schriftgelehrten« *(Sophrim)* und ihre Schüler bewahrt; diese übermittelten sie den *Tannaim* oder geistigen Autoritäten des 1. bis 3. Jahrhunderts der christlichen Zeitrechnung, zu denen die großen kabbalistischen Meister Akiba und Simon ben Jochaj gehörten. Nach dem Tode des letzten *Tanna*, Jehuda – der geistige »Fürst« Israels oder auch der »Heilige« genannt – wurde die mündliche Lehre, die er als geschriebene *Mischnah* festgelegt hatte, durch die *Amoraim* oder Thoralehrer des 3. bis 5. Jahrhunderts übermittelt. Diese lehrten nicht mehr »im eigenen Namen«, sondern beriefen sich auf die *Tannaim*, deren Lehre sie wiederholten und auslegten; und diese ihre ergänzenden Auslegungen wurden schließlich als *Gemarah* schriftlich festgehalten, d. h. als »Ergänzung« oder Kommentar der *Mischnah*. So entstand am Ende des 4. Jahrhunderts der jerusalemische oder palästinensische Talmud, während der babylonische Talmud – d. h. die babylonische *Gemarah* der *Mischnah* – nach dreißigjähriger Bearbeitung durch Rab Aschi (352–427) am Ende des 5. Jahrhunderts durch Rabbina vollendet wurde.

In dieser ununterbrochenen Überlieferung der öffentlichen mündlichen Lehre verbarg sich die der geheimen Kabbala, und unter den rabbinischen Nachfolgern der *Amoraim* oder den Verfassern der *Midraschim* gab es geistige Meister, welche gewisse auserlesene Schüler in die Mysterien der Thora einweihten. Während der Zerstreuung des jüdischen Volkes zog sich diese »Kette der Kabbala« bis ins Abendland hin; hier erfuhr ihre Lehre im Mittelalter eine Blütezeit und im 18. und 19. Jahrhundert eine starke Wiederbelebung durch den osteuropäischen Chassidismus, ungeachtet gewisser, sich auf die Kabbala berufender Irrlehren, die das Judentum zu verfälschen versuchten. Was die reiche kabbalistische Literatur betrifft, müßten wir außer dem vorerwähnten *Sepher ha-Sohar* und dem berühmten *Sepher Jezirah* oder »Buch der (geistigen) Formung« noch viele andere Schriften erwähnen, verzichten jedoch darauf aus den im Vorwort angeführten Gründen; wir verweisen hierfür auf die Werke von G. Scholem. Worauf es uns hier ankommt, ist, daß die maßgebenden kabbalistischen Schriften erlauben, hinter dem Buchstaben der mosaischen Offenbarung den reinen Geist der einzigen, allweltlichen Wahrheit zu entdecken.

BETRACHTUNG DER ANBLICKE GOTTES

I. Die Einheit der Sephiroth

Die Bedeutung der Sephiroth

Die *Sephiroth* bedeuten die metaphysischen »Zahlen« oder zusammenfassenden »Aufzählungen« der an sich unzählbaren, unendlichen Anblicke Gottes; es sind offenbarte geistige Schlüssel zur Erkenntnis der in der Thora verborgenen göttlichen Mysterien. Sie bilden eine zehnstufige Hierarchie, und ihre Namen findet man in der Heiligen Schrift, so unter anderem in Jesaia 11, 2, wo vom »Geist der Weisheit *(Chochmah)* und der Vernunft *(Binah)*« die Rede ist, oder im Gebet Davids (1. *Chronik* 11): » Dir, JHWH, ist die Größe *(Gedullah)* und die Gewalt *(Geburah)* und die Schönheit *(Tiphereth)* und der Sieg *(Nezach)* und die Majestät *(Hod)*; denn alles *(Kol,* Beiname der *Sephirah Jessod,* des ›Urgrunds‹ von allem), was im Himmel und auf Erden ist, ist Dein, oh *JHWH*: Dein ist das Reich (*Mamlachah,* gleichbedeutend mit der *Sephirah Malchuth)*; und Du bist über alles erhaben aufs Höchste (*Rosch,* das dreifache ›Haupt‹ der *Sephiroth*).«

Das »dreifache Haupt« der zehn *Sephiroth* besteht aus *Kether,* »Krone« (oder *Kether eljon,* »höchste Krone«), *Chochmah,* »Weisheit«, und *Binah,* »Vernunft«; die sieben »unteren *Sephiroth*« sind – in Übereinstimmung mit der im obigen Davidsgebet angegebenen Reihenfolge – *Chessed,* »Gnade« oder »Liebe« (auch *Gedullah,* »Größe« genannt); *Din,* »Gericht« oder *Geburah,* »Gewalt«, »Stärke« (auch *Pachad,* »Furcht«, »Schrecken« genannt); *Tiphereth,* »Schönheit«, »Pracht« (oder *Rachamin,* »Erbarmen«); *Nezach,* »Sieg«, »Dauer«, »Ewigkeit«; *Hod,* »Majestät«; *Jessod,* »Grundlage«, »Urgrund« (auch *Kol,* das urbildliche, unerschaffene »All«, oder *Zedek,* die das erschaffene All beherrschende göttliche

»Gerechtigkeit«, genannt), und *Malchuth*, das »Reich« Gottes (oder Seine *Schechinah*, Seine »Einwohnung« im All).

Diese zehnstufige Hierarchie der *Sephiroth* oder Anblicke Gottes kann als eine der wesentlichsten, wenn nicht die wesentlichste lehrbare Grundlage der jüdischen Esoterik betrachtet werden; sie hat für die Kabbala eine ähnliche Bedeutung wie die zehn Gebote für das exoterische Judentum. Ja, die zehn *Sephiroth* sind nicht nur die geistigen Urbilder der zehn Gebote, sondern aller Offenbarungen der Thora überhaupt. Sie sind letzten Endes die Urbestimmungen oder ewigen Ursachen aller Dinge; ihre Zehnheit besteht aus neun Emanationen oder Uroffenbarungen, und der höchsten, ewig verborgenen *Sephirah* – der als solchen nicht kundgebbaren »Ursache aller Ursachen« — die sich in jenen selber erkennt und sich auch durch sie zu erkennen gibt. Wenn sich aber Gott also durch vielfache Anblicke offenbart, so ist es nicht, weil Er an sich in einer Anzahl von Wirklichkeiten bestünde: »Er ist der Eine ohne Zweiten« *(Hu echad we-en scheni)*.* Seine Allwirklichkeit birgt die unteilbare Unendlichkeit dessen in sich, was von den Geschöpfen als Seine ewigen Möglichkeiten oder Wirklichkeiten aufgefaßt wird; in der Tat kann Er durch Seine begrenzten und »getrennten« Kreaturen auf ihrer eigenen Ebene nicht erfaßt werden, es sei denn durch Seine zugleich unterschiedliche und zusammenfassende Selbstoffenbarung. Solche offenbarte Unterscheidungen und Zusammenfassungen der über aller Zahl und Schranke stehenden, unendlichen Anblicke des Alleinwirklichen sind die zehn *Sephiroth*; ihre Zehnheit ist sinnbildlich und bedeutet nicht, daß Gott an sich etwa durch irgendeine Menge von Eigenschaften bestimmt wäre. Er ist jenseits aller Menge, unendlich in Seinem verborgenen Wesen wie in Seinen offenbarten

---

* Das ist eine der bezeichnenden Formulierungen des absoluten Monotheismus der jüdischen Überlieferung. Manche Schriftstellen zeugen von dieser unmittelbaren Bejahung der reinen und ausschließlichen Wirklichkeit Gottes; so u. a. Jesaia 45 und 46, wo wiederholt gesagt wird, daß es »keinen anderen« *(en od)* – d. h.: im tiefsten Grunde »nichts anderes« – als Ihn gibt. Ich werde insbesondere im Kapitel »Die Rückkehr zum Einen« auf diese wesentliche Lehre des Judentums zurückkommen, möchte aber schon hier unterstreichen, daß sie nichts mit philosophischem Pantheismus gemein hat.

Eigenschaften. So relativiert der *Sohar* (*Bo*, 42b) den zahlenmäßigen Charakter der *Sephiroth*; er unterstreicht, daß alles in der Macht Gottes steht, »ob Er nun die Zahl der (sephirotischen) Gefäße vermindern und (zum Ausgleich) das daraus quellende Licht verstärken will oder ob Ihn das Gegenteil besser dünkt«. Schließlich ist die sephirotische Zehnheit nichts anderes als die göttliche Einheit, insofern sie sich in der einen oder anderen erfaßbaren Weise der erschaffenen Vielheit eröffnet.

Die *Sephiroth* sind also nur scheinbar vielheitlich: in den Augen der kosmischen Vielheit; in Wirklichkeit gehören alle metaphysischen »Zahlen« oder Anblicke dem Einen an, der an sich »ohne Zahl« ist, weil Er »ohne Zweiten« ist. Diese Wahrheit und andere, welche die sephirotische Lehre zusammenfassen, sind im folgenden kabbalistischen Gotteslob ausgedrückt, das als »Eliasgebet« bekannt ist: »Herr der Welten! Du bist der Eine, aber nicht der Zahl nach (denn Du bist der Alleinwirkliche). Du bist der Erhabenste aller Erhabenen, der Verborgenste alles Verborgenen. Kein Gedanke vermag Dich zu erfassen (in Deinem reinen, alles Erkennbare überragenden Wesen). Du hast zehn (überförmliche und ursätzliche) Formen (oder Anblicke Deiner Selbst und in Dir Selbst) hervorgebracht, (von denen Du Selber der höchste, unerkennbare ›Anblick‹ bist, – zehn ›Formen‹, die aller Dinge ewige Ursachen sind), welche wir (sinnbildlich) *Sephiroth* nennen (d. h. ›Zahlen‹, weil Du Dich Selber durch sie bestimmt hast), um durch sie die unbekannten und unsichtbaren sowie die sichtbaren Welten zu lenken. Du Selbst hüllst Dich (als höchste *Sephirah* oder als Urgrund aller Ursachen) in sie (die neun übrigen *Sephiroth*) ein, und da Du in ihnen verharrst (als ihre wesentliche und unteilbare Einheit), bleibt ihre Harmonie unverändert. Wer sie sich als getrennt vorstellt, ist wie einer, der Deine Einheit zerteilte. Diese zehn *Sephiroth* entfalten sich stufenweise ... Du lenkst sie (die neun aus Dir entfalteten *Sephiroth*), während Du Selber (als erste und höchste *Sephirah*), sei es von oben oder von unten her, durch niemanden bestimmt wirst (denn Du bist zugleich bestimmungslos, selbstbestimmend und allbestimmend). Den (neun anderen *Sephiroth* hast Du Gewänder (oder geistige Kundgebungen) zugeschnitten, die den Menschenseelen als Übergänge dienen (von ihrer begrenzten Welt zu Deiner Unendlichkeit hin) . . . Du hast die *Sephiroth* (sogar) in den Leibern verborgen . . . In ihrer Gesamtheit entsprechen sie (als Urbilder) den Anblicken der menschlichen Form (die in der Tat das ›Ebenbild Gottes‹, d. h. Seiner neun aus Ihm strahlenden Anblicke ist) . . . Du aber (der Du die höchste *Sephirah,* Gott an sich, bist), Du hast keinerlei Bild noch Form in allem, was an Dir (nur in den Augen des Menschen) innerlich oder äußerlich ist (denn in Deiner unbedingten Alleinwirklichkeit gibt es weder ein Innen noch ein Außen, weder ein verborgenes noch ein offenkundiges Wesen, weder ein Urbild noch ein Abbild) . . . Niemand (außer Dir) kann Dich in Wirklichkeit erkennen (denn Deine Wirklichkeit ist die zweiheitslose, unendliche Einheit). So wissen wir nur, daß es außer Dir, weder oben noch unten, keine Einheit gibt . . . Jede *Sephirah* hat einen bestimmten Namen, nach dem auch die Engel genannt werden, Du aber (der Du Dir als höchste *Sephirah* ebenfalls einen Namen, und zwar den des ›Seins‹, *Ehjeh,* gegeben), Du hast (andrerseits) keinen bestimmten Namen (in Deinem verborgenen Über-Sein oder Nicht-Sein, so daß dem Menschen nichts anderes übrig bleibt, als Dich in dieser Hinsicht *Ain,* das ›Nichts‹, zu nennen), denn Du bist (als solcher) der (namenlose) Eine (oder Alleinwirkliche), der alle (von Ihm bestimmten) Namen (mit Seiner nicht-unterschiedlichen Wirklichkeit) füllt und ihnen (dank Seiner Gegenwart) all ihren Wert gibt; zögest Du Dich von ihnen zurück, so wären sie wie Leiber ohne Seelen. Du bist weise ohne eine bestimmte Weisheit, Du bist vernünftig ohne eine bestimmte Vernunft (denn Du bist Deine eigene, unbedingte Offensichtlichkeit, die alle Erkentnnismöglichkeiten ewig und unendlich in sich schließt, und brauchst Dich folglich nicht durch irgendeine bestimmte Weisheit oder Vernunft zu erkennen). Du hast auch keinen bestimmten Ort (da Du die eine und einzige Wirklichkeit bist). All das (durch Dich Selber oder die *Sephiroth* Bestimmte) besteht nur, um dem Menschen Deine Kraft und Allmacht kund zu tun, um ihm zu zeigen, daß das All durch die Strenge und die Gnade gelenkt wird (d. h. durch die beiden wesentlichen ordnenden Ursätze des erschaffenen Daseins). Wenn also (in Hinsicht auf die sephirotische Hierarchie) von einer ›rechten Seite‹ (der Gnade) und einer ›linken Seite‹ (der Strenge) sowie von einer ›Mitte‹ die Rede ist (welche Mitte die beiden vorangehenden, gegensätzlichen

Anblicke in sich ausgleicht und vereint und als Grundsatz der allweltlichen Harmonie die ›Mittlere Säule‹ genannt wird), ist das nur ein Hilfsmittel, um Deine Herrschaft im All hinsichtlich der menschlichen Taten zu bezeichnen, und nicht etwa, um zu behaupten, Du habest (in Deinem höchsten, nicht ursächlichen Wesen) gewisse Eigenschaften wie die Gerechtigkeit oder die Gnade; diese Begriffe (welche gewisse *Sephiroth* oder ewige Ursachen bezeichnen und nur vom subjektiven Standpunkt der kosmischen Wirkungen aus gelten) entsprechen nicht der (objektiven) Wirklichkeit (wenn man unter dieser die reine, höchste Alleinwirklichkeit versteht, die Du selber bist und in der es weder Ursache noch Wirkung noch irgendwelche andere gegensätzliche Anblicke und damit verbundene einende Beziehungen gibt – denn hier ist nur Deine unbedingte Einheit, Deine namenlose Nicht-Zweiheit).«

Die sephirotische Einheit

Wo der »Eine ohne Zweiten« sich in den *Sephiroth* entfaltet, ist Er ihre unteilbare Unendlichkeit, ihre unbegrenzte Einheit: Jeder göttliche Anblick ist in seinem reinen Wesen mit der Ganzheit Gottes und dadurch auch mit allen Seinen Anblicken eins – aber nicht durch Vermischung der Eigenschaften, sondern, wie gesagt, durch Wesenseinheit. Hier also sind alle Dinge eins in der Einheit ihrer sephirotischen oder ontologischen Urbilder: Hier gibt es keine Trennung zwischen irgendwelchen Wirklichkeiten des göttlichen Seins, und trotzdem gibt es auch keine Vermengung ihrer Ureigenschaften. Alles ist hier alles, aber jede *Sephirah* bleibt, was sie ist, sowohl in ihren ewigen Anblicken als in deren vergänglichen, zahllosen Abglänzen. Alles in der Welt der Urbilder ist in einer göttlich vollkommenen Ordnung von Stufen und Zuständen geordnet, von großen und kleinen Welten, von Wesen und Dingen, ohne daß man darin schon deren Ungleichheit wahrnehmen könnte, wie sie in der Schöpfung zutage tritt*.

* So sagt auch Meister Eckehart: »In Gott sind aller Dinge Urbilder gleich: und doch sind sie ungleicher Dinge Urbilder! Der höchste Engel, die Seele, die Mücke haben alle ein gleiches Urbild in Gott ... In Gott sind alle Dinge gleich und sind Gott selber.«

Obwohl jede Eigenschaft des göttlichen Seins ihre bestimmte urbildliche »Stellung« oder besondere metaphysische »Zahl« hat, und jede das ontologische Ganze auf ihre eigene ewige Weise ausstrahlt, ist ihrer aller Wesen doch nichts anderes als das eine, unteilbare Licht Gottes. Was ihre sephirotische Hierarchie betrifft – welche die Rangordnung aller Seins- und Daseinswirklichkeiten enthält –, so besteht diese in einer rein erkenntnismäßigen, überzeitlichen, ewigen Reihenfolge: In einem einzigen, ewigen Blick schaut der Eine Sich Selber in allem und alles in Sich Selber. Seine Selbstschau ist Seine Selbstbestimmung, und diese bestimmt ihrerseits alle Seine Anblicke – zuerst in rein einender Weise! In Seinem unerschaffenen Sein sind die Urbestimmung und die Ureinheit der Dinge eins, dieweil sich die letzteren im erschaffenen und vielheitlichen Dasein durch Unterschied und Beziehung kundgeben. In der Schöpfung allein besteht eine Trennung und ein tatsächliches Nacheinander der Wirklichkeiten; ihre Rangordnung aber ist so gestaltet, daß eine jede in bestimmender und tätiger Weise diejenigen zusammenfaßt, die sich unter ihr befinden, und in empfänglicher und geduldiger Weise die ihr überlegenen. Diese geschöpfliche oder »untere Ordnung« entspricht – gemäß dem Gesetze, wonach »das Sichtbare nichts anderes ist als ein Abglanz des Unsichtbaren« – der »Ordnung von Oben«, wo aber die hierarchische Beziehung zwischen den Wirklichkeiten nicht wie unten zweiheitlich ist, sondern wo sie »einig«, ursätzlich und rein erkenntnismäßig im göttlichen Gedanken besteht. Dank dieser ihrer Ureinheit wirkt sich die geschöpfliche Vielheit nur in gewissen Grenzen und vorübergehend aus; alle Dinge kehren zu ihrem göttlichen Ausgangspunkt zurück, durch dieselbe Kausalverkettung, mittels derer ihre Auswirkung stattfindet und wo ein Ding zum Kern oder zur Hülle des andern wird. »Vom Urgeheimnis des höchsten Punktes an bis zum Ende aller Stufen ist eine jede Gewand und Hülle für die andere (ihr überlegene) ... Kern für die nächste (unter ihr liegende) ... Der Urpunkt ist ein innerliches Licht, dessen Reinheit, Feinheit und Klarheit mit keinem endlichen Maß erkennbar ist: bis eine Entfaltung aus ihm hervorging ... Von dieser Stufe an entfaltet sich immer weiter eine aus der andern und bekleidet sich eine mit der andern, bis schließlich jede Kleid für eine andere, die eine Kern (innere Mitte oder unmittelbare Ursache), die andere (deren unmittelbare Auswirkung, Hülle) Schale wird. Und auch wenn eine Kleid und Schale ist, wird sie doch zum Kern für die nächste Stufe (*Sohar, Bereschith,* 20 a).«

Die *Sephiroth* selber scheinen sich auf diese hierarchische Weise gegenseitig einzuhüllen, und zwar so innig, daß sie stets in ihrer gemeinsamen Ganzheit offenbar werden, sei es auch im besonderen Lichte der einen oder anderen *Sephirah.* In Wirklichkeit aber ist diese Ganzheit nicht aus den *Sephiroth* »zusammengesetzt«, sondern ist ihre ewige, unteilbare göttliche Einheit, deren Anblicke und Kräfte sich nur inmitten des vielheitlichen Kosmos unterschiedlich auswirken. Die Myriaden verschiedener Dinge sind nichts anderes als die sinnbildlichen Kundgebungen und »Gewänder« der *Sephiroth;* sie sind durch die letzteren bestimmt, geordnet und verbunden und gehen schließlich wieder in sie ein, in ihre Ganzheit, ihre Einheit, welche der einzige, allweltliche Ursprung ist, der Eine Gott.

Ewige Ausstrahlung und allweltliche Kundgebung

Das eine, offenbarende, schaffende und erlösende Licht Gottes wird durch das ursächliche Prisma der *Sephiroth* in die Vielheit und endlose Verschiedenheit der allweltlichen Kundgebungen gebrochen. Durch diese göttliche Lichtbrechung entsteht die unermeßliche Stufenleiter der onto-kosmologische Ebenen; und diese werden in vier »Welten« *(olamim)* zusammengefaßt, nämlich: *Olam ha-Aziluth,* die transzendente oder ontologische »Welt der Emanation« der *Sephiroth* *; *Olam ha-Berijah,* die rein geistige »Welt der Schöpfung«, in ihrem urbildlichen, unerschaffenen, aber immanenten Stande, d. h. da wo sie von der Immanenz oder »Einwohnung« Gottes allein erfüllt ist; *Olam ha-Jezirah,* die himmlische »Welt der Formung« aller Geschöpfe, wo diese als Engel, Geister oder Seelen erscheinen; und *Olam ha-Assijah,* die irdische »Welt des Tuns« oder »Vollbringens«, die leibliche Schöpfung, welche alles Obere in empfänglicher Weise in sich zusammenfaßt.

---

* In der Folge wird »Transzendenz« mit »Jenseitigkeit«, »Immanenz« mit »Einwohnung« und »Emanation« mit »Ausstrahlung« wiedergegeben.

Die eine und einzige, jenseitige Ausstrahlung der *Sephiroth* strömt als rein geistige und überförmliche Einwohnung in die beiden unteren Welten, in die himmlische oder feinstoffliche und in die irdische oder grobstoffliche Welt; darin wird sie durch die vielfältige Natur des kosmischen Daseins verschieden empfangen und ausgedrückt. Von dieser Vielheit aus gesehen, erscheint die sephirotische Einheit als eine urbildliche Zehnheit, welche Myriaden von daseinsmäßigen Auswirkungen verursacht; eine jede davon ist durch die allweltliche Abstufung der Dinge mit ihrem eigenen sephirotischen Urbild oder Ursprung verbunden, und dieser vereint sie mit der Einheit aller *Sephiroth*: dem Einen selbst. Er, der ihre Einheit und Unendlichkeit ist, spiegelt sich auf jeder kosmischen Ebene in allen möglichen Arten und Weisen wider, die sich einander entgegensetzen und sich wieder verbinden, um schließlich in voller Eintracht ihre Einheit mit dem Einen wiederzufinden. Jedes Geschöpf drückt Ihn vornehmlich unter dem Anblick der ihm entsprechenden *Sephirah* aus, gibt aber im Grunde alle *Sephiroth* miteinander kund — im Lichte seines besonderen sephirotischen Urbildes. Andrerseits kann dieselbe göttliche Auswirkung, die von einem Geschöpf als Gnade erlebt wird, von einem anderen als Strenge empfunden werden, je nach der »Beziehung«, die zwischen ihm und dem Schöpfer besteht. Ob Gott nun aber Gnade in dieser oder Strenge in jener Beziehung sei – und so fort für alle seine ursächlichen Eigenschaften, die sich in endlos vielfältiger Weise auf allen Ebenen und in allen Zuständen des Daseins kundgeben – Er bleibt doch ewig und unendlich der Eine, Unwandelbare und an sich über alle Anblicke Erhabene.

»Als er Seine Macht kundgab, um die ganze Schöpfung zu lenken, erschien Er jeder Kreatur, gemäß ihrer Fähigkeit, Ihn zu erfassen ... damit Er dank Seiner Eigenschaften erkannt werde, und zwar auf alle verschiedenen Weisen, die ihnen entsprechen ... auf daß man wisse, daß die (unterschiedliche) Welt durch Seine Gnade und Seine Strenge erhalten wird (d. h. durch Seine beiden grundlegenden, alle anderen umfassenden ›Herrschereigenschaften‹, die Er verschiedentlich kundgibt), je nach den (guten oder bösen) Werken der Menschen ... Wehe aber dem Menschen, der sich erlaubt, Gott (in Seinem reinen, unbedingten Wesen) mit irgendeinen Seiner Eigenschaften (die nur in Hinsicht auf den zweiheitlichen

Kosmos gelten) zu vergleichen! Und wenn dem so ist für die göttlichen Eigenschaften, gilt das um so mehr für die erschaffenen, menschlichen Formen, ›die ihren Grund im Staube haben (*Hiob*, 4, 19)‹ . . . Die einzige, dem Menschen gestattete Auffassung vom Heiligen, gesegnet sei Er, ist die Seiner (unbedingten) Überlegenheit über alle bestimmten Eigenschaften und über die ganze Schöpfung. Und selbst wenn wir Ihn (d. h. Seine nicht-unterschiedliche Gegenwart) in einer bestimmten Kundgebung wahrnähmen, bestünde in Ihm selber (d. h. in seinem transzendenten, nicht bestimmten Wesen) keinerlei Ähnlichkeit damit und keine (Ur-)Form; es verhält sich dabei gleichsam wie mit dem Meere, dessen Gewässer in sich selber weder eine (bestimmte) Form noch eine feste Greifbarkeit besitzen, sondern diese erst annehmen, wenn sie sich in ein gewisses Gefäß ergießen, das die Erde ist (*Sohar*, *Bo*, 42 b).«

In Seiner reinen Wirklichkeit ist Gott aller Zweiheit bar; die Vielheit Seiner Anblicke oder Ausstrahlungen, was auch immer deren Eigenschaften seien, besteht nur in Hinsicht auf das Ausgestrahlte selber, das sich im Zustande einer verhältnismäßig unwirklichen Trennung befindet. Das gilt also auch für das Menschengeschöpf, das sein eigenes, tiefstes unerschaffenes und unendliches Wesen nur durch die vermittelnden Ausstrahlungen der *Sephiroth* erlebt; und diese gelangen bis zu ihm nur dank der Vermittlung der untersten *Sephirah*, der göttlichen Einwohnung oder »Einwohnenden Herrlichkeit«, die sich um die Geschöpfe kümmert »wie eine Mutter um ihre Kinder«. In diesem Sinne heißt es noch im vorerwähnten Abschnitt des *Sohar*: »Wenn der Glanz der Herrlichkeit des Heiligen, gesegnet sei Sein Name, nicht über die ganze Schöpfung verbreitet wäre, wie könnte Er dann wahrgenommen werden, und sei es durch einen Weisen? Er bliebe unbekannt, und die Worte (*Jesaia*, 6, 3): ›Die ganze Erde ist voll Seiner Herrlichkeit‹, entsprächen nicht der Wahrheit.« Je mehr aber der Mensch sich seinem reinen und göttlichen Wesen nähert, desto mehr erlebt und verwirklicht er in allen sephirotischen Ausstrahlungen deren innere Einheit; denn diese Einheit ist nichts anderes als das innerste Wesen des Menchen selbst, sein höchstes »Selbst«: »Alle (sephirotischen) Stufen und Glieder (oder Teilhaftigkeiten am Alleinwirklichen) sammeln sich darin und werden darin eins, ohne jede Trennung (*Sohar*, *Bereschith* 18 a).«

DARSTELLUNGEN DER EINHEIT DER ZEHN SEPHIROTH

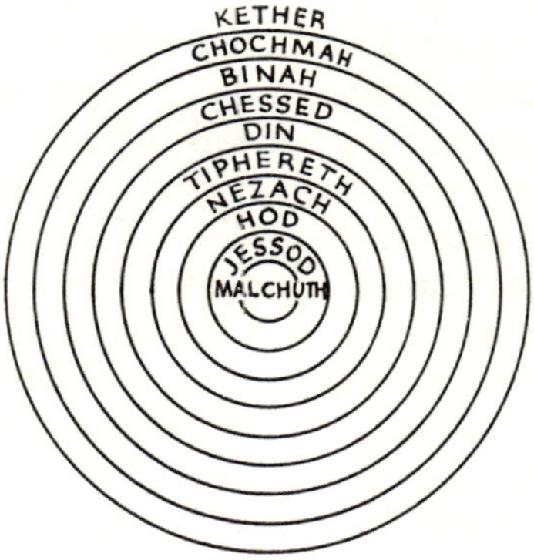

FIG. I
DIE GÖTTLICHE
KONZENTRATION

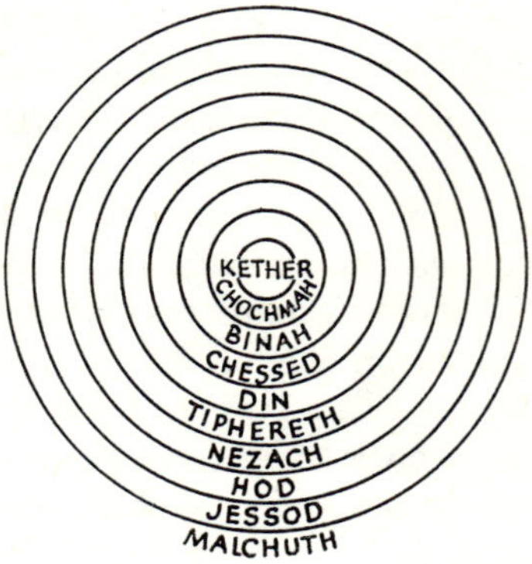

FIG. II
DIE GÖTTLICHE
AUSSTRAHLUNG

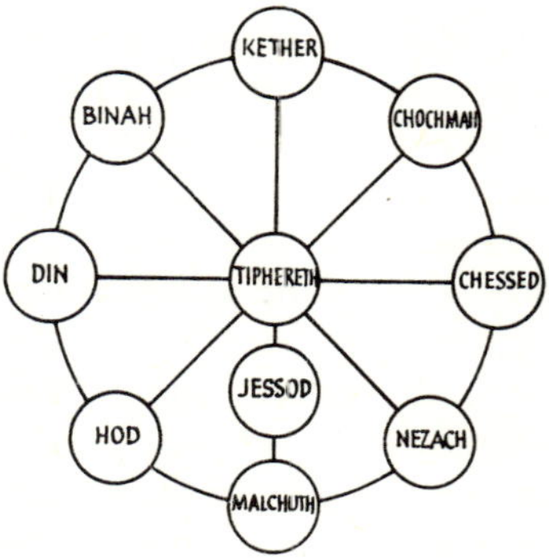

FIG. III
DIE EINUNG
DER SEPHIROTH
IM HERZEN GOTTES

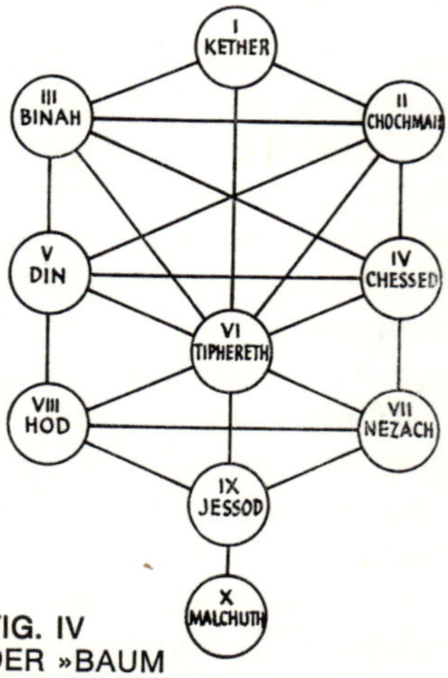

FIG. IV
DER »BAUM
DER SEPHIROTH«
(IHRE RANGORDNUNG
UND IHRE
WECHSELBEZIEHUNGEN)

Uranblicke, Wechselbeziehungen und Wirkungsweisen

Die unendliche und unteilbare Einheit der *Sephiroth* ist der eigentliche Grund dafür, daß die Kabbalisten sich nicht mit einer einzigen Darstellung der sephirotischen Hierarchie begnügen konnten. Aus dem wesentlichen und unbegrenzten Einssein der *Sephiroth* ergeben sich auf der unterschiedlichen Ebene zahllose Beziehungen zwischen ihren unbeweglichen Anblicken und folglich die Möglichkeit ihrer Beschauung von vielen verschiedenen Gesichtspunkten aus.

Um einige grundlegende Beispiele zu wählen: Wenn man die sephirotische Hierarchie so betrachtet, als sähe man sie mit dem Auge der Unendlichkeit, dann erscheint sie wie in diese eingetaucht, und alle ihre Anblicke sind vom Unendlichen, d. h. von *Kether* umfaßt. *Kether* schaut Seine sephirotischen Ausstrahlungen nicht, als würden sie aus Seiner Unendlichkeit nach außen hin, ins Endliche, strömen: Er schaut sie als Seine Wirklichkeit *ad intra*, d. h. insofern diese sich nach Innen hin, in Ihm selber entfaltet, um in Ihm zu ruhen und aufzugehn, denn außer Ihm gibt es in Wahrheit nichts. Hier erscheint *Kether*, der Unendliche, als »Höchster Wille«, als »Ursache aller Ursachen«, die in ihrer »Weisheit«, *Chochmah*, oder ihrem ewigen »Gedanken«, sich mit all ihren sephirotischen »Kräften« auf ihren »verborgenen Schatz«, ihr innerstes »Reich«, *Malchuth*, ansammelt. Ein Sinnbild dieser höchsten, rein innerlichen Schau Gottes ist die Darstellung der sephirotischen Hierarchie, in konzentrischen Kreisen gezeichnet, deren äußerster von *Kether* umgeben ist und deren innerster *Malchuth*, die letzte *Sephirah*, enthält (siehe Tafel, Fig. I). Mit anderen – sinnbildlichen – Worten: *Kether* oder *En Soph*, das Unendliche, konzentriert sich durch den *Zimzum*, die »Zusammenziehung« all Seiner sephirotischen Ausstrahlungen, bis sich in Seinem Innersten die unerschaffene und schöpferische Ursubstanz, *Malchuth*, offenbart, die ihrerseits in sich selber alle Welten, Wesen und Dinge der Schöpfung gebiert.

Umgekehrt kann die sephirotische »Welt der Ausstrahlung« Gottes *ad extra*, nach außen hin, betrachtet werden; nicht als gäbe es etwas außer Gott, dem Alleinwirklichen, denn dieses Außenstehende wäre ein reines Nichts – das nicht »ist«, ansonsten es nicht mehr »nichts«, sondern »etwas« wäre –. Aber es gibt in der Allmöglichkeit Gottes die Möglichkeit einer Strebung nach diesem unwirklichen Nichts oder Außergöttlichen, das von Salomo »Eitelkeit« genannt wurde; dabei besitzt alles »Eitle«, alles Erschaffene, in seinem tiefsten Wesen eine Wirklichkeit, die nichts anderes ist als der Schöpfer selbst, Seine »Einwohnung«, die *Schechinah* oder *Malchuth*, welcher in Wahrheit gerade umgekehrt die Schöpfung »innewohnt«! Die Schau der nach außen strebenden *Sephiroth* ist aber zugleich auch ihre *contemplatio ab extra:* Es ist ihre Betrachtung durch das Geschöpf selber, das sich in diesem von Wirklichkeit und Täuschung gewobenen »Äußeren« Gottes befindet, in Seiner scheinbaren »Einwohnung« in der Schöpfung, die in Wahrheit samt allem Erschaffenen in Ihm ruht. In dieser geschöpflichen Sicht erscheint *Kether*, das Unendliche, als der innerste oder höchste »Mittelpunkt« der Allwirklichkeit, der sich in seine hierarchisch geordneten, ontologischen Ausstrahlungen und kosmischen Kundgebungen hüllt. All das fließt aus Ihm aus, und zwar durch die ewige »Bewegung« der *Sephiroth,* die sich im gewählten Sinnbild (Fig. II) ebenfalls in konzentrischen Kreisen vollzieht, diesmal aber unter dem Anblick einer mitteflüchtigen Strebung von *Kether* bis zu dessen »unendlichem Umkreis« hin, der *Malchuth* ist. Diese birgt die ganze Schöpfung in sich, so daß auch das Erschaffene nicht wirklich außerhalb Gottes, sondern in Seiner *Schechinah* oder Allgegenwart steht. Ob Gott also Seine Schöpfung *ad intra,* durch die nach innen strebende Konzentration Seiner sephirotischen Möglichkeiten, in Sich eingebiert, oder *ad extra,* durch deren Ausstrahlung in Sein eigenes Äußeres, es geschieht immer in Ihm selber: im »Einen ohne Zweiten«.

Diese beiden grundlegenden Sichten der *Sephiroth* betreffen also die Schau des nach Seinem eigenen »Innern« oder »Äußern« gekehrten Unendlichen, ohne daß dabei die zwischen Seinen Anblicken bestehenden Beziehungen näher betrachtet werden. Das letztere kann nicht auf erschöpfende, sondern nur auf zusammenfassende Weise geschehen, weil jene Beziehungen an sich unendlich und in ihren Kundgebungen zahllos sind. Auch von diesen können hier also nur einige wesentliche Beispiele angeführt werden, wie dasjenige durch Fig. III dargestellte Sinnbild der *Sephiroth,* wo deren hierarchische Beziehungen ihre einigende Mitte in der »mittleren«

Sephirah Tiphereth, der »Schönheit« Gottes haben; diese wird auch Seine »Barmherzigkeit« oder Sein »Herz« genannt, weil sie Seine Strenge mit Seiner Gnade verknüpft und deren Eintracht, ja Einheit verwirklicht, sowie auch diejenige aller anderen gegensätzlichen Anblicke von »rechts« und »links« sowie von »oben« und »unten«.

Doch das Sinnbild, das am häufigsten vorkommt, ist der in Fig. IV dargestellte »Baum der *Sephiroth*«; davon gibt es noch mehrere, hier nicht behandelte Abwandlungen, welche sich auf die »Kanäle« beziehen, die jede *Sephirah* mit allen anderen verbindet. Im Lichte der gewählten Darstellung offenbart sich die zehnfache Einheit der *Sephiroth* als eine Ordnung von drei Dreiheiten, die sich in ein gemeinsames Gefäß ergießen, nämlich in die zehnte und letzte *Sephirah*, in *Malchuth*, die unmittelbare Ursache des Kosmos. Die höchste Dreiheit, *Kether – Chochmah – Binah* (Krone – Weisheit – Vernunft), ist diejenige der wesentlichen, ontologischen und erkenntnismäßigen Ursätze, unter letzterem Anblick (Weisheit – Vernunft, daraus *Da'ath*, die »Allwissenheit«, fließt) die »Welt des Geistigen« *(Olam ha-Muskal)* genannt; die nächste Dreiheit, *Chessed – Din – Tiphereth* (Gnade – Gericht – Schönheit), bezeichnet die Ursätze, die sich besonders auf die erschaffenen Wesen beziehen, unter anderem auf die Menschenseelen, deren Urbild sie sind und in dieser Hinsicht die ewige »Welt des Seelischen« (*Olam ha-Murgasch*, wörtl. des »Gefühlsmäßigen«) genannt werden; die letzte Dreiheit endlich, *Nezach – Hod – Jessod* (Sieg – Majestät – Grund) ist die der Allmacht oder der Urkräfte Gottes, die sich durch Seine ewige Schöpfertat als Naturgewalten kundgeben: Es ist die dreifache »Welt der Natur« in Gott *(Olam ha-Mutba)*. Diese drei Dreiheiten oder neun *Sephiroth* erfüllen mit ihrer Wirklichkeit die zehnte, *Malchuth*, das ewige »Reich« Gottes, die allempfängliche, weibliche und mütterliche Ursache, die unerschaffene und schöpferische Ursubstanz; sie ist die *Schechinah*, die Wahre Gegenwart, die »Einwohnung« Gottes: Gott wohnt in ihr, und sie ist Gott, der in der Schöpfung wohnt; oder umgekehrt, sie ist der unendliche »Ort« *(Makom)*, wo die Schöpfung wohnt, eingetaucht in Gott und erfüllt von Gott.

Im selben »Baum der *Sephiroth*« befindet sich deren Einheit in drei andere Dreiheiten geordnet, die ebenfalls gemeinsam in die zehnte und letzte *Sephirah* einmünden; diesmal nicht als Stufen, welche die Rangordnung der allweltlichen Herrschaft Gottes zeigen, sondern als Senkrechte, welche die Art und Weise seines Herrschens hervorheben. So regiert Gott mit Seinem »rechten Arm« oder Seiner »rechten Seite«, derjenigen der Gnade und des Lebens; mit Seinem »linken Arm« oder Seiner »linken Seite«, derjenigen der Strenge und des Todes; und mit der »Säule der Mitte«, welche die Gegensätze ausgleicht, zur Eintracht bringt und schließlich in ihrer Einheit auflöst. Die rechte oder gnädige Seite besteht in *Chochmah,* der »Weisheit« oder Erkenntnis des Einen, in *Chessed,* der einenden »Gnade«, und in *Nezach,* dem »Sieg« über die Zweiheit, der Allmacht, insofern sie die Einheit Gottes bejaht. Die linke oder strenge Seite umfaßt *Binah,* die alles unterscheidende, höchste »Vernunft«; *Din,* das »Gericht« oder »Urteil«, das den Anteil alles Unterschiedlichen oder Zweiheitlichen an der unendlichen Einheit Gottes genau begrenzt; und *Hod,* die »Majestät« des Einen, die alles Zweiheitliche in seinen Schranken hält, die Allmacht Gottes in ihrem strengen, verneinenden Anblick. Die »Mittlere Säule« endlich setzt sich zusammen aus *Kether,* »Krone«, welche die Einheit von *Chochmah* und *Binah* ist; aus *Tiphereth,* »Schönheit«, der Einheit von *Chessed,* »Gnade«, und *Din,* »Gericht«; und aus *Jessod,* dem göttlichen »Grund« des Weltalls, welcher die ewige Schöpfertat ist und den bejahenden und verneinenden Anblick der Allmacht Gottes in sich eint, nämlich *Nezach,* den »Sieg«, und *Hod,* die »Majestät«. Diese drei dreifältigen Senkrechten münden in *Malchuth* ein, das »Reich« Gottes, das am unteren Ende der »Mittleren Säule« alle sephirotischen Ausflüsse empfängt und zur Einung bringt: Es ist ihre »Untere Einheit«.

Was den gegenseitigen Einfluß der *Sephiroth* betrifft, der ewig ihr gemeinsames Gleichgewicht verwirklicht, so hängt er auch mit dem »organischen« Verhältnis zusammen, das zwischen den beiden soeben erwähnten Formen ihrer dreifachen Dreiheit, zwischen ihrer zahlenmäßigen Rangordnung und ihren drei grundsätzlichen Wirkungsweisen besteht. So muß, was die letzteren angeht, jede *Sephirah,* welche sich durch die ihr unterstellte auswirken will, es kraft einer Eigenschaft tun, die der ihren entgegengesetzt ist und ihre Wirkung somit ausgleicht. Wenn *Chochmah,* die Weisheit oder Erkenntnis des Einen, sich durch die einende Gnade, *Chessed,* dem Unterschiedlichen kundtun will, muß ihr von Einheit schwangerer Strahl zuerst den ihr entgegengesetzten Anblick, *Binah,* die alles unterscheidende, höchste Vernunft durchdringen, um von dieser »gefiltert« zu werden. Wenn hingegen *Binah* sich durch *Din,* das alles Unterschiedliche beurteilende »Gericht«, kundgeben will, muß ihre strenge Wirkung zuerst durch *Chessed,* die einende Gnade hindurch und wird von dieser beeinflußt, und so fort. Selbst wenn eine »linke« *Sephirah* der Rangordnung gemäß von keiner »rechten« gefolgt wird, wie es bei *Din* und *Hod* der Fall ist, wird ihre Strenge durch die ihr folgende *Sephirah* der einenden »Mittleren Säule« gemildert, also durch *Tiphereth* oder *Jessod.* Dasselbe Gesetz gilt auch für die »mittleren« *Sephiroth* untereinander: *Kether,* ihr »Haupt«, muß, um sich durch *Jessod,* die Schöpfertat kundzugeben, zuerst das »Herz«, *Tiphereth,* befragen, und so wird die Tat der Schöpfung schließlich zu derjenigen der Erlösung. Das »Herz« seinerseits, das die unendliche Barmherzigkeit und Schönheit Gottes ist und selig in Seinem Wesen ruht, muß, um in der Welt strahlen zu können, gewissermaßen aus seiner Ruhe und Seligkeit hinaustreten und sich durch die bejahenden und verneinenden Urkräfte von *Jessod,* der Alltat, kundtun. Auch diese könnte sich selber nicht auswirken ohne ihren entgegengesetzten und zugleich ergänzenden Anblick, *Malchuth,* die unendliche Empfänglichkeit Gottes; und deren mütterliches Gebären der Schöpfung wäre seinerseits unmöglich, wenn sich in ihrem unendlichen Wesen nicht die entgegengesetzte Möglichkeit, das Endliche, befände, das zu ihrer Frucht und zugleich zu ihrem Gefäße wird.

Jede *Sephirah* birgt somit den Keim oder den Einfluß eines entgegengesetzten Anblickes in sich, ohne daß die eine oder andere durch diese Wechselbeziehung ihre unwandelbare Eigenschaft verlöre. Vom unterschiedlichen, vielheitlichen Standpunkte des Menschen aus gesehen, dürfen also die *Sephiroth* nicht getrennt, sondern nur in ihrer ewig gemeinsamen Ausstrahlung oder Tat betrachtet werden; und wenn man trotzdem eine einzige unter ihnen kontemplieren will, darf man nicht vergessen, daß alle anderen in ihr enthalten sind und sich im besonderen Lichte der Eigenschaft dieser *Sephirah* mitoffenbaren. Dieses sephirotische Gesetz verhindert »Übertreibungen« in der Kundgebung irgendeiner ewigen Ursache und gewährleistet dadurch das große Gleichgewicht der Schöpfung, worin schließlich alle minderen Gleichgewichtsbrüche aufgehen, wie die einzelnen Mosaiksteinchen im Gesamtbild. Es drückt sich aber in diesem Gesetz nicht nur die ontologische Harmonie oder die »Gerechtigkeit« der *Sephiroth* aus – im tiefsten beruht es auf ihrer unteilbaren Unendlichkeit, darin alle Gegensätze ewig im Einen aufgelöst sind.

Es muß hinzugefügt werden, daß sich die unwandelbare Wesenseinheit der *Sephiroth* nicht nur durch deren gegenseitige Beziehung und ihr Zusammenwirken und insbesondere durch ihre einende »Mittlere Säule« offenbart, sondern auch durch ihr gemeinsames Licht, das in den sie verbindenden »Kanälen« kreist und *Da'ath*, das »Wissen«, genannt wird. Es ist die Allwissenheit oder das Allbewußtsein Gottes, das keine besondere *Sephirah* darstellt, sondern die erkennende Gegenwart des Einen in allen *Sephiroth* bedeutet. *Da'ath* ist eins mit jedem Anblick des göttlichen Bewußtseins, vom ersten – und zugleich ewigen — »Bewußtwerden« *Kethers* an, das *Chochmah*, Seine reine Selbsterkenntnis ist, bis zum letzten, unterschiedlichen und geschöpflichen Abglanz der *Sephiroth*. Wenn die Kabbala *Da'ath* als eine gemeinsame Ausstrahlung von *Chochmah* und *Binah* betrachtet, ist es dort, wo das Licht des göttlichen »Wissens« nicht mehr als *Chochmah* in der ausschließlichen Erkenntnis des Einen ruht, sondern durch den Übergang zu *Binah*, der höchsten Allunterscheidung, zur onto-kosmologischen Allwissenheit der sieben unteren »*Sephiroth* des Weltenbaus« geworden ist.

Also, gleich wie die »beiden Seiten« und die »Mittlere Säule« sich nicht der heiligen sephirotischen Zehnheit hinzufügen, sondern deren Wirkungsweisen kennzeichnen, ebenso bildet *Da'ath*, ihr Licht, keine elfte *Sephirah*. Im *Sepher Jezirah* oder »Buch der Formung« (1, 4—9) wird die unantastbare zehnfältige und zugleich unendliche Einheit der *Sephiroth* ganz besonders unterstrichen: »Zehn *Sephiroth* ohne was (*Belimah*, gleichbedeutend mit *En Soph*, dem ›Nicht-Ende‹ oder ›Unendlichen‹: Die zehn *Sephiroth* sind die Allwirklichkeit, denn die Schöpfung ihrerseits ruht in der zehnten *Sephirah*); zehn und nicht neun (weil *Kether*, obwohl Er die reine, nicht ausgestrahlte Unendlichkeit seiner neun Ausstrahlungen oder *Sephiroth* ist, selber als höchste oder erste *Sephirah* betrachtet wird), zehn und nicht elf (denn außer der sephirotischen, unendlichen Einheit gibt es keinen Gott) . . . Zehn *Sephiroth* ohne was (anderes), ihre zehn Maße (oder Eigenschaften) haben kein Ende . . . Zehn *Sephiroth* ohne was; ihr Ansehn ist wie der Schein des Blitzes, und ihre Vollkommenheit ist ihre Unendlichkeit . . . Zehn *Sephiroth* ohne was; füge ihr Ende (*Malchuth* oder die *Schechinah*, die Einwohnung Gottes samt der ganzen Schöpfung in ihr) zu ihrem Anfang *(Kether)*, wie eine Flamme verbunden ist mit der Kohle. Denn der Herr (die unteilbare Unendlichkeit der *Sephiroth*) ist der Eine ohne Zweiten, und vor dem Einen, was zählst Du? Zehn *Sephiroth* ohne was; schließe deinen Mund, daß er nicht rede (von den *Sephiroth*, ohne deren wahre Erkenntnis), und dein Herz, daß es nicht denke (an die *Sephiroth*, ohne in der geistigen Einung mit ihnen das Denken zu übersteigen), und so dein Herz entläuft (in der zweiheitlichen Auffassung der *Sephiroth*), kehre wieder zum Ort (ihrer Einheit) zurück . . . Zehn *Sephiroth* ohne was (anderes, denn sie sind) Eins: der Geist des lebendigen Gottes, gesegnet und abermals gesegnet sei Sein Name! Der da lebet in aller Ewigkeit . . .«

Vom sephirotischen Menschen

Zur Betrachtung der zehnfachen Einheit der *Sephiroth* gehört diejenige des Menschen, der in seinem ursprünglichen Wesen ihr vollkommener Ausdruck ist. Diese Wahrheit wird ausführlich im Kapitel vom »Geheimnis des Menschen« entwikkelt werden; immerhin sei hier schon folgendes bemerkt: Die *Sephiroth* sind die ewigen Urbilder sowohl des inneren, geistigen und seelischen Wesens, als auch der leiblichen Hülle des Menschen. Sie sind die Ursachen und Vorbilder aller Lichter seines Geistes, aller reinen Fähigkeiten und Tugenden seiner Seele, aller Organe und Glieder seines Leibes. In der ganzen, dem menschlichen Blickfeld offenen Schöpfung gibt es kein Geschöpf, welches die göttlichen Eigenschaften auf eine so zusammenfassende und zugleich ausdrückliche Weise kundgibt wie der Mensch. Dieser ist im erschaffenen Weltall, was die sephirotische Einheit in der unerschaffenen, ontologischen

Urwelt ist. Die Einheit der *Sephiroth* ist das allumfassende, göttliche Urbild, und der reine, Gottgeeinte Mensch ist dessen vollkommenes Ebenbild. Alle *Sephirot*, ihre Wesenseinheit, ihre Wechselbeziehungen, sowie ihre kosmischen Kundgebungen spiegeln sich im menschlichen Wesen und in seinen mannigfachen, abgestuften Möglichkeiten.

Die sephirotische Einheit birgt die vier Welten oben und der Mensch enthält sie unten: Die transzendente »Welt der Ausstrahlung« Gottes ist oben in *Kether-Chochmah-Binah* zusammengefaßt, die geistige »Welt der Schöpfung« in *Chessed-Din-Tiphereth*, die himmlische »Welt der Formung« in *Nezach—Hod—Jessod* und die irdische »Welt des Tuns« in *Malchuth*. Unten verbirgt sich die »Welt der Ausstrahlung« im Menschen als sein reines, innerstes »Selbst«, als sein übermenschliches, göttliches Wesen; die urbildliche »Welt der Schöpfung« ruht in seinem allweltlichen Geiste, dieweil seine Seele, wenn sie ihre Ichbezogenheit aufgibt, sich endlos ausdehnt und eins wird mit der himmlischen »Welt der Formung«; und seine leibliche Quintessenz endlich, *Awir*, der Äther, vermag in seiner eigenen Ausdehnung die ganze irdische »Welt des Tuns« zu umfassen.

Im übrigen kann jede *Sephirah* in ihrem besonderen Verhältnis zum Menschen betrachtet werden. So ist *Kether* sein allerhöchstes göttliches Wesen; *Chochmah*, seine Erkenntnis Gottes; *Binah*, sein Unterscheiden zwischen dem Alleinwirklichen und dem Unwirklichen; *Chessed*, seine lichte Natur, die stets zu Gott hinstrebt; *Din*, sein wahres Beurteilen aller Dinge; *Tiphereth*, seine innere und äußere Schönheit, seine Liebe, sein Mitleid; *Nezach*, seine geistige Kraft; *Hod*, sein Adel, seine Würde; *Jessod*, seine Tatkraft, seine Selbstbeherrschung, sein Gleichgewicht, und *Malchuth*, seine geistige Empfänglichkeit, seine Milde, seine Mütterlichkeit.

Desgleichen ist jede *Sephirah* das Urbild eines wesentlichen Gliedes oder Organes des menschlichen Leibes, so daß die sephirotische Einheit der »Obere Mensch« *(Adam ilaah)* genannt wird: *Kether* ist dessen alle Erkenntnis übersteigendes »verborgenes Gehirn«; *Chochmah*, sein »rechtes Gehirn«, das nur das Eine kennt; *Binah* sein »linkes Gehirn«, das alles unterscheidet; *Chessed* sein gnädiger »rechter Arm«; *Din* sein strenger »linker Arm«; *Tiphereth* sein »Herz« oder »Rumpf«, Urbilder der Liebe und der Schönheit; *Nezach* sein »rechter

Schenkel« oder die bejahende Urkraft des Alls; *Hod* sein »linker Schenkel«, die verneinende Urkraft; *Jessod* sein »Zeugungslied« oder die ewige Schöpfungstat, und *Malchuth*, seine »Füße« oder das »Weib«, das Ende oder das Gefäß aller sephirotischen Ausstrahlungen. Im übrigen versinnbildlichen auch die zehn Finger des Menschen die zehn *Sephiroth*.

Alles, was wirklich oder wahr ist am Menschen, an seinem Geiste, seiner Seele und seinem Leibe, ist »urgebildet« und schließlich verwirklicht durch die *Sephiroth*. Je mehr der »untere Mensch« sich geistig der sephirotischen Einheit nähert, desto näher ist er seinem eigenen unendlichen Urbild, dem »Oberen Menschen«, der ewig eins ist mit Gott.

II. Die Hierarchie der Sephiroth

Die höchste Wirklichkeit

Kether, die »Krone«, auch *Kether eljon* genannt, die »höchste Krone« unter allen göttlichen »Kronen«, Ursachen oder *Sephiroth*, ist die unerschaffene, unendliche und unbedingte Wirklichkeit Gottes. Außer ihr gibt es nichts Wirkliches, und auch nicht das Nichts: Wenn dieses bestünde, wäre es nicht mehr nichts, sondern Wirklichkeit in der Allwirklichkeit Gottes.

Kether, der Alleinwirkliche, bleibt einerseits in sich selbst verborgen, in Seiner unbedingten Jenseitigkeit, und andererseits gibt Er sich als unerschaffene Einwohnung inmitten Seines eigenen, vergänglichen Abglanzes, der Schöpfung, kund. Er ist in ihr, weil sie in Ihm ist, dem Alleinwirklichen: Die Schöpfung ist in Gott wie ein Gefäß voll Wasser in einem uferlosen Meere. Das Gefäß ist vergänglich, aber sein Inhalt ist ewig und unendlich.

Kether an sich ist reine Selbstheit, über dem Erkennbaren stehende Wesenheit, Einheit ohne Spur von Zweiheit. Er ist Wirklichkeit ohne Bedingung, ohne Bestimmung: In dieser Wirklichkeit ist Gott, was Er ist, jenseits des Seins; denn das Sein ist nicht das Wirkliche ohne »Was« und »Warum«, sondern dessen erste Selbstbejahung und Selbstbestimmung.

Kether ruht in Seiner Wesenheit, in Seinem Über-Sein, mehr als Seiner Selbst bewußt, ohne irgend etwas zu wollen und folglich auch ohne irgend etwas zu wirken. Denn Sein Wesen ist unbedingt alles, und alles ist in Ihm unbedingt Er Selber; alles ist hier alles, ohne die geringste Einschränkung, Unterscheidung, Gegensätzlichkeit oder Beziehung. Hier gibt es weder ein Subjekt noch ein Objekt, weder eine Ursache noch eine Wirkung; es gibt nur den Einen ohne Zweiten, die Selbstheit ohne Andersheit, die unteilbare Allheit.

Kether hat in Seinem reinen, unbedingten Wesen keine Anblicke: Er ist die ewig geheimnisvolle Wirklichkeit. »Es gibt keinen Zweiten, Ihm zu vergleichen oder beizugesellen« *(En scheni lehamschil lo lehachbirah).* Man kann von Ihm nichts aussagen, es sei denn durch Verneinung dessen, was Er nicht ist, oder dadurch, daß man Ihn über alles Erkennbare stellt. Man kann Ihn also nur durch Ausdrücke bezeichnen, die entweder negativ oder superlativisch sind, oder auch fragend.

So nennt die Kabbala *Kether* an sich: *Ain,* das »Nichts«, die Abwesenheit von allem Bestimmten und Bedingten, das Nicht-Sein oder Über-Sein, die Nicht-Ursache, das Unbedingte; *En Soph,* das »Nicht-Ende«, das »Unendliche«; *Rasa de-Rasin,* das »Geheimnis der Geheimnisse«, das Über-Erkennbare oder Überbewußte; *Mi,* »Wer?«, den »ewigen Gegenstand allen Forschens«; *Attika de-Attikin,* den »Ältesten der Alten«, den Urgrund aller Ursachen; *Attika kadischa,* den »Heiligen Alten«, den über allem erhabenen Ursatz.

Des höchsten Wesens Unendlichkeit oder Unbedingtheit, die reine Selbstheit *Kethers* schließt jede Andersheit und folglich Sein Erkanntwerden durch jemand anders als Ihn Selber aus; dabei steht Er an sich sogar über Seiner Selbsterkenntnis, denn Er braucht Sich nicht zu erkennen da, wo Er in Seiner unbedingten und überlichten Alleinwirklichkeit ruht, ohne die geringste Notwendigkeit einer eigenen Vergegenwärtigung oder Vergegenständlichung, ohne irgendeine Selbstbejahung und Selbstbestimmung, und wäre es die Seines eigenen Seins, Seiner Einheit oder Einzigkeit.

»Das Unendliche *(En Soph)* kann nicht erkannt werden, denn man kann nicht erkennen, was ohne Anfang und Ende ist ... Was ist der Anfang? Es ist der Urpunkt, der Beginn von allem (Bestimmten), verborgen im (göttlichen) Gedanken (*Machschabah,* gleichbedeutend mit *Chochmah,* der höchsten

›Weisheit‹, der ersten Ausstrahlung *Kethers*), und Er ist auch das Ende (alles Ausgestrahlten) . . . Aber jenseits von Ihm (in *Kether*, dem reinen Unendlichen) gibt es kein Ende, keine Absicht, kein Licht und keine ›Lampe‹ (die das Licht verbreitete); alle Lichter hängen von Ihm ab (von *Kether*), Er aber ist unerreichbar (durch sie). Er ist (obwohl Er keine Absicht hat, von unten aus betrachtet wie) ein höchster Wille (denn ohne diesen gäbe es außer Seiner Unbedingtheit nichts Verhältnismäßiges, – aber ein Wille), geheimnisvoller als alle Geheimnisse. Er ist (an sich) das ›Nichts‹ (*Ain*, welches über dem Erkennbaren steht) (*Sohar, Pekude* 239 a).«

Nun ist aber *Kether* nicht nur die Wirklichkeit, die alles ausschließt, was sie nicht selber ist, sondern auch diejenige, die alles einschließt, weil es außer ihr nichts gibt. Mit anderen Worten: *Kether* ist »ausschließlich«, insofern Er das »Nichts« all dessen ist, was nicht Er ist, und »einschließend«, insofern Er als Unendlicher alles umfaßt, was möglich und wirklich ist. Obwohl Er in Seinem überbewußten Wesen jenseits allen Seins und Erkennens ruht, ist Er sich dank seiner Unbeschränktheit und dem darin enthaltenen Sein und Erkennen all Seiner seienden und erkennbaren Möglichkeiten bewußt. In Seiner Allmöglichkeit oder Allwirklichkeit ist Er sowohl Über-Sein als auch Sein, sowohl Über-Erkenntnis als auch Erkennen, sowohl Nicht-Ursache als auch allweltliche Ursache; und Sein erkenntnismäßiges und ursächliches Sein bejaht Sich Selber als notwendige und einzige Ursache Seiner Selbst: »Ich bin, Der Ich bin (*Exodus*, 3, 14).«

In dieser Offenbarung am brennenden Dornbusch nennt Gott Sich Selber das »Sein« (*Ehjeh*). Als »Nichts« ist Er weder Anfang noch Ende, weder der Erste noch der Letzte, und bejaht sich auch nicht als »Sein«, als der »Eine und Einzige« oder durch irgendeinen andern bejahenden Namen: Er ist das namenlose, verborgene, stille, zweiheitslose, schrankenlose und bedingungslose Nicht-Sein oder Über-Sein. Als Sein aber ist Er Anfang und Ende, der Erste und der Letzte, und bejaht sich als solcher und als Ein- und Einziger: »Ich bin der Erste und der Letzte, und außer Mir ist kein Gott. Wer ist Mir gleich . . .? Gibt es einen Gott außer Mir? Es gibt keinen anderen Hort, Ich kenne keinen (*Jesaia*, 44, 6–8).« »Vor Mir bestand kein Gott, so wird auch nach Mir keiner sein . . . Ich bin Gott (*Jesaia*, 43, 10, 13).«

In der unbedingten Nicht-Zweiheit seines Über-Seins birgt *Kether*, die höchste *Sephirah*, nicht die geringste Spur der Vielheit; hier steht Er über der Einheit des Seins, welche alle andern *Sephiroth*, die Urbilder der kosmischen Vielheit enthält: die Ursache aller Zweiheit. Aber die Einheit des göttlichen Seins ist nicht nur eins mit dem Ursprung des zweiheitlichen Daseins, sondern auch mit der Nicht-Zweiheit des Über-Seins. Es gibt keine Spaltung im Einen Gott, keine Trennung zwischen Seinem Sein und Über-Sein, zwischen *Ehjeh* und *Ain*, aber es gibt auch keine hierarchische Vermischung zwischen ihnen. Das Über-Sein oder Nicht-Sein enthält das Sein in nicht-geschiedener Weise, denn es ist ja dessen reine und unbestimmte Wesenheit; aber das Nicht-Sein »ist nicht« das Sein: In seiner unbedingten Wirklichkeit braucht es gar nicht zu sein. Und wenn sich das Sein in seiner reinen, überseinlichen Wesenheit nicht vom Nicht-Sein unterscheidet, »ist« es dieses jedoch nicht in seiner seinshaften Selbstbestimmung.

Kether ist also zugleich *Ain* und *Ehjeh*, ohne deren Rangordnung aufzuheben; als *En Soph* oder Unendlicher birgt Er in Seiner Allmöglichkeit sowohl das Sein als das Nicht-Sein, läßt aber dem einen wie dem andern seine Eigenheit. Man nennt Ihn *Kether* oder *En-Soph*, wenn man Seine allumfassende Unendlichkeit betrachtet; und wenn man den einen oder andern der beiden höchsten Anblicke *Kethers* ins Auge faßt, nennt man Ihn entweder *Ain* oder *Ehjeh*.

Das *Kether Ain* ist, offenbart geheimnisvoll der Anfang der zehn Gebote: *ANoKHI JHWH*, »Ich (bin) *JHWH* ... (*Exod.*, 20, 2).« Nach einer kabbalistischen Deutung des Wortes *ANoKHI* (Ich) ist dieses – ohne die hier klein geschriebenen Selbstlaute — aus den Buchstaben *AIN* (Nichts) und *KH (Khaph)*, dem Anfangsbuchstaben von *Kether* zusammengesetzt; folglich ist *Kether AIN*. Und *AIN* ist die Nicht-Ursache; nur von »außen« oder »unten«, vom Verursachten aus gesehen, erscheint *Kether* als *Ehjeh* oder Sein, als die höchste Ursache alles Daseins. Diese ruht aber noch untätig in Sich Selber, dieweil Ihre erste Ausstrahlung *Chochmah*, die »Weisheit«, sich als erste tätige Ursache kundgibt. Denn als *Ehjeh* oder reines Sein, ist *Kether* ewig eins mit Seiner eigenen, überseinlichen und unbeweglichen Wesenheit, *Ain;* deshalb also wirkt das reine Sein nicht unmittelbar, sondern läßt es die neun andern *Sephiroth*, seine ontologischen Ausstrahlungen und Erkenntnisse, Seine Lichter und »Lampen«, in Seinem Namen handeln. *Kether-Ain* oder *ANoKHI*, das höchste, unbedingte »Selbst« aller Dinge, das vom Dasein aus gesehen auch ihr reines Sein, *Ehjeh*, ist, bleibt unberührt von Seinen sephirotischen Ausstrahlungen und deren kosmischen Wirkungen. Er enthält alles, was ist, als Einheit, und alle Dinge enthalten Ihn im tiefsten Grunde ihrer selbst als den unwandelbaren Einen. Er ist das wahre Wesen aller Dinge; was anders als Er zu sein scheint, ist im Grunde nichts anderes als Er, der »Eine ohne Zweiten«.

Gottes Weisheit, Seine erste Ausstrahlung

Chochmah, die »Weisheit« oder erste göttliche Ausstrahlung, bricht aus dem überlichten »Nichts« *Kethers* gleich einer unendlich leuchtenden Sonne hervor, deren Strahlen ohne Zahl und deren Funken ohne Unterschied alle erkenntnismäßigen Anblicke, alle sephirotischen Herrlichkeiten, alle Offensichtlichkeiten des einzig Wahren darstellen.

Chochmah wird auch *Machschabach,* »Gedanke«, genannt; es ist das ewige, innere Aufleuchten der Erkenntnis Gottes, darin Er Sich Selber und alles als Sich Selber schaut, ehe daraus Strahlen und Funken hervorbrechen, die alle Dinge kundgeben. In *Chochmah* sind die Urfunken oder Urwesen und Vorbilder der Dinge eins mit dem göttlichen Sein, dem allweltlichen Urwesen und Urbild: Hier ist jeder Funke die unendliche Sonne.

In *Chochmah* kennt Gott Sich als Eins und Alles, und alles erkennt sich in Ihm als den einen Gott. Hier besteht kein seins- und erkenntnismäßiger Unterschied zwischen Ihm und irgendeiner Urwesenheit. Denn *Chochmah* ist die ewige Lösung aller Widersprüche, die ewige Auflösung aller Spuren der Zweiheit, der unendliche Knotenpunkt der äußersten Gegensätze, die höchste Einung aller Urwesenheiten, von denen jede ihre Ureigenschaft in sich verbirgt, so daß sie hier nicht wie im zweiheitlichen Dasein zutage tritt. All das hat der Psalmist in folgenden wunderbaren Worten ausgedrückt: »Denn auch die Finsternis ist nicht finster bei Dir, und die Nacht leuchtet wie der Tag, Finsternis ist wie das Licht (*Ps.* 139, 12).«

Chochmah ist Finsternis und Licht zugleich, Über-Erkenntnis und Erkennen. Die Weisheit geht aus dem geheimen Sein Gottes hervor und bleibt doch ewig in Ihm verborgen. In ihrer Unendlichkeit ruht sie abgrundtief in *Kether*, ist sie die geistige Versenkung bis in dessen »Nichts«; aber dank ihrer Unendlichkeit schaut sie auch aus dem »Nichts« und schließlich aus dem »Sein« hervor und strahlt ihre kosmischen Möglichkeiten nach außen.

Chochmah ist innerlich eins mit *Kether*, mit dem »Geheimnis der Geheimnisse«, dem Über-Erkennbaren, und man weiß weder, wie sie aus dessen Unendlichkeit hervorgeht, noch wie sie darin verschwindet. »Wenn das, was sich im (göttlichen) Gedanken (*Machschabah* oder *Chochmah*) befindet (unterschiedlich) unerkennbar ist, um wieviel mehr der (ganze, unendliche) Gedanke (Gottes) selbst! Niemand kann (mit dem menschlichen, zweiheitlichen Gedanken) erfassen, was der (eine und unendliche) Gedanke (Gottes) in sich birgt; um so weniger ist es möglich, das Unendliche (an sich: *En Soph* oder *Kether*) zu erkennen, wovon nirgends eine (bestimmte) Spur zu finden ist und das (somit) kein Gedanke je erreichen kann. Aber aus dem Innern dieses undurchdringlichen Geheimnisses, beim ersten Durchbruch des Unendlichen, erscheint der schwache Schimmer eines (bisher) unsichtbaren Lichtes, winzig wie eine Nadelspitze; es ist ein geheimnisvoller Bruchteil des (göttlichen) Gedankens, der seinerseits (für den menschlichen Gedanken) noch unerkennbar bleibt: Man kann ihn erst erkennen vom Augenblick an, wo ein Licht von ihm ausgeht und sich an einem (geistigen) Orte ausdehnt, darin Buchstaben geprägt sind (dieser geistige Ort ist nichts anderes als die unerschaffene, urbildliche »Welt der Schöpfung«, und die Buchstaben sind die Urbilder alles Erschaffenen) *(Sohar, Bereschith* 21 a).«

Chochmah wird auch »Vater« genannt (der bestimmende und tätige Ursprung) oder »Vater der Väter«, sowie »Anfang« (die erste wirkende Ursache, von der alle anderen ursächlichen Ausstrahlungen herrühren). Der »Vater« selbst (oder *Chochmah*) rührt vom »Heiligen Alten« (*Attika kadischa*, d. h. von *Kether* oder *Ain)* her, wie geschrieben steht *(Hiob*, 28, 12): »Und die Weisheit *(Chochmah)* kommt von *Ain*«, wörtlich »von wo?« *(me-ain)*, wobei *Ain* gleichzeitig »nichts« bedeutet. Die Weisheit Gottes ist so tief, daß sie durch all Sein lichtes Sein bis ins überlichte »Nichts« Seines Gedankens dringt und daraus wieder hervorgeht, wie die Sonne aus dem Dunkel der Nacht.

Chochmah, der Gedanke Gottes, ist das erkenntnismäßige, aber nicht unterschiedliche Wesen aller aus ihm entspringenden Sephiroth und all ihrer kosmischen Abglänze. Da, wo Gott »denkt«, strahlt Sein Gedanke ewig in Ihm samt allem, was er enthält; da aber, wo Er nicht denkt, im ewigen »Ende des Gedankens«, in *Ain*, ist nur das »Nichts« all dessen, was Er nicht ist, das »Nichts«, das über allem Sein in Wahrheit alles ist, was Er ist. Da wo Gott ewig »anfängt« zu denken, da ist auch der ewige Anfang aller Dinge, das ewige Aufleuchten der Einheit all ihrer Urbilder im Einen; und da, wo das ewige Ende Seines Gedankens ist, da enden auch alle Urbilder in Ihm, der ihre Unendlichkeit ist. Er ist ihr »Nichts«, und Er ist auch ihr »ein- und einziger Vater und Gott«, die ewige Weisheit, die alle Urbilder und all deren Auswirkungen als Einheit schaut und bestimmt, – das ist der tiefste Sinn des Schriftwortes: »Du hast alles mit Weisheit gemacht (Ps. 104, 24).« Und der *Sohar* sagt: »Gott schuf den Menschen durch das Mysterium der Weisheit (*Chochmah*, die erkenntnismäßige Wesenheit des Menschen), und Er formte ihn mit großer Kunst (zu Seinem Ebenbilde) und hauchte ihm das Leben ein, auf daß er die Geheimnisse der Weisheit durchdringe und erfasse, und daß er die Herrlichkeit (oder Wahre Gegenwart) seines (göttlichen) Meisters erkenne (*Terumah* 155 a).«

Das wesentliche Geheimnis der *Chochmah* ist der Eine: Sie kennt nur den Einen und alles im Einen, als der Eine Selbst. Deshalb wird sie auch »Seligkeit« oder »Höchstes Eden« genannt, »Baum des Lebens« und »Erste Tafeln der *Thora*, deren durchsichtige und leuchtende Steine die Einheit sind, darin es keine Zweiheit gibt.« Sie ist jenseits der Unterscheidung von Gut und Böse, jenseits aller Beziehungen zwischen dieser und jener Wirklichkeit; in ihr ist alles unendlich im Unendlichen. Deshalb muß man in der Kontemplation *Chochmahs* alle Dinge bis in ihr höchstes Urbild erheben, ja über diese ihre Urvollkommenheit, ihren göttlichen Anblick hinaus bis ins Unendliche: Dann wird alles eins im Einen, und das Eine wird für den Menschengeist die alleinige Wahrheit.

Von der Selbstempfänglichkeit des Einen

Ehe Gott sich den Welten, Seinen erschaffenen Gefäßen, kundtut, offenbart Er Sich durch *Chochmah*, Seine Weisheit oder Erkenntnis, Seiner eigenen, ewigen Empfänglichkeit, Seiner »Vernunft«, *Binah*. Diese ruht gleich der Leere und Finsternis eines verborgenen Spiegels im Grunde *Chochmahs*; und da, wo die leuchtende Fülle *Chochmahs* aus der überlichten Finsternis *Kethers* hervorbricht, da tritt auch jene dunkle Leere aus *Chochmah* heraus, um gleich einer Spiegelfläche das Urlicht zu empfangen. Da gießt *Chochmah* alle erkennbaren Möglichkeiten *Kethers* als eine einzige nicht-unterschiedliche Emanation in *Binah* ein: Die unendliche Ausstrahlung des göttlichen Antlitzes erfüllt die Leere Seiner schrankenlosen Empfänglichkeit, Seines höchsten Spiegels. Das Licht *Chochmahs* flutet selig vom Angesichte *Kethers* zu demjenigen *Binahs*, die es spiegelt und ewig, ohne jede Bewegung, zu *Kether* zurückstrahlt. All das will in sinnbildlicher Sprache besagen, daß *Kether*, *Chochmah* und *Binah* der eine und einzige Gott sind, der Sich Selber erkennt, »der Alte, von Angesicht zu Angesicht geschaut ... und dem keine andere Bezeichnung ansteht als die der Einheit«; es ist die Einheit des Seins, das durch Sich Selber besteht, und der Erkenntnis, die Sich Selber erkennt.

»Die drei ersten *Sephiroth*, nämlich die »Krone«, die »Weisheit« und die »Vernunft«, müssen als ein- und dieselbe Wirklichkeit betrachtet werden (sie sind eins in ihrer gemeinsamen unendlichen Wesenheit, ohne Vermischung ihrer Eigenschaften). Die erste *(Kether)* bedeutet (nicht als *Ain* oder übererkennbares Nicht-Sein, sondern als *Ehjeh* oder erkenntnismäßiges Sein) das (unendliche) Erkennen oder Wissen (Gottes), die zweite *(Chochmah)* das Erkennende (Gott als der tätige und bestimmende Ursatz der Erkenntnis), und die dritte *(Binah)* das Erkannte (Gott als der empfängliche und widerspiegelnde Ursatz des Erkennens). Um sich diese (seins- und erkenntnismäßige) Einheit zu erklären, muß man sich darüber klar sein, daß das Wissen des Schöpfers nicht wie dasjenige der Geschöpfe ist; denn das letztere ist verschieden vom Subjekt des Wissens und betrifft Objekte, die sich ihrerseits vom Subjekt unterscheiden. Diese Gegebenheit bezeichnen die drei Begriffe: der Gedanke, der Denkende und das Gedachte.

Der Schöpfer hingegen ist Selber allzumal Erkenntnis, das Erkennende und das Erkannte. In der Tat besteht Seine Erkenntnisweise nicht darin, Sein Denken auf Dinge zu richten, die außerhalb Seiner sind; Er kennt und schaut alles, was ist, indem Er Sich Selber kennt und weiß. Es gibt nichts, was nicht (zutiefst) eins wäre mit Ihm und das Er nicht in Seinem eigenen Wesen fände« (Mose Cordovero: *Pardes Rimmonim*, »Der Garten der Granatäpfel«).

Dies ist auch der Sinn der folgenden kabbalistischen Aussage, die aber die soeben erwähnte in einer gewissen Hinsicht übersteigt: »Der Heilige Alte (oder höchste Ursatz) besteht in drei Häuptern (oder Anblicken: *Kether, Chochmah, Binah*), die nur ein einziges sind . . . Alles ist in ihnen; alle Mysterien sind in ihnen enthalten, (und) sie selber sind im Heiligen, dem Ältesten der Alten inbegriffen: in Ihm ist alles eingeschlossen, Er birgt alles in sich.« Er ist *Kether*, in Seiner höchsten, allumfassenden Wirklichkeit, im »Nichts« oder Über-Sein, welches das »Sein«, *Ehjeh* und dessen Ausstrahlungen, *Chochmah* und *Binah*, enthält; und in diesen »drei Häuptern«, die eins sind im »Heiligen Alten«, im »Nichts«, ist alles übrige inbegriffen. Diese Bejahung der höchsten Drei-Einheit übersteigt die obige des berühmten kabbalistischen Meisters Mose Cordovero (1522–1570) insofern, als dieser von der Einheit des seins- und erkenntnismäßigen Anblickes *Kethers, Ehjeh*, und deren Ausstrahlungen *Chochmah* und *Binah*, spricht, ohne aber – wie es hier der Fall ist – darauf hinzuweisen, daß diese ihre Wesenseinheit an sich der *überseinliche* und *übererkenntnismäßige* Anblick *Kethers, Ain*, ist.

Es muß hinzugefügt werden, daß, wenn *Ain* oder der »Heilige Alte« die höchsten »Drei Häupter« enthält, Er zugleich das höchste der dreien ist, weil das Über-Sein und das Sein nicht voneinander getrennt werden dürfen, sondern die göttliche Nicht-Zweiheit bedeuten. Nur wenn man *Ain* als die unbedingte Alleinwirklichkeit betrachtet, wo keine Spur mehr von einer drei- oder zehnfachen sephirotischen Hierarchie sichtbar ist, ist Er auch kein »Haupt« von irgend etwas, ist Er ein »Nicht-Haupt«, ein »Nicht-Sein«, eine »Nicht-Erkenntnis« und »Nicht-Weisheit«. Erst als *Ehjeh* wird Er eigentlich »Haupt«, und da ist Er noch ein »verborgenes Haupt«, ein »geheimes Sein«, eine »verhüllte Weisheit«, die sich als solche nie offenbart; erst als *Chochmah* offenbart Er sich *in divinis*, und als *Binah* den Welten gegenüber. »Drei Häupter sind geprägt, eines im andern, eines über dem andern. Ein Haupt *(Kether* als *Ehjeh)* ist die verhüllte Weisheit, die gänzlich sich verbirgt und nie sich offenbaren kann. Und diese verborgene Weisheit (dieses in sich ruhende Sein) ist das »Haupt der Häupter« aller übrigen (seins- und daseinsmäßigen) Weisheit. (Aber) Das Höchste Haupt (an sich) ist der Heilige Alte *(Kether* als *Ain),* der Verborgenste alles Verborgenen; das Haupt aller Häupter; das Haupt, das kein Haupt ist, nicht erkennend (in seiner Über-Erkenntnis oder überlichten Selbstheit) und (folglich auch) nicht erkannt; (in seiner unbedingten Alleinwirklichkeit) nicht verbunden mit der Weisheit *(Chochmah)* und mit der Vernunft *(Binah)* ... Und darum wird der Heilige Alte auch ›Nichts‹ genannt, denn an Ihm (dem Alleinwirklichen) haftet nichts ... (*Sohar*, III, 288 a, b: *Idra Sutta*).«

Kether wird auch das »Lange Gesicht« *(Arich Anpin)** genannt, das in Seiner Unendlichkeit das Sein und Über-Sein umfaßt; und insofern *Kether* mit *Chochmah* und *Binah* die Einheit der höchsten »Drei Häupter« oder allweltlichen Ursätze bildet, gehört auch diese Drei-Einheit zum »Langen Gesicht«, zum großen Antlitze Gottes. Oder umgekehrt: Insofern das *Panim,* das »Antlitz« oder die »Oberfläche« des höchsten Spiegels, *Binah,* dem Antlitze *Kethers* oder des Seins und Über-Seins zugekehrt und mit Ihm vereint ist durch das Urlicht, *Chochmah,* das ewig vom einen zum andern geht, bilden alle drei in Wahrheit das Eine Große Antlitz, das »Lange Gesicht« des Unendlichen. Nun umfaßt aber das Unendliche auch seine eigenen, zahllosen kosmischen Abglänze, und zwar zuallererst, als deren sieben unmittelbare, große Urbilder, die sieben unteren *Sephiroth,* die des »Weltenbaus«; diese blicken als Gottes »Kurzes Gesicht« *(Seïr Anpin)*** oder

* Der soharisch-aramäische Ausdruck *Arich Anpin* entspricht dem hebräischen *Erech Apajim,* dem *»Langmütigen«,* eine der göttlichen Eigenschaften, die Mose in *Exodus* 34, 6, offenbart wurden.

** *Seïr Anpin* ist der soharisch-aramäische Gegenbegriff von *Arich Anpin;* er entspricht dem hebräischen Ausdruck *Kezar Apajim,* der »Ungeduldige«, den man u. a. in den Sprüchen Salomonis 14, 17, findet. Er bedeutet streng genommen die sechs tätigen der sieben *»Sephiroth* des Weltenbaus«, die sich durch die siebte oder letzte und empfängliche *Sephirah Malchuth,* die *Schechinah* oder göttliche Einwohnung, kundgeben.

Kleines Antlitz zum Weltall hin, und alle Welten betrachten sie, während die drei höchsten *Sephiroth* in sich gekehrt sind, versunken in der Selbstschau ihrer unendlichen Drei-Einheit, ihres »Großen Gesichtes«.

Dabei aber ist *Binah,* die allunterscheidende Vernunft Gottes, zweigesichtig: Ihr Oberes Antlitz oder ihre »Oberfläche« ist zu *Chochmah* und *Kether* gekehrt und ist eins mit ihnen, dieweil ihr Unteres Antlitz zu den sieben *Sephiroth* hingewandt ist, die von ihr ausgehen. Dank dessen kann das »Lange Gesicht« der Drei-Einheit, deren reines Licht den unterschiedlichen Welten unerträglich ist, sich denselben durch die Kehrseite des »höchsten Spiegels« kundgeben: Diese wirkt wie ein unterscheidendes Prisma, das die unendliche Klarheit in sieben sephirotische Urstrahlen bricht, daraus alle göttlichen Funken oder Lichtkeime der Welten hervorsprühen. Etwas von der im überlichten Dunkel des Unbedingten verborgenen Klarheit wird zum erkennbaren Licht oder Geist, dank des nach unten gewandten Blickes der *Binah;* und unterhalb ihrer wird der offenbarende, schöpferische und erlösende Wille Gottes durch Sein »Kurzes Gesicht« oder Kleines Antlitz ausgestrahlt.

Mit anderen Worten: Die Klarheit des Großen Antlitzes ist so erhaben, daß sie ins Über-Erkennbare einmündet, ins ewige »Wer?« *(Mi)* oder in den »ewigen Gegenstand allen Forschens«; zugleich flutet sie in ihrer Unendlichkeit nach unten hin und wird zuerst zur höchsten, blendenden Sonne, *Chochmah,* zum einen, reinen Lichte des »Vaters der Väter«, darin die »Höchste Mutter«, *Binah,* alle Urfunken oder Urkeime des Kundgebbaren und Erschaffbaren unterscheidet. In dieser ewigen, ursächlichen Tat gleicht *Binah* wie gesagt einem Prisma oder auch einem Spiegel, in Myriaden von Stücke gebrochen, wovon jedes auf seine Weise das »Große Gesicht« und somit den Inhalt aller andern Bruchstücke widerspiegelt. Hier schaut Gott Seine Einheit in der Vielheit, und schaut alle Bruchstücke Seines Spiegels, darin Seine Eigenschaften erscheinen, die ganze Vielheit seiner daseinlichen Anblicke, in der Einheit Seines reinen Seins. *Chochmah* ist die Erkenntnis dieser Einheit, *Binah* die Bestimmung ihrer Eigenschaften und der darin enthaltenen Urbilder aller Dinge; sie offenbart diese Eigenschaften und Urbilder zusammengefaßt in den sieben »*Sephiroth* des Weltenbaus«, die alles verwirklichen, was das erschaffene Dasein enthält. Die kundgebbaren Möglichkeiten des reinen Seins gehen also nicht unmittelbar von ihrer einen, nicht-unterschiedlichen Offenbarung in *Chochmah* zur Schöpfertat über, sondern *Binah* unterscheidet und bestimmt zuerst ihre Eigenschaften, ehe sie von den sieben kosmologischen Ursachen ins Becken des geschöpflichen Allmeeres eingegossen werden.

Jedoch sei noch erwähnt, daß die Bestimmung der Ureigenschaften durch *Binah* nichts mit einer geschöpflichen Unterscheidung zu tun hat; denn es gibt keine tatsächliche Zweiheit oder Vielheit in der göttlichen »Vernunft«: Es ist die Vielheit in ihrer ewigen Einung mit dem Einen, verwirklicht durch die ewige Einung von *Binah* und *Chochmah*, der »Höchsten Mutter« und des »Höchsten Vaters«. Der *Sohar* zeigt, daß deren Einheit von ihrem Ausgang aus *Kether* an besteht: Gemeinsam, nicht unterschieden gehen sie von Ihm aus und trennen sich nie, bleiben immer zusammen, gemäß dem Schriftworte (*Gen.* 2, 10): »Und ein Fluß ging aus von Eden ...«, – als ein einziger Fluß strömten und strömen ewig *Chochmah* und *Binah* aus dem allerhöchsten Eden, das *Kether* ist. Und wenn *Binah* die Ursache aller Unterscheidung, aller »Strenge« ist, so gibt es in ihr dennoch keinen Unterschied, keine Strenge, wie es der *Sohar* umgekehrt ausdrückt: »Obwohl der Höchsten Mutter keine Strenge eigen ist, geht die Strenge von ihr aus.« *Binah* ist die Einheit in der Vielheit, und in ihr befindet sich alle Vielheit im Einen.

»In der Mutter (oder *Binah*) nimmt die (einende) Güte kein Ende«; sie ist das ewige »Jubeljahr« *(Jobel)*, die allweltliche Stufe der letzten Befreiung. Mit anderen Worten: Das irdische, religiöse »Jubeljahr« versinnbildlicht *Binah*, die Erlösung alles erschaffenen Daseins im reinen göttlichen Sein; während dieses Jahres wird allen Sklaven ihre Freiheit wiedergeschenkt, kommt jedermann wieder zu seiner Habe, werden alle Schulden als getilgt betrachtet und wird kein Acker- oder Weinbau betrieben. »Ihr sollt das fünfzigste Jahr heiligen und die Freiheit im Lande ausrufen für alle seine Bewohner. Es soll für Euch ein Jubeljahr *(Jobel)* sein ... *(Levitic.* 25, 10.) *Binah* wird auch der göttliche »Ort des Erlassens aller Gelübde« sowie der »Ort der Sühne« und der »Buße« genannt: Hier wird alles erschaffene Dasein von seinen Sünden gereinigt, von all seinen Banden und Spuren befreit, so daß nur noch sein innerstes, reines, göttliches Sein zurückbleibt. Hier befindet sich alle Macht der Befreiung, der Erlösung aller Knechte, aller Schuldigen, aller Geschöpfe, die Reinigung alles Daseins vom Dasein selber, bis nur noch sein Ursein zurückbleibt: das Alleinsein Gottes. Deshalb ist *Binah* auch das Urbild des religiösen »Versöhnungstages«: »Denn an diesem Tage werdet ihr versöhnt (mit Gott), werdet ihr gereinigt von all euren Sünden: Ihr werdet rein sein vor *JHWH* (*Levitic.* 16, 30).«

Gnade und Strenge

Da wo *Arich Anpin*, das Große Antlitz von *Kether-Chochmah-Binah* sich der Möglichkeit der Schöpfung zuwendet, wird es vom Schleier der »Höchsten Mutter« verhüllt und erscheint durch diesen hindurch als Kleines Antlitz, als *Seïr Anpin*. Das unendliche Licht wird durch diesen Schleier oder das Prisma *Binahs* in die sieben »*Sephiroth* des Weltenbaus« gebrochen, wovon die sechs tätigen das »Kurze Gesicht« Gottes bilden. Dessen Züge oder Eigenschaften prägen sich ihrerseits in den Schleier oder das Prisma der »Unteren Mutter« ein, der letzten und empfänglichen *Sephirah Malchuth*, um von ihr, der göttlichen Einwohnung – die somit im weiteren Sinne ebenfalls zum »Kurzen Gesicht« gehört – ins Gebiet des Geschöpflichen eingestrahlt zu werden; denn das Endliche erträgt nicht die unmittelbare Berührung mit dem Unendlichen.

Die Eigenschaften oder Züge des »Kurzen Gesichtes« bleiben dem Endlichen nicht unerreichbar wie diejenigen des »Großen Gesichtes«; sie dringen als unmittelbare Urbilder des Erschaffenen in dessen geistiges Blickfeld ein. Deshalb werden die Anblicke des Kleinen Antlitzes *Eleh*, »Diese«, genannt, ein hinweisendes Fürwort, das hier die erkennbaren Urbestimmungen aller Dinge ausdrückt; das Große Antlitz hingegen wird durch den Ausdruck *Mi*, »Wer?«, bezeichnet, ein fragendes Fürwort, das die höchste, verborgene Urbestimmung, sowie das Unbestimmte, Unbedingte und Unaussprechliche versinnbildlicht, beziehungsweise das reine, dreieinige Sein, *Kether-Chochmah-Binah*, und das Übersein *Kethers*, *Ain*. In Wahrheit aber sind die beiden Gesichter eins: Es ist der eine Gott, der sich innerlich, ohne Schleier, als

Arich Anpin, und von außen her – zusammen mit dem Äußeren, Erschaffenen — durch Seinen Schleier hindurch als *Seïr Anpin* betrachtet. »Das Kurze Gesicht hängt vom Heiligen Alten ab und ist eins mit Ihm.« So bilden das Kleine und das Große Antlitz Gottes zusammen die Einheit aller Urbilder, *Sephiroth* oder »Götter«, *Elohim*: »*Eleh* (das ›Kurze Gesicht‹) gesellt zu *Mi* (dem ›Langen Gesicht‹, das sich zu ihm ›umwendet‹ als *im*) bildet *Elohim.*« Im Lichte dieser Wahrheit ist die Aufforderung Jesaias (40, 26) zu verstehen: »Hebet Eure Augen in die Höhe und sehet, wer *(Mi)* diese *(eleh)* Dinge erschaffen hat!«

Die erste Eigenschaft, die auf dem Kleinen Antlitz Gottes erscheint, ist *Chessed,* Seine »Gnade«. »*Chessed* rührt (seiner Eigenschaft nach) vom Vater *(Chochmah)* her«, aber nach der zahlenmäßigen Rangordnung der *Sephiroth,* von der »Höchsten Mutter«, *Binah. Chochmah,* die unendliche Flut von Licht und Seligkeit, bleibt, was sie ist, nur in der höchsten Drei-Einheit, wo sie – sinnbildlich gesprochen – von einem göttlichen Antlitz zum andern strömt, ohne irgendeine Veränderung zu erleiden. Wo sie aber aus dem dreifaltigen Großen Antlitz hervorbricht, um die schöpferische Ausstrahlung des Kleinen Antlitzes zu bewirken, geschieht die Strahlenbrechung in sieben sephirotische Urlichter, wobei diese unzertrennlich bleiben in ihrem gemeinsamen göttlichen Wesen und ihrem ewigen Zusammenwirken. Ohne diese höchste Lichtbrechung wäre die vielheitliche Schöpfung unmöglich; es gäbe nur die jenseitige Wirklichkeit des Großen Gesichtes.

Das höchste dieser sieben Urlichter ist die *Sephirah Chessed;* die erste kosmologische Ausstrahlung Gottes ist Seine »Gnade«. Sie ist nicht Seine in sich ruhende Seligkeit, sondern das »heilige Glück«, das Er dem »Nächsten« schenkt nach dessen Bedürfen: Es ist der Inbegriff aller Nächstenliebe, die Schrankenlosigkeit des Schöpfers, aus der heraus Er mit unendlicher Güte den Schranken Seiner Geschöpfe begegnet. Es ist das notwendige Sein selbst, insofern Es Sich Selber allem, was dasein soll, als Leben schenkt und ihm schließlich die Erlösung aus den Banden des Daseins gewährt.

Diese Gaben der Gnade wären unmöglich ohne die gleichzeitige Bestimmung der kosmischen Bedingungen und Begrenzungen; denn ohne Grenze, ohne Ende gäbe es nur das Unendliche an sich, die ewige, in Sich Selber ruhende Glückseligkeit. Um diese Seligkeit im Endlichen kundtun zu können, muß die Gnade deren Kundgebungen begrenzen; das tut sie aber nicht selber, denn sie ist reine Bejahung, und es geht gegen diese ihre Eigenschaft, irgend etwas zu verneinen. Sie tut es mittels der göttlichen Strenge, der *Sephirah Din*, dem allweltlichen »Gericht«, das *Binah*, die allunterscheidende »Vernunft«, wie einen verborgenen finsteren Keim der leuchtenden Gnadenfülle mitgegeben hat. Wenn dieser Keim sich entwickelt, wird er zu einer besonderen *Sephirah*, welche derjenigen zu widersprechen scheint, aus der sie hervorgegangen, die sie aber in Wirklichkeit ergänzt.

Chochmah ist die Offenbarung *in divinis* des reinen, einen Seins aller Urbilder, *Binah* ist die ewige Bestimmung ihrer Eigenschaften; *Chessed* gibt ihre Einheit und Schrankenlosigkeit kund, und *Din* »mißt« ihre unterschiedlichen Auswirkungen und setzt dadurch die grundlegenden Bedingungen und Begrenzungen allen Daseins fest. *Din* gibt sich als allweltliches Gesetz kund, das die Ordnung der kosmischen Natur so bestimmt, daß sie *Chessed*, die übernatürliche, unerschaffene und unendliche Gnade Gottes empfangen kann. Die Gnade wird der »rechte Arm« Gottes genannt, und das Gesetz sein »linker Arm«. Der Schöpfer hält durch diese beiden einander entgegengesetzten und zugleich einander ergänzenden Kundgebungen die ganze Schöpfung im Gleichgewicht. Diese könnte in der Tat weder durch Gnade noch durch Strenge allein bestehen. *Chessed* ist die ununterbrochene, einende Ausstrahlung des Unendlichen, die keine Beziehung zum Endlichen haben kann ohne vorherige gegenseitige Durchdringung mit der Ursache aller Schranken, mit *Din*, der unterbrechenden und zweiheitlichen Ausstrahlung, die ihren eigenen Ursprung in der allunterscheidenden »Vernunft« Gottes hat. Wenn man andrerseits dieser »strengen« Ausstrahlung oder dem allweltlichen »Gericht« die Durchdringung durch die »Gnade« entzöge, wäre alles erschaffene, endliche Dasein ebenfalls unmöglich: Dann gäbe es nur die Verneinung aller Verneinung des Unendlichen, die Vernichtung alles Endlichen.

Ohne die bejahende Kraft der Gnade, die nichts anderes ist als die schöpferische, erhaltende und erlösende Gegenwart Gottes in der Welt, könnte die Natur nichts zur Entfaltung bringen. Die in ihren Begrenzungen durch Gottes Strenge bestimmten Dinge sind in ihrer innersten Wirklichkeit Seiner Gnade teilhaftig. Diese ist die reine Bejahung seiner Jenseitigkeit, der Lichtstrahl, der alle kosmischen Auswirkungen mit ihrer höchsten Ursache verbindet, die allweltliche Achse, um die herum alle Welten, Wesen und Dinge kreisen.

Chessed, die Liebe Gottes, ging Seiner Strenge, *Din,* voraus, als Er die Welt schuf. Als Er Sich der Möglichkeit der Schöpfung zuneigte, wurde Seine unendliche Seligkeit zur »Güte aller Güte«, zur Barmherzigkeit, zur Gnade. In Gott ist die Strenge nicht Zorn, sondern ein Anblick Seiner Wahrheit, die eins ist mit Seiner Seligkeit. Denn Seine Wahrheit ist, daß Er allein ist; und Seine eine und einzige Wirklichkeit ist Seine Seligkeit.

Gott schuf die Welt durch Seine Wahrheit und Seine Seligkeit zugleich. Er schuf sie, um durch Seine Gnade, die Seine Wahrheit als Seligkeit kundgibt, zu bejahen, daß alles in Ihm ist, und um durch Seine Strenge, die Seine ausschließliche Alleinwirklichkeit bejaht, alles zu verneinen, was sich außerhalb Seiner stellt. Die Strenge oder die Verneinung aller Verneinung des Alleinwirklichen tut sich zuerst als kosmische Leere oder Finsternis kund, die jede unterschiedliche Schöpfung angesichts des »Einen ohne Zweiten« ausschließt. Die Gnade aber, die bisher ihrer Schrankenlosigkeit wegen alles Geschöpfliche in ihrer Lichtfülle barg, ohne es irgendwie von sich trennen zu können, – die Gnade, die nur das Unendliche bejaht, das alle Schranken umfaßt, durchdringt und in Sich auflöst, – die Gnade vermag nun jene durch die Strenge erzeugte finstere kosmische Leere mit ihrer lichten, geistigen Einwohnung zu erfüllen und dank ihrer Wechselwirkung mit dem dunklen Ausfluß der Allunterscheidung die Vielheit der Welten, Wesen und Dinge hervorzubringen. So ist die Strenge in ein Gefäß der maßlosen Gnade verwandelt worden und wirkt fürderhin mit ihr zusammen als Maß aller Dinge, von deren ersten unterschiedlichen Auswirkung an bis zu ihrer letzten Auflösung im Unendlichen. Dank ihrer Schrankenlosigkeit entfaltet dabei die Gnade das Endliche bis zum äußersten Maß seiner erschaffenen Fülle, der aber die Strenge unaufhörlich alle bestehenden Daseinsbedingungen aufprägt; und da, wo das kosmische Maß ein Ende nimmt, führt die Strenge alle geschöpfliche Fülle durch eine äußerste Zusammenziehung zu ihrem Ursprung heim: zur »Gnade aller

Gnaden«, zur unendlichen Seligkeit des einzig Wahren und Wirklichen.

Mit Seiner Strenge will also Gott schließlich nichts anderes, als, was sich im Geschöpf an unvermeidlicher Begrenztheit der unendlichen Gnade widersetzt, in dieser aufzulösen. Seine Strenge wird nur Zorn jenem Endlichen gegenüber, das sich willentlich als eine von Gott unabhängige Wirklichkeit bejaht und damit seinen zureichenden Grund, seinen unendlichen Urgrund, den »Einen ohne Zweiten« verleugnet. Wie gesagt, da wo das Erschaffene nichts anderes ist als der reine Ausdruck des schöpferischen Willen Gottes, kann es nicht Gegenstand des göttlichen Zornes sein; da ist es im Gegenteil Gefäß der Gnade Gottes, die es mit unerschaffenem, unendlich seligem Lichte erfüllt, um es schließlich in dieses heimzuführen.

Gottes Strenge verneint, was nicht Er ist, der Alleinwirkliche; sie verneint das Nichts, das dank der unendlichen Alleinwirklichkeit des Einen nicht besteht. Diese Verneinung des Nichts setzt jedoch voraus, daß Gott Selber dem nicht bestehenden Nichts eine gewisse »unwirkliche Wirklichkeit« verleiht, den täuschenden Anschein von etwas »anderem als Er«: das kosmische Trugbild. Er bewirkt diesen Schein durch *Binah*, seine onto-kosmologische Vernunft, die nichts anderes ist als Seine eigene Empfänglichkeit, Seine innere Leere, Seine dunkle, schwer begreifbare, scheinbar widersprüchliche Möglichkeit, die sich in Seiner reinen, einen und einenden Lichtfülle, *Chochmah*, verbirgt. Deswegen darf aber *Binah* keineswegs als die tiefste Ursache allen Übels betrachtet werden, »denn auch Finsternis ist nicht finster bei Dir, und die Nacht leuchtet wie der Tag; Finsternis ist wie das Licht« in Gott. In Ihm, dem höchsten Gut, dem einzig Guten, kann es keine Spur von Übel geben, denn in Ihm, dem Unendlichen, gibt es keine Grenze, Spaltung, Trennung und Zweiheit, also nichts, was Grund zum Bösen wäre. *Binah* ist wohl die Urbestimmung aller Grenzen, aller Zweiheit, aber zugleich ist sie die ewige Verneinung dieser Verneinung des Unendlichen – ebenso wie *Chochmah* die ewige Selbstbejahung des Einen ist. Durch *Binah* verneint Gott alles, was nicht Er ist, und verleiht somit dem, was gar nicht ist, etwas von Seiner Wirklichkeit; zugleich aber verneint *Binah* ewig das, was an dieser Scheinwirklichkeit nur Schein und Übel ist, durch die Bejahung der

Alleinwirklichkeit Gottes, des einzig Guten: Sie bejaht dieses Gute durch *Chessed* und verneint das Böse durch *Din*. Dieselbe Wahrheit tut sich auch im Schöpfungswerke Gottes kund: Er entfernt in Seiner Strenge das Erschaffene nur deshalb von Sich, um es durch Seine Gnade wieder mit Sich zu vereinen. Seine Strenge trennt die Schöpfung von Ihm, und trennt auch alles Erschaffene unter sich, und trennt es schließlich auch von aller Trennung im erlösenden Zusammenwirken mit der Gnade, die alles eint im Einen.

Die Strenge ist also nichts anderes als die Gnade, die unter dem Anblick der Verneinung erscheint; sie ist die Verneinung der Verneinung des Wirklichen, also dessen Bejahung: Gnade. Ohne die verneinende Strenge gäbe es nichts, worin die bejahende Gnade sich auswirken könnte; alles bliebe verborgen in der unendlichen Seligkeit Gottes. Dank der in ihr selber verborgenen und aus ihr selber hervortretenden Strenge, ist die Gnade Gnade und nicht die Unendlichkeit, wo es kein Endliches gibt. Und ohne Gnade gäbe es keine Strenge; ohne Bejahung des »Einen ohne Zweiten« gäbe es keine Verneinung des »Zweiten«, der nicht ist. Deshalb sagt die Kabbala: »Da wo die Strenge ist, gibt es auch Gnade; und da wo Gnade ist, da ist auch Strenge.« Gnade und Strenge sind in ihrem tiefsten Wesen eins, sie sind der Eine selbst, der alles beherrscht und der – nach dem *Sohar, Beschallach*, 51 b, – wie »ein König ist, welcher in sich das Gleichgewicht, die Eintracht aller seiner Eigenschaften verwirklicht. Sein Antlitz strahlt immer wie die Sonne, und er ist heiter in seiner Gerechtigkeit und Vollkommenheit; wenn er aber richtet, kann er ebensogut verurteilen als freisprechen. Den Unsinnigen, der das Gesicht des Königs strahlen sieht, dünkt es, er habe nichts zu befürchten; der Weise aber sagt sich: ›Das Angesicht des Königs ist strahlend, weil er vollkommen ist und Gnade und Recht in sich vereint; in seiner Herrlichkeit verbirgt sich sein Urteil, weshalb ich vorsichtig sein muß.‹ Solch ein König ist der Hochheilige. Rabbi Jehuda fand diese Wahrheit in folgendem Schriftworte ausgedrückt (*Maleachi*, 3, 6): ›Denn Ich, *JHWH*, ändere Mich nicht.‹ Es ist, als ob Gott sagte: ›In Mir sind alle Eigenschaften einträchtig vereinigt; in Mir sind die beiden Anblicke der Gnade und der Strenge eins.‹ «

Gott ist das eine, unwandelbare Urwesen der Gnade und der Strenge, weshalb ihr Gegensatz in Wirklichkeit nichts anderes ist als ihre gegenseitige Ergänzung: Sie bedingen einander, verwirklichen zusammen die ganze Schöpfung und deren Gleichgewicht; sie sind unzertrennlich und zutiefst eins.

Vom Geheimnis der göttlichen Schönheit

Die *Sephirah Tiphereth,* die »Schönheit« Gottes, ist Seine unendliche Einheit, insofern sie sich als selige Fülle und Eintracht nicht nur Seiner Gnade und Strenge, sondern all Seiner Möglichkeiten offenbart. Während diese in *Kether* als in ihrer unterschiedslosen Einheit ruhen, erscheinen sie in *Tiphereth* als unendliche Fülle aller besonderen Urbilder, von denen jedes mit allen anderen verschmolzen ist durch Wesenseinheit und durch gegenseitige Durchdringung der Eigenschaften; dabei wird keine derselben als solche verwischt, vielmehr enthält jede auf ihre besondere Weise den unermeßlichen Reichtum aller anderen. In diesem Sinne ist das kabbalistische Wort zu verstehen: »Wenn die Farben (oder Eigenschaften Gottes) sich vermengen, wird Er *Tiphereth* (Schönheit) genannt.«

Die Urbilder sind zuerst reine, unterschiedslose Lichter; dann erhalten sie ihre »Farben« oder Eigenschaften durch das von *Binah,* der höchsten »Vernunft« ausgesprochene »Urteil«, *Din*; und es ist in *Tiphereth,* der unendlichen Schönheit Gottes, – die selber von *Din* ausgeht, zugleich aber auch von *Chessed* und der höchsten Drei-Einheit, – wo alle göttlichen Farben in einer vollkommenen Harmonie zusammenklingen. *Tiphereth* ist im wahrsten Sinne des Wortes die »mittlere«, vermittelnde und einende *Sephirah,* Gottes »Herz« *(Leb)* und »Barmherzigkeit« *(Rachamim)*; sie ist der göttliche Knotenpunkt, der alles in sich vereint, was in der sephirotischen Welt »oben« und »unten«, sowie »rechts« und »links« ist. Weil ihre unendlichen Strahlen also sämtliche *Sephiroth* und all deren Gegensätze in einer einzigen Mitte oder Nabe einen, wird *Tiphereth* auch das höchste »Rad« oder die göttliche »Sonne« genannt*. In diesem einenden Anblick gleicht Gottes Schönheit Seiner Gnade und auch Seiner höchsten Drei-Einheit; aber sie unterscheidet sich, wie gesagt, insofern da-

* Siehe Tafel, Fig. III und IV.

von, als deren unterschiedslose, maßlose Wirklichkeit sich hier in die vollkommenen Urmaße, die Urharmonie aller Dinge kleidet. Aus des Urgerichtes Finsternis treten leuchtend alle Urbilder in *Tiphereth* hervor, wo sie sich in ihren vollkommenen »Urformen« und »Urfarben« offenbaren; und in ihr verwirklicht sich ewig, ohne irgendeine Bewegung, das gegenseitige Durchdringen dieser überförmlichen Formen und übersinnlichen Farben: ihr Zerschmelzen in eine einzige, von einem uferlosen, unsäglich schön gefärbten Lichtmeere erfüllten Urform oder »Kugel, deren Mitte überall und deren Umfang nirgends ist«*.

Mit anderen Worten: In der Schönheit Gottes erscheinen alle Seine ursächlichen Möglichkeiten als vollendete Vorbilder des Geschöpflichen, und zwar unter den verschiedensten gegensätzlichen Anblicken; in ihr haut Gott Seine ewigen »Bildwerke« mit letzter Deutlichkeit aus und bringt mit vollkommener Kunst all deren Gegensätze zur höchsten Übereinstimmung, zur »Form aller Formen«. So bleiben inmitten dieser allumfassenden, göttlichen »Form« alle Seine Anblicke, was sie sind, als solche und in ihren Wechselbeziehungen; hier, in der höchsten Schönheit, entfaltet sich jede *Sephirah* in ihrer unendlichen Fülle und Herrlichkeit, und in ihrer gegenseitigen Durchdringung mit allen anderen *Sephiroth*. Deshalb wird *Tiphereth* auch als das unendliche Bewußtsein Gottes, als Seine Allwissenheit, Sein allumfassendes »Wissen« *(Da'ath)* betrachtet, wovon es in den Sprüchen Salomonis (24, 4) heißt: »Und durch *Da'ath* werden die Kammern (oder Urformen) voll aller köstlichen und lieblichen (sephirotischen) Reichtümer.«

Gottes Schönheit ist allzumal: überlichtes Dunkel; blendende Seinsfülle; unendliche Leere; unermeßliche Gnade; strenges Maß aller Dinge; unsägliche Liebe und Eintracht, die alles mit allem vereint; Sieg des Lebens, der Freude und der Freiheit; unnahbare Majestät; erlösende Schöpfertat; göttliche Gegenwart. Alle diese Anblicke der höchsten Schönheit sind nichts anderes als die zehn *Sephiroth*, die sich im »Kleinen Antlitze« Gottes widerspiegeln. *Tiphereth* ist dieses Antlitz, insofern sie besonders die sechs tätigen »*Sephiroth* des

* Das ist der wahre, überräumliche, unendliche Gegenstand dieser antiken, von Pascal auf den Raum angewandten Formel.

Weltenbaus« in sich zusammenfaßt. Aber *Tiphereth* ist auch der göttliche »König«, gekrönt mit der »Höchsten Krone« *(Kether eljon)*, oder der »Sohn« des »Höchsten Vaters« *(Chochmah)* und der »Höchsten Mutter« *(Binah)*, der alle ihn umgebenden neun *Sephiroth* in sich eint – ebenso die, von denen er herkommt, als auch die, welche von ihm ausgehen: Alle erscheinen als seine eigenen Anblicke *. »Der Sohn nimmt Besitz von allem (was von *Kether* ausgeht), und er breitet sich überall aus (als unendliche Mitte).«

Der wesentliche Grundsatz der göttlichen Schönheit ist die Einheit des Unbedingten *(Ain)*, das alles ausschließt, was nicht Es ist, mit dem Unendlichen *(En Soph)*, das alles einschließt, was wirklich ist; es ist die Einheit der überlichten Finsternis des Nicht-Seins mit der blendenden Lichtfülle des Seins, diese höchste und geheimnisvollste Einheit oder Nicht-Zweiheit, die sich im Hohenliede (1, 5) mit den Worten »Ich bin schwarz, aber schön...« offenbart. Dieses höchste Wesen der göttlichen Schönheit, die ebensosehr die reine Wahrheit des Alleinwirklichen ausstrahlt, als auch dessen unendliche Seligkeit, darin alle Dinge wie in einem uferlosen Meer von Glück versunken sind, ist nichts anderes als *Kether*. Wenn *Kether* Sich offenbart, drückt Sich Sein unendlicher, einender und beseligender Anblick durch *Chochmah* und *Chessed* aus, und der unbedingte, ausschließlich strenge Anblick Seiner reinen Wahrheit oder Alleinwirklichkeit durch *Binah* und *Din*. Diese beiden einander entgegengesetzten und zugleich ergänzenden Ausstrahlungen sind unerläßlich für die Schöpfung; wir sahen, wie sehr die letztere beider bedarf: der Wahrheit und der Seligkeit, oder des Maßes aller Dinge, der Beurteilung ihrer Eigenschaften, des Allgesetzes, sowie auch der unermeßlichen Gnade, daraus alles Leben, alle Freude, alle Freiheit quillt. Wenn auch der Kosmos dieses Urpaares aller Gegensätze bedarf, so könnte er doch ohne deren Ureinheit, die sich als Einung des Daseins kundgibt, nicht bestehen; und diese Einung aller in der Gnade und der Strenge Gottes zusammengefaßten Gegensätze ist Seine Schönheit und Barmherzigkeit. In dieser ist die Strenge, die aus Seiner Alleinwirklichkeit fließt, nicht verschieden von Seinem Erbarmen, das alles mit Ihm eint. Im Herzen Gottes geht das Maß aller Dinge in der

* Siehe wiederum Tafel, Fig. III.

Maßlosigkeit Seiner erlösenden Gnade auf. Und wenn Seine Schönheit sich offenbart, kristallisiert sich Seine Gnade insgeheim in allen Maßen, allen Formen des Erschaffenen, strahlt durch sie hindurch und verleiht so der Schöpfung etwas von der unendlichen Herrlichkeit des Schöpfers.

Die Liebe Gottes, welche in ihrem Allwirken die Ausstrahlung Seiner Schönheit und die Anziehung durch sie ist, erzeugt die Allform im Bilde der Harmonie all Seiner ursächlichen Möglichkeiten. Diese Liebe, Schönheit und Harmonie ist *Tiphereth*, das sich offenbarende »Kleine Antlitz« Gottes oder Seine ontologische »Form«, die unendliche »Form aller Formen«, daraus diejenige des Weltalls hervorgeht. Diese Form ist an sich das vollkommene, rein geistige Urbild des Kosmos, das sich als solches vor der Erschaffung der Welt kundgibt: Es ist die zwischen der sephirotischen »Welt der Ausstrahlung« und den beiden erschaffenen Welten – der himmlischen und der irdischen – bestehende Welt der göttlichen Einwohnung, die unerschaffene, überförmliche »Welt der Schöpfung« *(Olam ha-Berijah)*. Diese überförmliche, vollkommene Form des Kosmos ist das geistige Ebenbild der unendlichen Sphäre von *Tiphereth*; sie ist gleich dieser eine »Kugel, deren Mitte überall und deren Umfang nirgends ist«: Ihre allgegenwärtige unendliche Mitte ist die Einwohnung Gottes, Seine *Schechinah*. Diese offenbart in sich selber die kugelförmige Urform der Welt, aber nicht in räumlicher oder förmlich begrenzter, sondern in rein geistiger, unbegrenzter Weise, wie es die obige Formel andeutet; sie offenbart die unendliche Vollkommenheit, die selige Fülle und Harmonie der göttlichen Schönheit, *Tiphereth*. Die Kugel im gewöhnlichen, räumlichen Sinne ist nur ein erschaffener, begrenzter Abglanz dieser rein geistigen Kugel der Einwohnung Gottes; die erstere hat nur *eine* Mitte, während in der letzteren jeder Punkt, der räumlich außerhalb der Mitte läge, selber Mitte ist. Auch hier gibt es nur *eine* Mitte, diese aber ist allgegenwärtig, ist schrankenlos in jedem Urpunkt, so daß ein jeder die ganze Urkugel ohne Umfang ist; jeder Urpunkt ist ein geistiges Urbild, und jedes Urbild ist ein einwohnender Anblick Gottes, und jeder Seiner Anblicke ist eins mit Ihm, ist Er selber in Seiner Allgegenwart. Und in jedem Urpunkt, der die Urmitte selber ist, spiegeln sich alle »Mittelpunkte« in ihren besonderen »Farben« oder Eigenschaften: So verwirklicht sich – jenseits aller zeitlichen und räumlichen Bewegung – rein geistig ihre gegenseitige Durchdringung, ihre Einung ohne Vermischung, die Allgegenwart aller Urbilder. Und aus dieser allgegenwärtigen Fülle und Schönheit der geistigen Daseins-Urkugel entspringen alle erschaffenen Formen in ihrer uranfänglichen Vollkommenheit.

Das Erschaffene ist schön und vollkommen, wenn es in dieser oder jener ihm entsprechenden Weise rein und harmonisch die Fülle aller Möglichkeiten seiner Art oder Gattung verkörpert – selbst wenn diese Verkörperung naturgemäß jene Fülle nicht weitgehend entfaltet, ja sogar in äußerster Weise zusammenfaßt; dabei muß aber die betreffende Art oder Gattung selber »rein« sein: Sie muß ihr eigenes göttliches Urbild ohne Mangel, ohne Entformung kundgeben. Sind alle diese Bedingungen erfüllt, so offenbart das Erschaffene nicht nur die Vollkommenheit seines eigenen Urbildes, sondern auch diejenige aller andern; denn jedes Urbild, jeder Anblick des Einen enthält auf seine Weise alle Urbilder, und so drückt jede makellose Verkörperung einer »reinen« Art oder Gattung im Lichte ihrer besonderen Eigenschaft die Fülle aller ursächlichen Möglichkeiten aus: die allweltliche, göttliche Schönheit. Das Erschaffene ist unschön in dem Maße, wie es sein göttliches Urbild unvollkommen verkörpert. Bei den nichtmenschlichen Arten oder Gattungen offenbart, dank ihrer einfachen und duldigen Natur, das Äußere die innere Eigenschaft des Wesens oder Dinges, und somit wird, wenn es sich um »reine« Arten handelt, deren göttliches Urbild vollkommen verkörpert. Beim Menschen hingegen stimmt das Äußere nicht immer mit dem Inneren überein, seiner zwiespältigen Natur wegen, deren Widersprüchlichkeit durch den falschen Gebrauch der Vernunft und des freien Willens genährt wird. Trotz seiner Fähigkeit zu einer bewußten geistigen Beziehung zum Einen, dessen ursprüngliches Ebenbild er ist, kann er deshalb aus seiner anfänglichen Vollkommenheit in Unvollkommenheit verfallen; und diese kommt schließlich in seinem Äußern als Unschönheit zum Ausdruck. Abgesehen von dieser Entstehungsweise des ersten häßlichen Menschen, ist es bei gewissen Menschen möglich, daß ihr Äußeres, Leibliches ein Ergebnis ihrer »früheren Leben« — oder derjenigen ihrer Vorfahren — darstellt, dieweil sich ihr seelisch-geistiges Inneres in diesem Leben, sei es durch Tugend, Erkenntnis und Gnade oder durch deren Gegenteil, verwandelt und nicht mehr mit ihrem Äußern übereinstimmt. So kann ein Mensch häßlich zur Welt kommen, kann aber im Laufe des Lebens soviel seelische und geistige Schönheit entfalten, daß diese weitgehend seines Leibes Unvollkommenheit übertönt. Dagegen gibt es auch Menschen, die – dank der »Verdienste ihrer Vorleben« oder Ahnen – äußerlich schön geboren werden, deren Inneres aber in diesem Leben verdirbt; dann kann, wie beim ersterwähnten Beispiel, die innere Häßlichkeit sich schließlich der äußeren Schönheit aufprägen und sie mehr oder weniger verunstalten.

Der Mensch ist vollkommen schön, wenn der Geist die Seele und deren leibliche Hülle im voraus nach seiner eigenen Vollkommenheit geformt hat, sie von der irdischen Geburt an durchdringt und bis zum Tode beherrscht; wenn die natürlichen Grenzen durch das Licht des Unendlichen von innen her verklärt werden; wenn des Schöpfers Gnade das ewige Urbild des Menschen hienieden als Sein wahres Ebenbild offenbart.

Allmacht und Alltat

Die höchste Drei-Einheit des göttlichen Wesens, *Kether-Chochmah-Binah*, offenbart sich durch Seine schöpferische Dreifaltigkeit, *Chessed-Din-Tiphereth*, und diese gibt sich durch ihre dreifache Allgewalt, *Nezach-Hod-Jessod*, kund. Gottes Allmacht drückt sich also durch die Ausstrahlung Seiner Gnade, *Nezach*, durch die Seiner Strenge, *Hod*, und durch Seine ewige Schöpfertat, *Jessod*, aus, die den Kosmos auch erhält und wieder auflöst; dabei sind die gegensätzlichen Eigenschaften *Jessods* nichts anderes als die Ausstrahlungen der beiden andern *Sephiroth*, während sie selber deren ewiges Gleichgewicht, ihre ewige Einheit ist: der feste, göttliche »Grund« der Welt.

Die Ausstrahlung der Gnade ist die *Sephirah Nezach*, der »Sieg« Gottes über das Nichts, das es nicht gibt und an dessen Stelle Er Seine Schöpfung setzt, und schließlich über die Zweiheitlichkeit der Schöpfung, die Er auf geistige Weise mit Seiner Einheit verbindet und in diese zurückwandelt. Es ist die »männliche«, tätige und bejahende Gewalt des Schöpfers, die alle Welten hervorbringt und allen Geschöpfen das Leben gibt durch »Ausdehnung, Vervielfältigung und Kraft«. Durch *Nezach* »dehnt« sich *Tiphereth*, die Schönheit, Barmherzigkeit und Vollkommenheit Gottes in Form der Schöpfung aus. Dabei geht *Nezach* aus der Seinsfülle *Tiphereths* als ein unendlicher Fluß ewigen Lebens, reinen Lichtes und höchster Seligkeit hervor, und dieses Flusses Wellen bilden die scheinbare »Vervielfältigung« des Einen; in Wirklichkeit aber sind sie doch nur der eine Fluß, das eine Wasser, der Eine selbst. Und eben deswegen verkörpert die kosmische Vielheit die »Kraft« oder Allmacht des Einen. Nun rührt aber Seine scheinbare Vervielfältigung nicht unmittelbar von *Nezach* her, sondern von der ihr entgegengesetzten und sie zugleich ergänzenden Ausstrahlung, *Hod*, der göttlichen »Majestät«. Diese quillt im einen, reinen, unterschiedslosen Flusse *Nezachs* aus *Tiphereth* und beginnt darin als »weibliche«, »leere«, verneinende Gewalt des Schöpfers unterscheidend zu wirken. Sie erzeugt des Flusses Wellen, indem sie Wasser von Wasser scheidet, Wasser zu Wogen formt und zu vereinzelten Tropfen, und schließlich alles wieder ausglättet zu reinem, unterschiedslosem Wasser; so vervielfältigt *Hod* scheinbar das Eine, bringt Welten, Wesen und Dinge in Ihm hervor und wandelt zuletzt alles wieder in Ihn zurück. Die »Majestät« Gottes tritt mit dieser Vielheit aus Seinem ewigen »Sieg« über das Nichts hervor; sie strahlt diesen vielfältigen Anschein des Einen in die kosmische Leere, die ebenfalls von ihr ausgeht und die nunmehr gleich einem Spiegel das göttliche Licht zu Gott zurückstrahlt, es Ihm wiederschenkt durch Seine Verherrlichung und die geistige Einung mit Ihm; und am Ende löscht sie all Seinen vergänglichen Abglanz aus in *Nezach*, im ewigen »Sieg« Seiner Einheit über alle Zweiheit und Vielheit.

Das sind die beiden Eigenschaften oder Gewalten der ewigen Tat Gottes, und diese schöpferische, erhaltende und vernichtende – oder vielmehr: zurückverwandelnde – Tat ist, wie gesagt, ein besonderes Urbild, eine besondere *Sephirah*: *Jessod*, die ewige »Grundlage« des kosmischen Daseins. So lehrt der *Sohar*, daß die Einung der lichten, tätigen Ausstrahlung, *Nezach* – die sich zur rechten, bejahenden Seite des »Sephirothbaumes« befindet –, mit der finstern und leeren Emanation, *Hod* – welche der linken, verneinenden Seite angehört –, die neunte *Sephirah Jessod* – im »Mittleren Pfeiler« – erscheinen läßt; und wenn, vereint in *Jessod*, das »männliche«

Licht *Nezachs* mit seinem schöpferischen »Überfluß« die »Leere« seines »Weibes«, *Hod*, erfüllt, verwirklicht sich das große Gleichgewicht aller Welten.

Jessod ist das Gleichgewicht zwischen allen gnädigen und strengen Auswirkungen Gottes und wird deshalb auch Seine »Gerechtigkeit«, *Zedek*, genannt; *Jessod* ist insbesondere das Gleichgewicht zwischen der vollen, ununterbrochenen und ausdehnenden Ausstrahlung *Nezachs* und der leeren, unterbrechenden und zusammenziehenden Auswirkung *Hods* oder zwischen dem unterschiedslosen Ausgang aller Dinge aus dem Einen und ihrer Verwandlung, zuerst ins Viele und schließlich ins Eine. *Jessod* vollbringt das alles in einer einzigen Tat, die Er selber ist; Er ist selber alles, was Er tut, offenbart, erhält und zu sich selber zurückführt. Er, der Eine, ist all das, und alles ist in Wirklichkeit der Eine, weshalb Er auch *Kol*, »Alles«, genannt wird. Und da Er der Eine ist, geschieht auch all Sein Tun in einem einzigen, ewigen Jetzt — das Er selber ist; was Er kundgibt, was scheinbar außer Ihm besteht, ist in diesem Jetzt schon ewig zu Ihm zurückgekehrt. So steht es mit allen erschaffenden Dingen, und um so mehr auch mit ihren ewigen Urbildern; die *Sephiroth* gehen hervor aus *Kether* und kehren in Ihn zurück mit all ihren kosmischen Auswirkungen im selben einen Nu, das der zehnfältige, sephirotische Eine ist. Seine Anblicke erscheinen in Ihm ohne aus Ihm hinauszutreten: Ausstrahlungen und Kundgebungen gibt es nur vom verhältnismäßigen Standpunkt des Erschaffenen aus, während von deren innerem Wesen, vom reinen Sein aus gesehen, es nur reines Wesen, Sein und Über-Sein gibt. Das Wasser bleibt Wasser, ob sich darin Wellen und Ströme erzeugen oder nicht. Die Allwirklichkeit oder Alleinwirklichkeit Gottes bleibt unbedingt, was sie ist, welches auch die Wirklichkeiten sein mögen, die in Ihm erscheinen. Keine Welle vermag aus dem Wasser herauszutreten; keine Woge des stürmischen Meeres fügt sich dem Wasser hinzu. »Ich bin, Der Ich bin.«

Angesichts des »Einen ohne Zweiten« kann die Schöpfung, dieser Anschein eines »Zweiten«, nicht wirklich, nicht endgültig bestehen. Die Schöpfung ist gleich einem Hauch, einem Nichts, und ist doch nicht das Nichts; sie ist gewoben aus Wirklichkeit und einer Leere oder Empfänglichkeit, die dem Nichts gleicht. Sie besteht aus *Nezach*, dem einen Strom aller erschaffbaren Möglichkeiten – der nie versiegt in seinem

Kreislauf, der alles vom Einen zum Einen führt –, und aus *Hod,* deren Leere er füllt, eine Leere, die zugleich auf die empfangene Fülle einwirkt, indem sie darin Unterbrechungen und somit »Tropfen«, »Wellen«, »Wogen« und »Strömungen« erzeugt. Aber *Nezach,* der volle, ununterbrochene Fluß des Einen, verbindet überall das Unterbrochene oder Unterschiedene und stellt damit die Wechselbeziehung und Ursachenverkettung aller scheinbar getrennten Wirklichkeiten her. Diese »Ununterbrochenheit« – eine der Bedeutungen des Wortes *Nezach* –, diese Ununterbrochenheit des Wirklichen, die sich durch alle Unterbrüche oder Unterschiede des Daseins hindurchzieht, verwirklicht die folgerichtige Entfaltung und Abwicklung aller erschaffenen Vielheit, allen Abglanzes und aller Ebenbilder Gottes bis zu deren letzten Rückkehr in Seine Einheit.

Nezach und *Hod* werden insbesondere auch als die eigentlichen Quellen der prophetischen Offenbarung betrachtet. *Kether* drückt Seinen Gedanken, *Chochmah,* durch Seine Vernunft, *Binah,* als unerschaffenes Wort der Gnade, *Chessed,* oder der Strenge, *Din,* aus. Das Wort als solches ist *Tiphereth,* und dessen rein geistiges Licht ist *Nezach*; und die Strahlenbrechung dieses Lichtes ist *Hod.* Diese erzeugt alle offenbarten Worte der heiligen Offenbarung, welche *Jessod* durch die Vermittlung der letzten und empfänglichen *Sephirah Malchuth,* durch die *Schechinah* – die Wahre Gegenwart Gottes – dem Menschen eingibt.

Die Einwohnende Herrlichkeit

Die höchste und geheimnisvollste Drei-Einheit, *Kether-Chochmah-Binah,* auch *Mi* genannt (»Wer?«, das über das Erkennbare Hinausgehende), ist der ewige, »wahre Gegenstand allen Forschens; und nachdem der Mensch geforscht hat, nachdem er sich bemüht hat, nachzudenken und sich (geistig über das Denken hinaus) zu erheben bis zur äußersten Grenze aller Erkenntnis, (steigt er wieder herab und) hält er schließlich bei *Mah* an (dem ›Was?‹, der untersten göttlichen Stufe, *Malchuth,* der *Schechinah;* diese ist der unerfaßliche, unerschaffene, leere Urstoff, daraus die Welt erschaffen wurde und der dieselbe gleichsam von unten her stützt als ihr duldiger, göttlicher ›Grundstein‹ — wie *Jessod* sie ›von oben her‹ als tätiger, bestimmender ›Urgrund‹ beherrscht —). *Mah,* ›Was‹ hast du begriffen? ›Was‹ hast du gesucht? Denn (nun, nachdem du von der alle Erkenntnis übersteigenden Wesenheit, *Mi,* bis zum allempfänglichen, ungreifbaren und unfaßlichen Urstoff, *Mah,* herabgestiegen bist) ist alles ebenso geheimnisvoll wie vorher *(Sohar, Bereschith,* 1 b).«

Vor, während und nach aller geistigen Suche befindet sich der Mensch demselben Mysterium gegenüber; und dieses Mysterium ist der »Eine ohne Zweiten«. Es ist ein Mysterium nicht des »Einen«, sondern des »Zweiten« wegen und für das »Zweite«, das Erschaffene, das den Einen verschleiert und die Frage stellt: » ›Wer‹ und ›was‹ bin ich?« Ohne Zweiheit gibt es kein »Wer« noch »Was«, keine Suche und kein Geheimnis: Es gibt nur den Alleinwirklichen in Seinem nichtzweiheitlichen, unbedingten Wesen.

Also ist es das Dasein eines »Andern« inmitten des »Einen ohne Andern«, das den Alleinwirklichen zum Mysterium macht. Die Frage betrifft nicht das »Eine« als solches, das geistig einleuchtend ist, sondern stellt sich folgendermaßen: »Was *(Mah)* ermöglicht das erschaffene Dasein?« Die Kabbala antwortet darauf – ohne Fragezeichen –: »Was *(Mah)* ermöglicht das erschaffene Dasein«; *Mah* ermöglicht es, *Malchuth,* das allumfassende »Reich« Gottes, die *Schechinah,* Seine »Einwohnung«, darin in Wirklichkeit die Welt wohnt. *Malchuth,* die letzte *Sephirah,* die sich am unteren Ende der »Mittleren Säule« befindet, ist nicht nur das Gefäß aller sephirotischen Ausstrahlungen der »rechten«, gnädigen, lichten, und der »linken«, strengen, dunkeln Seite, sondern auch aller »mittleren« *Sephiroth,* deren höchste *Kether* ist. Mit anderen Worten: *Malchuth* ist die »Herabkunft« des Einen im Einen selber, Seine »Allgegenwart« in Seiner Unendlichkeit, die Empfängnis und Wiedergabe all Seiner lichten Ausstrahlungen, die sie als allweltlicher Geist kundgibt, und all Seiner dunkeln Ausflüsse, deren Leere sich in ihr als unerschaffener Urstoff – gleichsam – verdichtet. *Kether* ist das reine Wesen *Malchuths,* das sich in ihr unmittelbar durch *Tiphereth* und *Jessod* kundtut; *Chochmah, Chessed* und *Nezach* bilden ihre Urgeistigkeit, und *Binah, Din* und *Hod,* ihre reine Empfänglichkeit, ihre unendliche Leere und Urstofflichkeit. In ihrem reinen Wesen ist sie unergründlich, eins mit dem ewigen »Wer?« *(Mi):* Da »fügt sich das Ende zum Anfang«, die unterste, letzte *Sephirah, Malchuth,* zur ersten und höchsten, *Kether.* In ihrer Urgeistigkeit ist sie das Licht der Welten, die Einheit ihrer geistigen Urbestimmungen, »Diese« *(Eleh)* genannt; und in ihrer leeren, unstofflichen Urstofflichkeit ist sie »unfaßlich«, ist sie das »Was?« *(Mah)* allen Stoffes, der unerschaffene »Himmel, der kein Licht aus sich selber hat«. Als dieser rein empfängliche und unfaßliche Ursatz ist sie der »untere Spiegel« Gottes, der einfach widerstrahlt, was sich »oben«, in der göttlichen, und »unten«, in der erschaffenen Welt befindet. Sie ist nicht nur der treue »Zeuge« aller göttlichen Ausstrahlungen, sondern auch aller kosmischen Auswirkungen, und sie ist es, die alle Gnade und Strenge in die Welt bringt; denn »*Mah* gleicht dir: sie nimmt oben dieselbe Haltung ein, die du unten hast«. Aber sie ist auch die gütige, »vollkommene Vermittlerin vor dem (göttlichen) König«; und weil sie nichts tut, was nicht völlig dem »Willen des Königs« entspricht, ist ihr »alle Macht des Königs anvertraut«.

Als duldige und empfängliche Ursache, darein sich alle sephirotischen Ausstrahlungen des Einen ergießen, wird *Malchuth* das »Weib« des göttlichen »Königs« oder die »Königin« genannt. Als fortpflanzende Ursache, die in ihrer inneren, der Schöpfung eingeräumten Leere alles Erschaffbare kundgibt, das sie vom »Höchsten Vater« und der »Höchsten Mutter«, sowie von deren »Sohn« erhält, heißt sie die »Untere Mutter«. Als unerschaffener, »reiner und ungreifbarer« Urstoff nennt man sie die »Tochter« oder die »Jungfrau Israels«. Und in dem Maße, wie sie die Einheit der sephirotischen Ausstrahlungen – oder gewisse ihrer Anblicke – im Kosmos kundgibt, wie sie deren unmittelbare Herabkunft oder Offenbarung innerhalb des Erschaffenen ist, trägt sie den Namen *Schechinah,* die »Einwohnung« oder Wahre Gegenwart Gottes; und wenn diese zum Mystischen Leib Israels wird, nennt man sie die heilige »Gemeinde Israels«.

Malchuth, die »Untere Mutter«, ist für die erschaffene Welt, was *Binah,* die »Obere Mutter«, für die göttliche, sephirotische Welt ist; wie diese ist sie einerseits »Spiegel« und andrerseits »Prisma« des unendlichen Urlichtes. Einerseits strahlt sie zum »König«, *Tiphereth,* all dessen Licht durch die Vermittlung ihrer gemeinsamen »Tat«, *Jessod,* zurück;

und dadurch befindet sich die »Königin« in ewiger Einung mit ihrem »Gemahl«, der selber ewig eins ist mit seiner »Krone«, *Kether*. Andrerseits strahlt sie das eine, alle sephirotischen Lichter zusammenfassende Licht, das sie von ihrem »Gemahl« empfängt, durch Strahlenbrechung vielheitlich in ihre eigene, innere, kosmische Leere, und erschafft auf diese Weise die Welt; dann gibt sie sich selber im Weltall als göttliche Einwohnung kund, um alles Erschaffene mit seinem höchsten Ursprung zu verbinden.

In dieser Betrachtung der Ureigenschaften und -tätigkeiten *Malchuths* sind wir jedoch noch nicht näher auf deren urstofflichen Anblick eingegangen, der in einem gewissen Sinne am unmittelbarsten die aufgeworfene Frage nach dem eigentlichen »Was« der Schöpfung berührt. Dieses »Was« ist nichts anderes als die unendliche, schöpferische Selbstempfänglichkeit des Einen; und diese – *Malchuth* – ist der leere, unstoffliche, unerschaffene Urstoff, der eine, zweiheitslose, unterschiedslose Ursprung alles bestimmten, unterschiedlichen, erschaffenen Stoffes. Der Urstoff tritt nicht aus der Einheit der anderen sephirotischen Ursachen heraus; er ist in ihrem Innern, im Höchsten selbst, verborgen und »umgibt« das Eine zugleich – auf unendliche Weise – als der »sehr reine und ungreifbare Äther« oder »Höchste Äther« *(Awira ilaah)*, als göttliche Quintessenz aller stofflichen – himmlischen und irdischen – Elemente. An sich ist dieser unerschaffene Äther oder Urstoff, wie gesagt, nichts anderes als die unendliche Selbstempfänglichkeit oder »Leere« des Einen, und als »Leere« wird er manchmal sogar dem höchsten »Nichts« *(Ain)* oder *Kether* gleichgesetzt; andrerseits wird sein transzendenter Anblick als *Binah*, die »Obere Mutter«, die Selbstempfänglichkeit des »Höchsten Vaters«, *Chochmah*, angesehen. »Der Vater *(Chochmah)* ist der Geist, der im ›Alten der Tage‹ *(Kether)* verborgen ist, und in ihm befindet sich jener ›sehr reine Äther‹ *(Binah)*«. Dieser umgibt die erkenntnismäßige Ausstrahlung *Chochmahs* von ihrem ersten Ausgang aus *Kether* an: »Er eint sich der (geistigen) Flamme, die aus der strahlenden (höchsten) Lampe leuchtet«, und folgt ihr bis in die Schöpfung und ihrem Kreisen darin.

So ist der Äther »oben« die Selbstempfänglichkeit oder Leere *Kethers* und *Chochmahs* – nämlich *Binah*, darin der Eine Sich Selber schaut wie in einem Spiegel; und »unten« ist er Seine kosmische Selbstempfänglichkeit oder Leere, nämlich *Malchuth,* die sich zum unerschaffenen und schöpferischen Urstoff »verdichtet«. Mit anderen Worten: Was »Nichts« ist in *Kether* und reine, unendliche Leere in *Binah,* wird schöpferische Konzentration in *Din,* geschöpfliche Empfänglichkeit in *Hod* und schließlich empfangender und schaffender Urstoff in *Malchuth.* Diese unstoffliche, rein urbildliche Stoffwerdung hat ihr lichtes Gegenstück, ihren willensmäßigen Ausgangspunkt, in *Ehjeh,* dem »Sein« *Kethers,* dessen Lichtfülle, *Chochmah,* sich durch *Chessed* kundgibt, um in *Tiphereth* ihre überförmliche Urform zu erhalten und sich durch *Nezach* als das »Leben der Welten«, als *Jessod,* in den Urstoff, *Malchuth,* einzugießen.

So steigen alle *Sephiroth* von *Kether* in einer gemeinsamen Ausstrahlung und einem vollkommenen Zusammenwirken bis zu *Malchuth* herab, um sich durch diese schaffend, erleuchtend und erlösend im Bereiche der Schöpfung kundzugeben. Was aber ist die Schöpfung, wenn nicht der schöpferische Anblick der Selbstoffenbarung und Selbstempfängnis des »Einen ohne Zweiten«?

DIE SCHÖPFUNG: GOTTES SINNBILD

Hebet eure Augen in die Höhe und sehet, wer diese Dinge geschaffen hat! Jesaia 40, 26

Der Sinn des Daseins

Die Überlieferung betrachtet die Formen und Gesetze der Schöpfung vor allem in Hinblick auf deren göttliche Ursache; ihr Ziel ist, das Erschaffene auf heilige Weise mit seinem Ursprung zu verknüpften und geistig zu einen. Sie zeigt dem Menschen seines Daseins wahren Sinn: das reine, göttliche Sein, daraus es hervorgegangen, das es widerspiegelt und darein es zurückkehrt. Sie offenbart den Erlesenen, daß alles erschaffene Dasein keinerlei Eigenwesen besitzt, daß es nichts anderes ist als ein Anblick des »Einen ohne Zweiten«: die Gesamtheit der erschaffbaren Möglichkeiten des Alleinwirklichen, die Er inmitten Seiner eigenen Unendlichkeit kundgibt. Er selber ist es, der Sich durch sie hindurch empfängt. Alle Dinge sind Seine eigenen, daseinlichen Empfänglichkeiten, Seine Wirklichkeit, die Sich Selber Gefäß und Spiegel geworden ist, die Sich zu Ihrem eigenen Prisma gemacht hat, um Ihre Einheit in all Ihren erkennbaren Anblicken zu schauen und in denselben die ewigen Urbilder aller Dinge. Diese innere Strahlenbrechung des Einen tut weder Seinem lichten Sein noch Seiner überlichten Wesenheit Abbruch: Er ist und bleibt die ewige, unwandelbare, unendliche, unbedingte Alleinwirklichkeit.

Im Lichte dieser Wahrheit offenbart sich die Schöpfung als eine Vielheit von — mehr oder weniger vollkommenen — Sinnbildern des Einen oder Seiner Eigenschaften, als eine Aufstufung von — mehr oder weniger reingebliebenen — Wahrheiten, die zum einzig Wahren und Wirklichen hinführen. Gott ist der erste Anfang und das höchste Urbild der Schöpfung, und Er ist auch das letzte Ziel und Ende all Seiner erschaffenen Sinnbilder, wie es die Sprüche Salomonis (16, 4) offenbaren: »*JHWH* hat alles um Seiner Selbst willen gemacht.«

Der Alleinwirkliche kann gar nicht anders, als ausschließlich für und in Sich Selber zu wirken. Aber in Seiner reinen, höchsten Selbstheit wirkt Er nichts, will Er nichts und schaut Er nichts; da gibt es nur Nicht-Zweiheit, wo Er in Sich Selber ruht, namenlos, unseinlich, unerkennbar, ohne Unterschied von Subjekt und Objekt, Ursache und Wirkung, Gott und Welt. Erst diesseits Seines höchsten Wesens vergegenwärtigt sich Sein reines Sein und Seine Erkenntnis, darin Er zugleich Erkennender und Erkannter ist und wo auch Sein ursächlicher und allmächtiger Wille zu wirken beginnt. Gottes Sein, Erkennen, Wollen und Wirken sind unzertrennliche Anblicke Seiner Einheit; und ihr Subjekt und Objekt ist nichts anderes als Seine Einheit, und Seine Einheit wird als solche durch keinen Seiner Anblicke, durch keine Seiner Auswirkungen beeinträchtigt: Der Eine ist, was Er ist, erkennt Sich Selber durch Sich Selber und wirkt in und für Sich Selber, ohne ein Anderer zu werden. Alles »Andere« ist in seinem tiefsten, wahren Wesen nichts anderes als Er.

Sein Werk ist die Kundgebung aller kundgebbaren Anblicke Seines Seins inmitten Seines Seins; dieses ist die unerschaffene und alleinige Wirklichkeit alles erschaffenen Daseins, wie das Über-Sein diejenige des Seins ist. *Kether*, das Über-Sein, schaut Sich als Sein durch *Chochmah*, Seine Weisheit oder erste innere Ausstrahlung, im Urspiegel, *Binah*, die einerseits Seine reine, unendliche Selbstempfängnis und andrerseits, Seine »vernünftige«, allunterscheidende Selbstbetrachtung ist. In der letzteren erscheinen alle Seine schöpferischen Anblicke zusammengefaßt als die sieben »*Sephiroth* des Weltenbaus«: *Chessed*, Gnade; *Din*, Gericht; *Tiphereth*, Schönheit; *Nezach*, Sieg; *Hod*, Majestät; *Jessod*, Urgrund, und *Malchuth*, das Reich. Die Ausstrahlungen all Seiner Anblicke einen sich in der letzten *Sephirah*, *Malchuth*, als in ihrem unteren Spiegel, um darin das vielfache Sinnbild dessen zu formen, das in Wirklichkeit Eins ist; dieses Sinnbild der erkennbaren unendlichen und unteilbaren Anblicke des Einen ist die Schöpfung.

So besteht alles Erschaffene aus Gottes Sein und Erkennen – in Ihm selber; alle Dinge sind im Grunde seins- und erkenntnismäßige Möglichkeiten des Einen, Funken Seines Lichtes, Gedanken, die in Seiner Weisheit als geistige und daseinliche Strahlen hervorbrechen. »Als Gott die Welt schuf, umfaßte Sein Gedanke alle Welten; und durch diesen Gedanken wurden sie alle erschaffen, wie geschrieben steht (Ps. 104, 24): ›Du hast alles mit Weisheit gemacht.‹ Durch diesen Gedanken *(Machschabah)*, der Seine Weisheit *(Chochmah)* ist, wurde diese Welt und auch die himmlische erschaffen ... Alle wurden in einem Nu erschaffen (im ewigen Jetzt der Urtat Gottes). Und er schuf diese Welt im Bilde der Oberen Welt (der Himmelswelt, die ein Bild der geistigen Urwelt ist, wie diese ihrerseits das überförmliche Bild der unendlichen Welt der *Sephiroth* darstellt); so besitzt alles, was oben ist, sein Gleichnis unten ... und alles bildet eine Einheit (durch Ursachenverkettung und Wesenseinheit) (*Sohar, Schemoth* 20 a).« Die Erkenntnis Gottes ist das Alpha und das Omega der Schöpfung. In der Selbsterkenntnis Gottes gebiert das Erschaffene; und das Erschaffene, das sich selber bis zum Grunde erkennt, erkennt aller Dinge Grund: Gott, und geht in Ihn ein. Gott schuf alles für diese zu Ihm zurückführende Erkenntnis; alle andere Erkenntnis ist nur ein nichtiger Abglanz davon. Wenn der Mensch, der alles Erschaffene in sich zusammenfaßt, Gott schaut, dann schaut er sein höchstes Urbild, seine und der ganzen Schöpfung unerschaffene Urfülle, und geht mit ihr in ihrer gemeinsamen Urwesenheit, im Unendlichen auf. Diese erkennende und vergottende Tat ist die höchste Erfüllung des Schöpfungswerkes: dafür — um Seiner Selbst willen — hat Gott die Welt erschaffen.

Die Gotteserkenntnis hängt von keiner Wissenschaft ab; im Gegenteil, alle heiligen Wissenschaften rühren von ihr her, und nur aus diesem Grunde können sie dem Menschen helfen, zu ihr zu gelangen. Aber grundsätzlich genügt die rein geistige Empfänglichkeit – und die damit zusammenhängende tatsächliche Öffnung des Herzens – Gott gegenüber, um Sein Licht zu empfangen, darin der Geist Ihn schaut (nicht in Seinem höchsten, über alles Erkennbare hinausgehenden Wesen, sondern in Seinem erkennbaren Sein). Deshalb ist auch eine offenbarte Wissenschaft, wie z. B. die heilige Kosmologie, nur ein möglicher, aber kein unumgänglicher Weg zur Erkenntnis Gottes; es ist eine Art und Weise, die göttliche Wahrheit durch deren kosmische Sinnbilder hindurch zu empfangen.

Im Erschaffenen dessen ewige Ursache betrachten, kann aber auch durch die reine, unmittelbare, zugleich natürliche und übernatürliche Schau der Dinge geschehen: Diese erhebt den Menschen über die bloßen Erscheinungen hinaus und bringt ihn – in seinem inneren »Gottesdienst« – der göttlichen Wirklichkeit näher. Der *Baal-Schem** sagte: »Zuweilen muß der Mensch erfahren, daß es noch endlos viele Firmamente und Sphären gibt, und er steht auf einem Flecken der kleinen Erde; die ganze Allwelt aber ist wie nichts vor Gott, dem Schrankenlosen, der die Einschränkung tat und Ort in Sich Selber setzte, die Welten darin zu erschaffen. Und wiewohl der Mensch dies mit seiner Einsicht begreift, vermag er nicht zu den oberen Welten aufzusteigen; und dies ist, was geschrieben steht: ›Aus der Ferne ist mir der Herr erschienen‹ – er betrachtet Gott aus der Ferne. Dient er aber Gott mit all seiner Kraft, dann faßt er große Gewalt in sich ein und erhebt sich in seinem Geist und durchbricht auf einmal alle Firmamente und steigt über Engel, Himmelsräder und Seraphim und Throne: Und das ist der vollkommene Dienst.«

Von der Geburt des Endlichen im Unendlichen

Wenn der *Baal-Schem* sagt, daß »Gott, der Schrankenlose, die Einschränkung tat und Ort in Sich selber setzte, die Welten darin zu erschaffen«, spielt er auf die kabbalistische Lehre des *Zimzum* an. Der Ausdruck *Zimzum* kann durch »Einschränkung«, »Zusammenziehung«, »Sich-Zurückziehen« oder »Konzentration« übersetzt werden; er wird in der jüdischen Esoterik namentlich seit Isaak Luria (1534–1572) gebraucht, um das göttliche Mysterium zu bezeichnen, von dem die Schöpfung abhängt. Der Heilige, gesegnet sei Er, habe Sein

* Israel ben Elieser (1700—1760), *Baal-Schem* oder *Baal-Schem-Tob*, der »Meister des guten Namens«, d. h. des Gottesnamens, genannt, war einer der größten heiligen Juden der letzten Jahrhunderte. Er gründete den polnisch-ukrainischen Chassidismus, eine Bezeichnung, die vom hebräischen Worte *Chassiduth*, »Frömmigkeit«, »Gottesliebe« herrührt. Diese jüdisch-mystische Bewegung entfaltete sich gegen die Mitte des 18. Jahrhunderts in Polen und der Ukraine, und verbreitete sich in allen slawischen Ländern; im letzten Jahrhundert zählte man etwa vier Millionen Chassidim.

gewaltiges Licht von einem Teil Seiner Selbst zurückgezogen und dadurch eine Leere geschaffen, die der Ausdehnung der Welten als »Ort« diene; in diesem Teil des göttlichen Wesens sei das Licht geschwächt worden, um den Seelen, den Engeln und den stofflichen Welten ihr Dasein zu ermöglichen.

Durch diese sinnbildliche Ausdrucksweise versucht die Kabbala, die mysteriöse Geburt des Endlichen im Unendlichen zu umschreiben. In Wahrheit hat Gott, der unbedingte Eine, keine »Teile«: Er ist die eine Unendlichkeit aller Wirklichkeiten, und unter diesen sind es nur die geschöpflichen, die den äußeren Anschein getrennter Formen haben; aber an sich gehören diese Formen ihrerseits als ewige Urbilder zur unteilbaren, unendlichen Allwirklichkeit des Einen. Was den »Teil« anbetrifft, »wo das Licht zurückgezogen wurde«, um dem »Ort« des Weltalls einen Platz zu schaffen, so ist er nichts anderes als eine Vergegenwärtigung der Selbstempfänglichkeit des Einen inmitten der schrankenlosen Fülle seiner Alleinwirklichkeit. Wir sahen, daß die Selbstempfänglichkeit Gottes einen jenseitigen und einen einwohnenden Anblick hat: Oben ist sie *Binah*, die »Höchste Mutter«, die von der lichten, unendlichen Ausstrahlung des »Vaters«, *Chochmah*, erfüllt ist; unten ist sie *Malchuth*, die »Untere Mutter« oder kosmische Empfänglichkeit des Einen. Die beiden »Mütter« unterscheiden sich unter anderem dadurch voneinander, daß *Binah*, wie gesagt, ewig von der lichten Ausstrahlung Gottes erfüllt ist, ohne irgendeine Seiner finsteren Ausflüsse zu empfangen: Ihre Urfinsternis ist gleichsam ewig zu Licht geworden, während *Malchuth* nicht nur das Gefäß aller von Licht überquellenden *Sephiroth* der Gnade ist, sondern auch dasjenige aller dunkeln, leeren der Strenge. *Binah* bleibt das unbewegte Urlicht der göttlichen Vernunft, »ohne alle Strenge, obgleich die Strenge von ihr ausgeht«; *Malchuth*, die Einwohnende Herrlichkeit Gottes, kann durch denselben zweiheitlichen Einfluß, mit dem sie die Schöpfung erzeugt, beherrscht und im Gleichgewicht hält, selber inmitten ihrer strahlenden Urfülle den Anblick der finsteren Leere annehmen. Die Urleere vergegenwärtigt sich in ihr durch den *Zimzum* oder »Rückzug« der göttlichen Lichtfülle, und diese Leere erweckt in ihr die schöpferische Empfänglichkeit und wird in ihr zum »Ort der Welt«. Darein gebiert die »Untere Mutter« den Kosmos; denn das sich zurückziehende göttliche Licht hat in ihrer Leere ein »Überbleibsel« *(Reschimu)* zurückgelassen, seinen lichten »heiligen Samen«, daraus sich alles Geschöpfliche zum Weltall entwickelt. So verwirklicht sich der Kosmos einerseits dank der Empfänglichkeit, Leere und Finsternis, die zuallererst von *Binah* ausgeht, um sich durch *Din* — vermittels *Hod* und *Jessod* – als *Zimzum* in *Malchuth* kundzutun. Andrerseits geht die Schöpfung in bejahender Weise von *Chochmah* aus, deren Licht durch *Chessed, Tiphereth, Nezach* und *Jessod* die Leere der *Schechinah* mit dem heiligen Weltensamen erfüllt und ihn darin zum Aufblühen bringt. Dabei ist jedes Ding, jedes Wesen, jede kleine oder große Welt nach dem Bilde des ganzen Kosmos erschaffen: Jedes Geschöpf ist eine Leere, belebt durch ein lichtes »Überbleibsel« des Alleinwirklichen, durch einen inneren, »göttlichen Funken«, daraus sich der Abglanz, das Sinnbild eines bestimmten ewigen Urbildes, entwickelt.

Die Kabbala beschreibt die Weltentwicklung auch auf andere Weisen, so mit Hilfe des Bildes vom *Pargod* oder kosmischen »Vorhang«. Die im *Sohar* enthaltene Abhandlung *Idra Rabba Kadischa* (die »Große und Heilige Versammlung«) sagt, daß der »Älteste der Alten« einen Vorhang vor Sich zog, darauf das Bild Seines Reiches entstand. Diese Sicht und diejenige des *Zimzum* deuten nicht nur auf dieselbe Wahrheit hin, sondern ergänzen einander in einem gewissen Sinne. So kann man sagen, daß Gott in dem Maße, wie Er Seinen »Vorhang« vor Sich zieht, Sich in Sich Selber »zurückzieht«. Der Vorhang ist vor Ihm wie eine Finsternis, und diese ist im Grunde nichts anderes als Seine eigene kosmische Empfänglichkeit; darin wird Sein unendliches Licht wie durch einen Schleier gebrochen, so daß es nur noch als ein ferner, äußerst begrenzter Abglanz Seiner Selbst erscheint: als das »eitle«, nichtige Dasein alles Endlichen.

Gott ist in allem, was Er schafft, gleichsam wie das Licht in den unzähligen Schimmern einer trügerischen Luftspiegelung verborgen. Die Wüste, darin das Trugbild entsteht, versinnbildlicht die durch dem *Zimzum* hergestellte kosmische Leere oder den »Ort der Welt« in Gott; und der ungreifbare Lichtschirm, darauf die den Wanderer verführenden, eitlen Formen erscheinen, ist das Sinnbild des »Vorhangs« oder »Spiegels« Gottes, Seiner schöpferischen Selbstempfänglichkeit, der *Schechinah*. Angesichts des »Einen ohne Zweiten« nimmt die ganze Schöpfung, samt ihren Urbildern – sofern sie nicht vom

Alleinwirklichen aufgesogen sind, sondern das Erschaffene ausstrahlen – den trügerischen Anschein eines »Zweiten« an. Deshalb gebraucht die Kabbala neben *Zimzum* und *Pargod* einen dritten Begriff, um die Natur des Erschaffenen zu definieren, nämlich den der »Eitelkeit« – der Täuschung –, *Habel*, von der Salomo sagte: »Eitelkeit der Eitelkeiten *(Habel habalim)* ... Alles ist eitel *(habel)*!« Der *Sohar* (*Schemoth* 10b) bemerkt dazu: »Der König Salomo hat in diesem Buche (Prediger 1, 2) von sieben Eitelkeiten *(Habalim)* gesprochen, auf denen die Welt beruht; das sind die sieben (sephirothischen) Säulen (des Weltenbaus), die den Kosmos in seinen (aus ihnen hervorgehenden) sieben Himmeln stützen, nämlich in *Wilon, Rakija, Schechakim, Sebul, Ma'on, Machon* und *Araboth* (sowie in deren sieben irdischen Auswirkungen oder ›sieben Erden‹ und schließlich auch in ihren höllischen Schatten oder ›sieben Höllen‹). Von ihnen hat Salomo gesagt: ›Eitelkeit der Eitelkeiten! ... Alles ist eitel!‹ Es gibt sieben Himmel und andere (tiefere Daseinsebenen), die (ihrerseits siebenfach) aus ihnen hervorgehen und mit ihnen verbunden bleiben; so gibt es sieben (grundlegende) Eitelkeiten und andere, die von ihnen herrühren (und alle zusammen bilden das ›große Trugbild‹ des ›Zweiten‹ in der Wirklichkeit des ›Einen ohne Zweiten‹). In seiner Weisheit hat Salomo von ihnen allen gesprochen (samt ihren Urbildern und Ursachen, den sieben *Sephiroth* des Weltenbaus).«

Aber, wie gesagt, sind die sieben kosmologischen *Sephiroth* keine Täuschungen, sondern des Alleinwirklichen schöpferische Möglichkeiten oder Mächte; nichtsdestoweniger strahlen sie in den »Einen ohne Andern« das Trugbild des »Andern« hinein, und insofern sind sie die Urprinzipien der »großen Täuschung«, die ursächlichen »Eitelkeiten«. Aber wiederum: wenn man sie außerhalb ihrer Beziehung zum Kosmos betrachtet, treten sie in keiner Weise aus der göttlichen Einheit, aus ihrer reinen, unterschiedslosen Wirklichkeit hervor. Da, wo der Eine nur Sich Selber schaut, tritt nichts aus Seiner höchsten Drei-Einheit, *Kether-Chochmah-Binah*, heraus; da wo Er jedoch Seine schöpferischen Möglichkeiten betrachtet, tut Er es mit Seinen »sieben Augen« oder *Sephiroth* des Weltenbaus und strahlt durch ihren ewigen Blick alle kosmischen »Eitelkeiten« aus. Gemäß dem Prediger Salomonis befindet sich die Eitelkeit »unter der Sonne«, d.h. auf Erden. Die Sonne ist das Sinnbild von *Tiphereth,* welche die sechs tätigen *Sephiroth* des Weltenbaus in sich zusammenfaßt, und die »Erde« dasjenige von *Malchuth,* der empfänglichen und urstofflichen *Sephirah* des Weltenbaus: In ihr allein, der Einwohnung Gottes, entsteht, besteht und vergeht die trügerische »Luftspiegelung« des Kosmos. »Deshalb« – so heißt es in *Tikkune Sohar* – »ist am Anfang der Schöpfungsgeschichte (in der Heiligen Schrift) nur von *Elohim* (dem Gottesnamen, der sich auf die Einheit der ›Götter‹ oder einwohnenden Schöpfungsmächte Gottes bezieht) die Rede, der die *Schechinah* bezeichnet (Gottes Einwohnung, und nicht *JHWH,* Seine Jenseitigkeit). Alles, was erschaffen ward, von den *Chajoth* und den *Seraphim* (d. h. von den höchsten Engeln) an bis zum geringsten Erdenwurm, lebt in *Elohim* und durch *Elohim* . . . Die Schöpfung ist das Werk der *Schechinah,* und diese nimmt sich ihrer an wie eine Mutter ihrer Kinder.«

Obwohl nun die Schöpfung das Werk der göttlichen Einwohnung ist, rührt sie im Grunde von der Einstrahlung der jenseitigen Anblicke Gottes in Seine kosmische Selbstempfänglichkeit her — die eben Seine Einwohnung, Sein »unterer Spiegel« ist; und gleich einem unbeständigen Spiegelbild oder einer zerrinnenden Luftspiegelung ist diese Einstrahlung eine trügerische Wirklichkeit. Der *Sohar* bemerkt auch, daß das Tätigkeitswort *bara,* »schöpfen«, die Mitbedeutung von »täuschen« hat. Aber wenn auch das Erschaffene äußerlich trügerischer Natur ist, so ist es innerlich dennoch Wirklichkeit: Auch der entfernteste Abglanz des Alleinwirklichen besitzt noch etwas von seiner Ursache. Und wenn man auch die ausschließliche Wirklichkeit des »Einen ohne Zweiten« bejaht, wo jedes »Zweite« als solches nichts ist, so bleibt doch der »Eine« das ewige Wesen des »Zweiten«; denn das »Zweite« kann kein reines Nichts sein – das, wenn es wäre, ja etwas wäre –. Die Schöpfung ist jenes trügerische »Andere«, das in Wirklichkeit nichts anderes ist als das »Eine ohne Andere«; und das scheinbar »Andere« entsteht dadurch, daß das Eine Sich zu Seinem eigenen Gegenstand — also zum »Andern« — macht. Dieses scheinbare Andere ist zutiefst die dunkle, leere Selbstempfänglichkeit des Einen, die Er mit Seinem Lichte erfüllt: Das Trugbild der Schöpfung ist ein Gemisch von Fülle und Leere, von Licht und Finsternis, von Ewigem und Vergänglichem, von Wirklichem und Nichtigem. Was ihre

»dunkle Leere« angeht, so hat auch sie – ihrem Doppelbegriff gemäß – zwei Anblicke, die folgendes bedeuten: Die Leere der göttlichen Selbstempfänglichkeit ist deren Reinheit und Durchsichtigkeit; die Finsternis ihre Undurchsichtigkeit. Wenn der schöpferische Einfluß der *Sephiroth* des Weltenbaus die Empfänglichkeit der »Unteren Mutter« erfüllt, fängt deren Leere das göttliche Licht auf und strahlt es dank ihrer Durchsichtigkeit nach allen Richtungen des Kosmos aus, während ihre Finsternis oder Undurchsichtigkeit sich zum schöpferischen Stoffe verdichtet, der das ausgestrahlte Licht einhüllt. In seiner ersten oder himmlischen Verdichtung ist der Allstoff noch sehr fein; wie ein leichter, undurchsichtiger Schleier wird er von dem durch ihn verhüllten Lichte geradezu überströmt. Hingegen tritt die Finsternis des Weltenstoffes deutlich in seiner irdischen, leiblichen Verdichtung zutage, die das innere Licht wie eine schwere, die Sonne verdüsternde Wolke verbirgt.

Die »Eitelkeit« der Dinge ist im Grunde nichts als Finsternis, die vorübergehend zu Stoff und Leib wird. Dieselbe Finsternis aber offenbart sich als Spiegel der Wahrheit, wenn man in den Formen, die sie unter dem Einfluß des göttlichen Lichtes annimmt, die sinnbildlichen Ausdrücke der ewigen Urbilder erkennt, der Anblicke des »Einen ohne Zweiten«.

Himmel, Erde, Hölle und Mensch

Die zehn grundlegenden Anblicke Gottes, die *Sephiroth,* geben sich auf der makrokosmischen Ebene zuerst in Form der »zehn Himmel« kund. Die drei obersten *Sephiroth, Kether-Chochmah-Binah,* offenbaren sich durch die drei »Himmel der Himmel«; ebenso wie jene die höchste Drei-Einheit Gottes bilden, stellen diese Seine Einwohnende Drei-Einheit dar, nämlich *Malchuth* in ihrem dreifaltigen kosmologischen Anblick: *Schechinah-Metatron-Awir.* Die *Schechinah* bedeutet in diesem Falle insbesondere die Einwohnung *Kethers,* d. h. die Allgegenwart der höchsten göttlichen Wirklichkeit im Kosmos. *Metatron** – oder die Einwohnung des göttlichen »Urmenschen« *Adam kadmon* – ist die besondere Kundgebung *Chochmahs,* der lichte, »volle« und tätige Anblick der *Schechinah,* ihre rein geistige Urform, daraus alle erschaffenen Formen hervorgehen. *Awir* – oder *Awir kadmon,* der

»Uräther«**—ist die Kundgebung *Binahs,* der dunkle, »leere« und duldende Anblick der *Schechinah,* ihre kosmische Empfänglichkeit, die sich zum Urstoff verdichtet, um allen erschaffenen – himmlischen und irdischen – Stoff hervorzubringen. Diese Einwohnende Drei-Einheit bildet die rein geistige und urbildliche »Welt der Schöpfung« *(Olam ha-Berijah),* den unmittelbaren Quell der allweltlichen Schöpfungstat. Sie bedeutet im weitesten Sinne die Einwohnung aller *Sephiroth,* da die *Schechinah* nichts anderes ist als *Malchuth,* das Gefäß aller sephirotischen Ausstrahlungen; und wenn man in *Malchuth* einen »wesentlichen«, einen »tätigen« und einen »duldenden« Anblick unterscheidet, so gibt der erstere, als *Schechinah,* die höchste Drei-Einheit kund, der zweite, als *Metatron,* die sechs tätigen *Sephiroth* des Weltenbaus, und der dritte, als *Awir,* die letzte, duldende *Sephirah, Malchuth* selber.

Aus dieser einwohnenden Drei-Einheit – die drei »Himmel der Himmel« genannt – gehen die »sieben Himmel« hervor, welche ihre eigentlichen Urbilder in den sieben *Sephiroth* des Weltenbaus haben. Ebenso wie diese aus der höchsten Drei-Einheit hervorquellen, treten auch ihre ersten makrokosmischen Sinnbilder, die sieben Himmel, aus den drei »Himmeln der Himmel« hervor, um die sieben Stufen von *Olam ha-Jezirah,* der himmlischen »Welt der Formung« zu bilden. In dieser Welt erhalten alle Geschöpfe ihre erste und feinstoffliche Gestaltung; hier befinden sie sich jenseits von Zeit und Raum, in der endlosen Ausdehnung und Dauer des überirdischen Kosmos: Durch die irdischen Sinne nicht wahrnehmbar, bewegen sich hier Engel, Geister und Seelen.

---

* Der Ursprung dieses geheimnisvollen Namens ist umstritten. Man sucht ihn im hebräischen *nator,* »überwachen«, im lateinischen *metator,* »derjenige, der mißt«, und in *mater,* »Mutter« oder *Matrona,* die göttliche »Dame«, Beiname der *Schechinah;* aber auch im griechischen *meta thronon,* »jenseits des Thrones«, oder im Zahlenwert der Buchstaben seines Namens, welcher derselbe ist wie der des Gottesnamens *Schaddai,* der »Allmächtige«, dessen unmittelbare und allweltliche Kundgebung in der Tat *Metatron* ist.

** Wie wir sahen, wird *Awir* durch metaphysische Übertragung manchmal als *Kether* selbst betrachtet; in diesem Falle dient die Unterschiedslosigkeit oder »Leere« des Urstoffes als Sinnbild der Nicht-Zweiheit oder des »Nichts« der höchsten Wesenheit – und die erstere geht ganz in der letzteren auf.

Zwischen den »sieben Himmeln« und den »sieben Erden«, die daraus hervorgehen, befinden sich, als weitere makrokosmische Kundgebungen der sieben *Sephiroth* des Weltenbaus, die sieben Stufen des ebenfalls von Engeln und Geistern sowie von begnadeten Menschenseelen bewohnten »irdischen Paradieses«. Es gibt aber auch eine finstere Zwischenwelt, die wie ein Schatten des irdischen Edens ist: die siebenfache Hölle, worin die gefallenen Engel und Menschenseelen hausen. Das körperliche, die »sieben Erden« umfassende All ist die irdische »Welt des Tuns« *(Olam ha-Assijah)*; sie ist vor allem durch Raum und Zeit, Form und Zahl, sowie durch den dichten, in körperlichen Elementen erscheinenden Stoff und die damit verbundenen Sinneswahrnehmungen bedingt. Die »sieben Erden« bedeuten ebenso viele Zustände des irdischen Kosmos; sie werden als sieben hierarchisch abgestufte und »bewohnte Gegenden« beschrieben. Die »höchste Erde« oder Gegend ist die unsrige; die sechs anderen gleichen ihr, erreichen aber nicht ihre Vollkommenheit; ebenso besitzen ihre Bewohner die menschliche Form nur in unvollständiger, des Gleichgewichtes ermangelnder Weise. Aber die sieben *Sephiroth* des Weltenbaus geben sich nicht nur im irdischen Raume kund — einerseits durch dessen sechs Richtungen und ihre geistige Mitte, das »Allerheiligste« genannt, und andrerseits, wie gesagt, durch die »sieben Erden« —, sondern auch in der Zeit, als die Urbilder der »sieben Schöpfungstage« oder -phasen. Diese spiegeln sich ihrerseits in folgenden zeitlichen Siebenheiten: die sieben Tage der Woche; die sieben Jahre, die in einem Sabbatjahr, dem heiligen »Brachjahr« *(Sch'mittah)* enden; die siebenmal sieben oder neunundvierzig Jahre, die ins fünfzigste, hochheilige »Jubeljahr« *(Jobel)* einmünden; und schließlich die siebenmal siebentausend Jahre, die zum fünfzigtausendsten »Großen Jubeljahr« führen, wo die ganze Welt zu Gott zurückgebracht wird *.

---

* Wenn die Kabbala sagt, daß die Welt fünfzigtausend Jahre lang dauert, so muß diese Zahl als sinnbildlicher Ausdruck des Gesetzes verstanden werden, das ihre ewige Grundlage ist. Dieses Gesetz beruht auf dem Mysterium der sieben *Sephiroth* des Weltenbaus, wovon eine jede alle andern auf ihre eigene Weise zusammenfaßt. Daraus ergibt sich eine Einheit von siebenmal sieben oder neunundvierzig sephirotischen Stufen, die sich durch ebenso viele zyklische Phasen kundgeben, deren volle – durch fünfzigtausend Jahre versinnbildlichte – Dauer

In der ganzen Schöpfung ist der Mensch – gemäß der Überlieferung — das vollkommenste Sinnbild der Allwirklichkeit; er ist die fleischgewordene und grundsätzlich »bewußte« Zusammenfassung aller kosmischen Stufen und deren göttlichen Urbilder. Wir sahen im vorangehenden Kapitel, daß er dank seiner geistigen Fähigkeiten, seiner seelischen Tugenden und seiner leiblichen Formen das offensichtlichste Sinnbild der zehn *Sephiroth* ist, und daß seine wahre Person alle Welten umfaßt: Sein unerschaffenes Wesen ist eins mit der sephirotischen »Welt der Ausstrahlung«, sein Geist mit der urbildlichen »Welt der Schöpfung«, seine Seele mit der feinstofflichen »Welt der Formung«, und sein Leib mit der irdischen »Welt des Tuns«. Das Gesetz des Menschen, die zehn Gebote, sind eine Kundgebung der zehn *Sephiroth*, desgleichen die »Heilige Gemeinde Israels«, die rituell nur in Gegenwart von mindestens zehn jüdischen Männern wirksam ist.

Das menschliche Wesen ist der hauptsächlichste »Kreuzungspunkt« aller im Kosmos wirkenden sephirotischen Strahlen; durch den Menschen offenbart sich der göttliche Reichtum in all seiner geistigen Ausstrahlung und insbesondere durch die Sinnbildlichkeit des Gedankens, des Wortes, der Tugenden, der heiligen Kunst, sowie der leiblichen Formen und ihrer Urbewegungen. Unter allen uns bekannten Geschöpfen ist es der Mensch — in seinem vollkommenen Zustande — allein, den Gott im Geiste bis zu Seiner unendlichen Erkenntnis führt; und durch des Vollkommenen Menschen Vermittlung führt Er letzten Endes alles Erschaffene zu Sich zurück.

---

keine andere als die des in Wahrheit unermeßlich langen Daseins der Welt ist. Die siebenmal sieben oder neunundvierzig sephirotischen Stufen gehen von *Binah* aus und münden auch in sie ein; als ihr Endziel wird *Binah* die »fünfzigste Stufe« genannt oder das höchste, ewige »Jubeljahr« der Allerlösung.

Die Schöpfung ist das Sinnbild Gottes; aber gleich einem Spiegelbild im Wasser wird sie nach dem Gesetz der Umkehrung oder der »umgekehrten Ähnlichkeit« erzeugt. Dieses Gesetz ist im *Zimzum*, in der göttlichen »Zusammenziehung« verankert, derzufolge das Unendliche als *Nekuda*, als »Urpunkt« oder »Urmitte« des Endlichen erscheint; und in dieser höchsten, ursächlichen Mitte dehnt sich das endliche Dasein schier endlos aus, wodurch es zum Sinnbild des Unendlichen wird. Andrerseits bleibt es dennoch in seinen Schranken beschlossen, welche die Umkehrung der göttlichen Schrankenlosigkeit darstellen: So besteht das Endliche in »umgekehrter Ähnlichkeit« mit dem Unendlichen. Die letztere wird auch durch das überlieferte Sinnbild des »Weltenbaumes« offenbar, der seine Wurzel oben im Unendlichen hat, während sein Stamm, nämlich die geistige Achse der göttlichen Einwohnung, nach unten ragt und seine Krone oder Allfülle sich – wie in einem Wasserspiegel – zuunterst, auf der rein erschaffenen Ebene befindet.

Wir sahen, daß in der höchsten »Umkehrung« oder im höchsten *Zimzum*, das Unendliche Sich gleichsam zu einem »Punkt« zusammenzieht, was sinnbildlich auch als ein verhältnismäßiges »Zurückziehen Seiner Fülle von eben diesem Punkte« betrachtet wird; dabei entsteht eine Leere, ein »Ort«, darin das Endliche sich ausdehnen kann, und zwar von der Mitte dieser Leere aus, wo das Unendliche Sein lichtes »Überbleibsel«, Seine Wahre Gegenwart zurückgelassen hat. Auch sahen wir, daß diese erste Zusammenziehung und Umkehrung sich innerhalb des erschaffenen Daseins überall durch die Entstehung endlos vieler Mittelpunkte wiederholt, davon ein jeder von einer Ausdehnung umgeben ist, die ihm zugleich als Schleier und als Spiegel dient. Alle diese Mittelpunkte sind bis zum Urpunkt hinauf durch die »Mittlere Säule« oder Weltenachse hierarchisch miteinander verbunden, und diese Achse ist nichts anderes als der schöpferische, waltende und erlösende Strahl der Einwohnung Gottes. Die um diesen Strahl kreisenden Daseinsbereiche sind alle großen und kleinen Welten, Wesen und Dinge der kosmischen Ausdehnung. Jeder dieser Bereiche ist nicht nur das Wirkungsfeld seiner inneren, göttlichen Mitte oder Achse, sondern – durch diese hindurch –

auch das Feld des ihm unmittelbar übergeordneten Daseinskreises. Diese in der göttlichen Achse verankerte Verkettung aller Ursachen und Wirkungen ist die einwohnende Grundlage der kosmischen Ordnung, während ihr jenseitiger Urgrund der »Höchste Punkt« ist. Er hat die sephirotische »Welt der Ausstrahlung« zur Seinsebene, die Ursache und das Urbild aller anderen Ebenen; jede Daseinsebene ist ein besonderer Spiegel, ein besonderes Abbild der Seinigen, und eine jede gehorcht Seinem allmächtigen Willen, ob sie es weiß und will oder nicht. In dieser wunderbaren Ordnung steht Gott über all Seinen Geschöpfen, und ein Geschöpf steht über dem anderen, und doch ist jedes zutiefst alles: Gott Selber. Äußerlich faßt jedes Geschöpf auf seine besondere Weise das All zusammen – ob es sich dessen bewußt ist oder nicht und ob dies in reicher Entfaltung oder nur keimhaft geschieht –, aber gleichzeitig ist es jenseits aller Besonderheit, in seiner innersten Mitte, in seinem Herzensgrunde, das ganze All, das höchste Wesen Selbst. Denn die göttliche Mitte oder Achse ist allgegenwärtig, im Herzen jedes Geschöpfes, und ist nicht wie ein bestimmter räumlicher Mittelpunkt auf diesen oder jenen Ort beschränkt; hingegen *offenbart* sie sich vor allem an heiligen Orten oder in heiligen, zum lebendigen Ausdruck der göttlichen Allgegenwart gewordenen Wesen.

Der Erdenmensch, dieser Letztgeborene der Schöpfung, ist der fleischgewordene »Untere Punkt«, wo die Kosmogonie in ihren schöpferischen »Zusammenziehungen« und »Umkehrungen« des Unendlichen innehält, um zum »Höchsten Punkte« umzukehren und sich in Ihn zurückzuziehen. Wenn diese »Umkehr aller Umkehrungen« im Menschen zu wirken beginnt, sagt man, daß er von der *Teschubah* ergriffen ist, von der inneren »Umkehr«, von der »Buße« und »Rückkehr zu Gott«. Wenn der Mensch von ganzer Seele und mit all seinem Vermögen »*Teschubah* tut«, gelangt er schließlich zur geistigen Versenkung in seine göttliche Mitte, in seinen Herzensgrund, wo die *Schechinah* als der Einwohnende »Untere Punkt« ruht; und wenn der Mensch sich hier mit der Allgegenwart Gottes eint, dann eint er in sich selber alles »Untere« mit dem »Oberen«, mit dem »Höchsten Punkte«, dem Heiligen, gesegnet sei Er. Diese allweltliche Umkehr und Einung ist dem Menschen mit seinem wahren inneren Wesen selber gegeben, das alle Welten, von der irdischen bis zur göttlichen umfaßt und bis zu deren unendlichem Ausgangspunkt hinreicht; so bringt seine Umkehr alle Umkehr, alles Heil, alles Eingehen in Gott mit sich. »Groß ist die *Teschubah*, denn sie heilt die Welt. Groß ist die *Teschubah*, denn sie reicht bis zum Thron der göttlichen Herrlichkeit. Groß ist die *Teschubah*, denn sie bringt die Erlösung näher (*Talmud*: *Joma* 86 a).«

Durch seine Versenkung in Gott vergegenwärtigt der Mensch in sich selber die Allerlösung und »beschleunigt« sie dadurch auch äußerlich. Die kosmische Erlösung geschieht, wenn die ganze Vielheit der himmlischen und irdischen Wesen ausgewirkt und erschöpft ist; da beginnt das »Große Jubeljahr«, die letzte Welterlösung*. Das ist die letzte Phase des *Zimzum*, der Rückzug oder die Umkehr aller Umkehrungen, die Zusammenziehung der ganzen kosmischen Ausdehnung in ihre unerschaffene, göttliche Mitte. Da findet alles einwohnende geistige Licht seine jenseitige, unendliche Klarheit wieder, und aller irdische und himmlische Stoff geht wieder in den Urstoff ein, in den »Höchsten Äther« (*Awira ilaah*), der selber ewig in der Höchsten Wesenheit, *Kether*, aufgelöst ruht. Das ist die Rückkehr des Spiegelbildes zur Wirklichkeit des Gespiegelten, die Heimkehr des Abbildes ins Urbild, das Eingehen des Sinnbildes in seinen Sinn, die Wiedervereinigung des Erschaffenen mit seinem Schöpfer. Das scheinbar »Andere« ist nichts mehr anderes als das »Eine ohne Andere.«

* Die letzte Rückkehr der Welt in ihren Ursprung, die sich am Ende der »siebenmal siebentausend Jahre« oder großen Daseinszyklen verwirklichen soll, wird durch die vorübergehende Wiederherstellung des paradiesischen Zustandes während jedem siebentausendsten Jahre oder Weltensabbat sinnbildlich vorweggenommen. Wie wir es im Kapitel über die körperliche Welt sehen werden, war einer dieser zyklischen Ruhepunkte, wo das vorübergehende Eingehen alles Erschaffenen in die göttliche Einwohnung stattfand, das *Fiat Lux*, der andere das adamische Paradies. Gemäß der jüdischen Überlieferung — wie auch der nicht-jüdischen — befinden wir uns am Vorabend eines neuen Weltensabbats, nämlich des »messianischen Reiches«.

DAS HIMMELREICH

Du hüllst Dich ein in Licht wie ein Kleid;
Du breitest den Himmel aus wie einen Vorhang.
Psalm 104, 2

Zehn Sephiroth und zehn Himmel

Die Betrachtung der Himmel in der jüdischen Esoterik stützt sich auf die Lehre der *Sephiroth*, welche die Ursachen und Urbilder aller himmlischen Welten sind. Dank der Entsprechungen zwischen den *Sephiroth* und ihren Sinnbildern, sowie der überlieferten Beschreibungen der Himmel, kann man sich von den letzteren ein gewisses Bild machen, das als solches aber höchstens ein schwacher, gedanklicher Abglanz der wahren Erkenntnis des Himmelreichs bleibt. Diese Erkenntnis kann nach der Kabbala nur durch die »Schau des Herzens«, des in ihm verborgenen Allgeistes erlangt werden. »Es ist ein Geheimnis der Geheimnisse, das nur den in die innere Weisheit Eingeweihten bekannt ist – eines jener Mysterien, das die heilige Lampe (Beiname des Rabbi Simon ben Jochaj) besaß, welche die Geheimnisse aller Himmel und aller darin anbetenden Wesen zu beleuchten wußte (*Sohar, Terumah* 164b).«

Die Kabbala spricht folgendermaßen vom Geheimnis der Geburt des Himmelreichs: »Als der Heilige (Gott) daran ging, die Welt zu erschaffen, hüllte Er sich in das Urlicht ein und brachte die Himmel hervor. Zuerst war das Licht zu Seiner Rechten (Seiner tätigen und geistigen Seite) und die Finsternis zu Seiner Linken (Seiner empfänglichen und urstofflichen Seite). Was tat dann der Heilige? Er tauchte eins ins andere und formte daraus die Himmel; *Schamajim* (Himmel) setzt sich aus *Esch* (Feuer, geistiges Licht) und *Majim* (Wasser, durchsichtiger Stoff) zusammen. Er verband sie und brachte sie in Einklang; und als sie geeint waren, dehnte Er sie aus wie einen Vorhang (*Sohar, Terumah*, 164 b).«

Mit anderen Worten: *Kether* hüllt Sich in Seine lichte, ursächliche Ausstrahlung, *Chochmah,* ein, und umgibt diese mit Seiner dunkeln, leeren Empfänglichkeit, *Binah;* und die Ausstrahlung der ersteren erfüllt die Leere der letzteren, wobei deren Finsternis sich gleichsam zum höchsten Urbild allen Stoffes verdichtet, zum »Vorhang« der höchsten Drei-Einheit. Das aber geschieht in einer einzigen, ewigen Tat. Wir sahen, daß *Chochmah* und *Binah* zusammen in einem ewigen Nu aus *Kether* hervortreten, und daß die leere, finstere Empfänglichkeit der »Höchsten Mutter« – des höchsten »Vorhanges«, »Spiegels« oder »Prismas« – ewig vom Lichte des »Höchsten Vaters« erfüllt ist. Die beiden einander ergänzenden Ursachen sind nie und in keiner Weise voneinander getrennt. *Binah* ist die ewig empfangende, ewig schwangere und ewig gebärende Mutter; sie ist die ewige Empfänglichkeit, die ewige Erfüllung und das ewige Urbild des fruchtbaren Urstoffes. Sie ist ewig eins mit dem Vater: Er und sie sind nicht zwei, sondern eins. Es ist der zweiheitliche Mensch, der sie zweiheitlich sieht. *Chochmah* und *Binah* sind der Eine, *Kether,* in Seinen unteilbaren Uranblicken, deren Ausfluß selber eins ist: die unerschaffene Einheit der sieben *Sephiroth* des Weltenbaus, die eine, ewige Grundlage der sieben erschaffenen Himmel. Ehe aber diese Himmel erzeugt werden, gibt sich die höchste Drei-Einheit in ihrer dreifaltigen Einwohnung *Schechinah-Metatron-Awir* kund; das ist die unmittelbare, eine und zugleich dreigesichtige Ursache des Kosmos, die drei »Himmel der Himmel«, welche doch nur die eine, urbildliche »Welt der Schöpfung« sind, daraus die sieben erschaffenen Himmel und die ganze Schöpfung hervorgehen. Die *Schechinah* oder Wahre Gegenwart *Kethers* hüllt sich in ihre tätige und geistige Kundgebung, *Metatron,* die Einwohnung *Chochmahs,* ein, sowie in ihre kosmische und urstoffliche Empfänglichkeit, *Awir,* den Uräther, die Ausstrahlung *Binahs.* Dann eint die *Schechinah* die geistige und allweltliche Ausstrahlung *Metatrons* mit der ersterschaffenen und feinstofflichen Auswirkung *Awirs* und formt daraus zuerst die sieben Himmel im Bilde der sieben *Sephiroth* des Weltenbaus.

»Sieben Himmel befinden sich ausgedehnt und angesammelt in der Oberen Schatzkammer (in der siebenfachen himmlischen ›Welt der Formung‹ aller Dinge) . . . und darüber gibt es noch einen (dreifachen) Himmel (die geistige ›Urwelt der

Schöpfung‹), und dieser besitzt keinerlei Farbe (oder Unterschiedlichkeit) und (deshalb auch) keinen Platz in der (erschaffenen) Welt der (unterscheidenden, verstandesmäßigen) Erkenntnis: Er befindet sich jenseits der (geschöpflichen) Beschauung; und dieweil er also in sich selber verborgen bleibt, schenkt er sein Licht allen Dingen, in dem er es in ihren Bahnen kreisen läßt ...«

»Die zehn Vorhänge des Stiftszeltes versinnbildlichen die zehn Himmel (und diese die zehn *Sephiroth*); ihr Geheimnis kann nur vom Herzen erfaßt werden (denn darin wohnt und offenbart sich eben dieses Geheimnis: die dreifaltige Gegenwart der sephirotischen oder göttlichen Einheit, *Schechinah-Metatron-Awir*). Wer es so erfaßt (durch Gott selber, der im Herzen wohnt), erlangt eine große Weisheit und dringt in alle Geheimnisse des Alls ein ... (*Sohar, Terumah*, 164 b).«

Die Jakobsleiter

Die kabbalistischen Beschreibungen der *Hechaloth* oder himmlischen »Paläste« stellen – neben den talmudischen, die nachfolgend ebenfalls angeführt werden, – die sieben erschaffenen Himmel als ebensoviele hierarchisch abgestufte Daseinsebenen der Engel und Geister sowie der Menschenseelen, vor und nach deren Erdenaufenthalt, dar. In der Mitte jeden Palastes wohnt der Himmelsmensch in Form einer besonderen prophetischen Menschwerdung; jedem Himmel steht also der Geist eines Gottesgesandten oder Propheten vor, der das Göttliche im Lichte einer besonderen *Sephirah* offenbart; er ist ihr Bote und sie beherrscht durch ihn die betreffende Himmelswelt. Dabei ist jedesmal die Einheit aller *Sephiroth*, die ganze, unteilbare Gottheit in diesem ihrem besonderen Anblick gegenwärtig und wirksam. Den Geist jedes Gottesgesandten umgeben alle Menschenseelen, die ihm angehören, d. h. die in derselben besonderen sephirotischen Kundgebung aus Gott hervortreten und zu Ihm zurückkehren; und in seinem Amte des Vermittlers zwischen Gott und Welt stehen ihm die Engel und Geister seines Palastes bei. Wenn nun die Anzahl aller Gottesgesandten oder Propheten bei weitem diejenige der sieben Himmel übersteigt, so wird dieser anscheinende Widerspruch gegenstandslos, wenn man bedenkt, daß jeder der sieben Himmel selber unzählig viele Zwischenstufen hat. In jedem Himmel, der von einem großen prophetischen Geiste beherrscht wird, gibt es somit viele Ebenen, denen kleinere Propheten vorstehen, welche diesem großen Geiste angehören und in seinem Namen wirken. Alle großen Geister ihrerseits offenbaren den einen großen Himmelsmenschen, der sämtliche Himmel gleichsam als deren gemeinsame Achse oder allgegenwärtige Mitte beherrscht; er ist *Metatron*, und *Metatron* ist nichts anderes als die *Schechinah*, die Einwohnende Herrlichkeit Gottes, insofern sie sich als urbildliche Form des Menschen dem Menschen offenbart. Aus dem göttlichen Himmelsmenschen gehen alle Menschenseelen hervor, und in ihn gehen sie wieder ein als in den unmittelbar gegenwärtigen Schoß Gottes; und im Himmel umringen sie ihn in nächster Nähe, während sie selber von Engeln und Geistern umgeben sind. Ihre himmlische Gottesnähe schenkt den Menschenseelen die unmittelbare, unendlich selige Schau des Göttlichen und die Einung mit ihm, während die Engel und Geister aus der göttlichen Mitte des Himmels bis zu dessen äußersten Enden, ja bis zur Erdenwelt ausgehen, um in der ganzen Schöpfung die Befehle des im Namen Gottes handelnden Himmelsmenschen auszuführen – um überall zur Herrschaft und Verherrlichung Gottes beizutragen.

Die Allschöpfung birgt im übrigen, wie schon gesagt wurde, zwischen den sieben Himmeln und den sieben Erden sieben irdische Paradiese – sowie sieben Höllen, von denen im nächsten Kapitel die Rede sein wird. »Es gibt sieben Himmel oben und sieben andere unten, die ihnen entsprechen«; das sind die sieben Stufen oder Paläste des »Oberen Edens«, des himmlischen Paradieses, die ihr Ebenbild im »Unteren Eden« oder irdischen Paradiese haben. Die Seele, die sich in einem der unteren Paläste befindet, schaut denselben göttlichen Anblick, der sich ihr im entsprechenden oberen Palaste offenbaren wird; sie schaut ihn jedoch durch die Hülle hindurch, darein sie im irdischen Paradies gekleidet ist, während sie im Himmel einen noch durchsichtigeren Schleier trägt, der ihr eine unmittelbarere Schau des besagten Anblickes gewährt. Das Verdienst, das einer Seele den Aufenthalt in einem bestimmten Palast des unteren Edens verschafft hat, führt sie auch in den entsprechenden Aufenthaltsbereich des oberen Edens, nachdem sie im irdischen Paradiese »die nötige Dauer verbracht hat, um ihren Aufstieg ins himmlische Paradies vorzubereiten«. So werden die unteren Paläste als Vorhallen der oberen betrachtet und die untere Rangordnung der Seelen als Abbild der oberen.

Die Rangordnung oder hierarchische Abstufung der Himmel selber beruht, wie wir es sahen, auf derjenigen ihrer ewigen Urbilder, der *Sephiroth*; das verhindert aber nicht, daß die »Obere Ordnung« sich in mancher Hinsicht der rein vernunftmäßigen Folgerichtigkeit des zweiheitlichen Denkens entzieht, so daß dem Menschen ohne Offenbarung die Erfassung der himmlischen Geheimnisse versperrt bleibt. Es ist die Offenbarung des Einen im Vielen, die das Geheimnis des Vielfältigen, Unterschiedlichen erkennen läßt; denn dieses Geheimnis ist eben der Eine Selbst, der über allen Himmeln und zugleich in ihrer Mitte thront. Die irdischen und himmlischen Paradiese sind die wohlgeordneten Stufen der »Leiter, die auf Erden steht und deren Spitze an den Himmel rührt« und »darüber *JHWH* steht«, der Eine, in Seiner Wahren Gegenwart. Er ist der »Höchste Punkt« der allweltlichen Jakobsleiter und steht doch unnahbar darüber, so daß keine Kreatur auf Erden und im Himmel Seine »jenseitige Gegenwart« erreichen kann; »da aber alle Wesen (und sei es unbewußt, in ihrem verborgenen, tiefsten Innern) ein unwiderstehliches Bedürfnis empfinden, sich dem »Höchsten Punkt« *(JHWH)* zu nähern, bilden die aus ihm hervorbrechenden (sephirotischen) Strahlen an ihrem eigenen unteren Ende einen andern Punkt: den »Untern Punkt«, *Elohim* (die »Einwohnende Gegenwart« *JHWH's*, die Sich dem Menschen geistig schenkt und ihm somit erlaubt, Ihrer unmittelbar teilhaftig zu werden).«

So wird die Himmelsleiter schließlich zu einem Kreis, dessen Ende in Wahrheit eins ist mit dem Anfang, so daß die begnadeten Seelen den Einen schon hienieden finden können; und je höher sie sich zu Ihm erheben, desto näher und zugleich unerreichbarer wird ihnen der Unendliche, bis sie sich als göttliche Urfunken in der Urleere *Binahs* auflösen: Darin werden sie von all ihrer Besonderheit erlöst und in das eine Urlicht *Chochmahs* verwandelt, das ewig in die überlichte Klarheit *Kethers*, des Allerhöchsten, zurückströmt. Diese Einung mit dem Einen – die sich durch alle Welten hindurchzieht – kann also schon hienieden beginnen, weil der »Untere Punkt« in Wahrheit eins ist mit dem »Oberen«, so daß nach der Überlieferung die Engel selber fragen, ob ihr Herr »oben« oder »unten« sei. Auch die »Überlegenheit« eines Himmels über den andern wird dadurch zu etwas mehr oder weniger Verhältnismäßigem; sie ist es schon darum, weil jeder Himmel ja nichts anderes darstellt als die kosmische Auswirkung eines besonderen und jedesmal einzigartigen göttlichen Anblickes: Dieser gibt nicht nur alle anderen Anblicke oder *Sephiroth* in seinem eigenen Lichte kund, sondern ist ihnen auch dank seiner Einzigartigkeit verhältnismäßig überlegen – nur *Kether*, dem unbedingten Einen, dem Alleinwirklichen, kommt die absolute Überlegenheit über alle Seine eigenen Anblicke zu.

Außerdem kann die »Obere Ordnung« anstatt durch das senkrechte Sinnbild der Leiter, der Abstufung aller himmlischen Daseinsebenen, mittels des waagrechten Gleichnisses einer gemeinsamen Fläche oder Ebene aller Himmel betrachtet werden. Denn der siebte oder ersterschaffene Himmel ist die Mitte, das Maß und der Umfang aller anderen Himmel; er enthält sie alle in seiner endlosen Ausdehnung, welche die »Oberfläche der Wasser«, der geschöpflichen Möglichkeiten, ist. In seiner eigenen Mitte, die zugleich diejenige aller anderen, ihn gleichsam konzentrisch umgebenden Himmel ist, befindet sich der »Thron der Herrlichkeit« Gottes; die Pforten der sieben Himmelspaläste sind wie aufeinanderfolgende Eingänge zu diesem gemeinsamen göttlichen Mittelpunkt: Die Tür des siebten Palastes ist somit die allerinnerste und eröffnet den unmittelbaren Zugang zum Gottesthron, wobei der Umfang dieses Palastes gleichzeitig alle anderen Paläste in sich schließt. So stimmt hier, trotz aller Rangordnung, das Äußerste mit dem Innersten überein, wie auch die Himmelsleiter trotz aller hierarchischen Abstufung zum Kreise wird, wo das Untere zum Oberen, das Ende zum Anfang zurückfindet.

Denn überall im Himmel ist das Urwunder des Einen, die schrankenlose Gnade der Einung; immer wieder versenkt sich alles in die gemeinsame göttliche Mitte, immer wieder verlieren sich die Prophetengeister, die begnadeten Seelen, die Engel und alle Himmelslichter in der gemeinsamen göttlichen Achse, der »Mittleren Säule«, wo sie in die Wahre Gegenwart des Alleinwirklichen eingehen. Auch übersteigt die »Obere Ordnung« alle festen unterschiedlichen Einteilungen dadurch, daß ein Prophetengeist oder ein Engel von seinem eigentlichen Aufenthaltsorte in der »Mittleren Säule« auf- oder absteigen kann, um einer bestimmten Notwendigkeit gemäß in einem anderen Himmelsbereich zu erscheinen, ohne grundsätzlich in dessen besondere Ordnung einzugreifen. Denn wie die Kabbala es hinsichtlich der Engel sagt, hat jeder von diesen – den Prophetengeistern gleich – »sein eigenes, begrenztes Wirkungsfeld, so daß keiner in das eines andern übergreifen kann, und wäre es um Haaresbreite, außer wenn er die ausdrückliche (göttliche) Vollmacht dazu erhalten hat.« Aber sie lehrt zugleich, daß die Engel im weiten Himmelreich auf- und absteigen: Man kann in den unteren wie in den oberen Himmelsgegenden die ordnenden Urblitze der *Chajoth* erkennen oder die erleuchtenden Anblicke der *Cherubim,* die reinigenden und heiligenden Feuer der *Seraphim,* die kreisenden Geistesschwingungen der *Ophanim* sowie die Farben oder Eigenschaften und Töne oder Stimmen der Erzengel, die manchmal sogar dem Erdenmenschen erscheinen. Im letzteren Falle verwandeln sich die vor Gott als geistiges Feuer bestehenden Engel in Ätherwinde, denn die irdischen Wesen können sie nicht in ihrem rein himmlischen Anblick ertragen*. Im übrigen unterstreicht die Überlieferung, daß alle Engelsmächte und ihre Kundgebungen auf verschiedene Weisen miteinander verbunden sind als ebensoviele unzertrennliche Anblicke der einen und einzigen, allweltlichen, schöpferischen, offenbarenden und erlösenden Tat Gottes.

Auf der »Oberfläche der Wasser«

Die Einwohnende Herrlichkeit Gottes, die *Schechinah,* strahlt durch *Metatron* alle ihre kosmischen Möglichkeiten als Geistesfunken und Daseinskeime aus; dann hüllt sie diese in ihre himmlischen Gewänder ein, welche aus der ersterschaffenen, feinstofflichen Auswirkung des an sich unterschiedslosen Uräthers, *Awir kadmon,* bestehen. Diese erste Ausdehnung des durch das »Wasser« versinnbildlichten feinen, durchsich-

* Siehe Psalm 104, 4: »Der Du machest Deine Boten zu Winden, und Deine Diener zu Feuerflammen«, und die talmudische Auslegung dazu in *Jalkut chadasch,* 115 a.

tigen Himmelsstoffes bildet die endlose »Oberfläche« des »Meeres« allen erschaffenen Daseins, den siebten Himmel, der eine Kundgebung der *Sephirah Chessed*, der schrankenlosen »Gnade«, ist. Die dreieinigen »Himmel der Himmel« stehen über dieser ersten kosmischen Ausdehnung gleich einer unendlichen Sonne, die nie aus ihrer erhabenen Reglosigkeit heraustritt; ihr »Wind« oder »Geist«, *Ruach Elohim*, der »Geist Gottes, der auf der Oberfläche der Wasser schwebt«, ist es, der das Daseinsmeer durch seine allerschaffende und allerlösende Tat in Bewegung setzt. Er erzeugt »Wellen« – Seelen, Engel und Geister –, und jede also erschaffene Welle ist eine feinstoffliche, himmlische Schwingung, durch einen Geistesfunken der göttlichen Ausstrahlung belebt und erleuchtet. Und diese erste »Mischung« von Geist und Stoff hat dem siebten Himmel seinen Namen *Araboth* gegeben, der wie die Namen der übrigen sechs Himmel in der Thora steht; er wird durch »Wolke«, »Ebene« oder »Wüste« übersetzt, rührt aber von *ARB* her, was »Mischung« bedeutet. Wir sahen, daß dieselbe Idee dem Worte *Schamajim*, »Himmel«, zugrunde liegt, das aus *Esch* (geistiges »Feuer«) und *Majim* (stoffliches »Wasser«) zusammengesetzt ist. »Das ist der siebte Himmel, und er wird *Araboth* (Mischungen) genannt (*Sohar, Terumah* 165 a).«

Wenn die geistige Schwingung der göttlichen Ausstrahlung auf die feinstoffliche Ausdehnung von *Araboth* fällt, erzeugt sie die »Urwellen« oder Urwesen, indem sie diese nicht nur mit Licht und Leben, sondern auch mit dem schöpferischen und erlösenden Urton oder »Urschrei« erfüllt. Jede Kreatur, die auf der »Oberfläche der Wasser« erscheint, sei es in ihrem Ausgang aus Gott oder in ihrer Rückkehr zu Ihm, »zerspringt« gleich einer Welle in diesem überaus seligen Urschrei: Die lichte Tonwelle dehnt sich nach allen Seiten der endlosen Wasserfläche aus, sie wird zur ganzen Ausdehnung des von der göttlichen Sonne erleuchteten siebten Himmels. Jede Welle, jedes Wesen wird zum ganzen, Gott preisenden Daseinsmeere, zum ganzen erschaffenen Spiegel des strahlenden Antlitzes der Einwohnenden Herrlichkeit; und dieweil jeden Wesens Stoff sich mit demjenigen aller anderen Wesen im unterschiedslosen Urstoffe, *Awir*, eint, wird sein Geist, sein göttlicher Funke, zur schrankenlosen, lichten Ursphäre oder Urform, *Metatron*, zur Ursonne, deren »Mitte – nämlich die

Schechinah – überall und deren Umfang nirgends ist«. Der diese All-Einung begleitende Jubelschrei – der Schrei des *Jobels* oder der »Erlösung« – ist die Uranrufung des allweltlichen Gottesnamens: die Kundgebung des Urtones durch den schaffenden und erlösenden Gott und durch all Seine im siebten Himmel erscheinenden Geschöpfe. »Der Heilige, gesegnet sei Er, liebt diesen Himmel mehr als alle anderen, und es gefällt Ihm, denselben mit höchster Schönheit auszustatten. Deshalb heißt es (Psalm 68, 5): ›... Der in *Araboth* einherfährt ... freuet euch vor Ihm!‹ ... Wer in diesen Himmel gelangt, der soll sich freuen und ohne Trauer sein, denn hier ist alles reine Freude, ohne irgendeine Spur von Pein und Finsternis *(Sohar, Terumah,* 165 a).«

Die Geschöpfe, die hier aus Gott hervortreten, einen sich alsobald mit ihm, bis Er sie für eine gewisse Dauer in die Schöpfung hinausschickt. Nachdem sie den einenden und überseligen Zustand von *Araboth* gekannt haben, müssen sie in das zweiheitliche Dasein hinunter, um darin ihr Schicksal, ihre kosmische Aufgabe zu erfüllen. Wenn sie zum Himmel zurückkehren, ohne alle daseinlichen Folgen ihres Geschickes erschöpft zu haben, gehen sie wohl duldend in den Schoß Gottes ein – wie im Tiefschlafe –, werden aber wieder in die Schöpfung hinausgesandt, um das Unerschöpfte oder Unvollbrachte zu vollenden. Erst dann ist die Seele selber »vollendet« und kehrt willentlich zu Gott zurück, um sich in der Schau Seiner Geheimnisse mit Ihm zu vereinen. Alle Menschenseelen – im Unterschiede zu den anderen Geschöpfen, deren Beziehung zu Gott nicht auf dem freien Willen, sondern auf duldender Abhängigkeit beruht – sind grundsätzlich dazu bestimmt, sich willentlich und geistig mit Ihm zu vereinen. Deshalb werden sie, wenn sie bei ihrer Begegnung mit Gott zu dieser Einung unvorbereitet sind, wieder in den Kosmos zurückgesandt, sei es, um in einem der unteren Himmel oder Paradiese sich Gott durch die Beschauung dieses oder jenes Seiner sephirotischen Anblicke zu nähern, sei es um, durch die »Seelenwanderung« *(Gilgul)* begangene Fehler wiedergutzumachen; auch kann ihre Reinigung vom übermäßigen Anhaften am Ich und an der Welt in einer der Höllen geschehen, wobei jedoch – nach der jüdischen Überlieferung – eine »ewige Verdammnis« ausgeschlossen ist: Gott allein ist ewig, und die Hölle, samt allem, was sie in sich birgt, wird am Ende mit allen anderen kosmischen Ebenen zu *Araboth* zurückgeführt, an die Oberfläche der erschaffenen »Wasser«, wo alles wieder in den Schoß des Alleinwirklichen und Allbarmherzigen eingeht.

Araboth ist der Himmel, wo alles Erschaffene aus Gott hervorgeht und zu Ihm zurückkehrt, wo alle Kreaturen groß und klein in ihren lichten Urformen erscheinen, zusammen mit allen Uroffenbarungen des Himmelskönigs: »In *Araboth* ist die Gerechtigkeit (das Urgleichgewicht des Kosmos), das Gericht (die Ursonderung aller Geschöpfe), die Liebe (die Ureinung alles Erschaffenen mit Gott), die Bereiche (oder Urausdehnungen) des Lebens, des Friedens und des Segens; hier befinden sich die Seelen der Gerechten sowie die Geister und Seelen, die der (vollständigen) Erschaffung harren (weil sie hier – in ihrer ständigen Einung mit Gott – noch zwischen dem Unerschaffenen und der Schöpfung schweben), und der (geistige) Tau, vermittelst dessen der Heilige, gesegnet sei Er, die Toten wiederbeleben wird. Hier sind (die höchsten Engel) die *Ophanim*, die *Seraphim*, die heiligen *Chajoth*, die anbetenden Engel, der Thron der Herrlichkeit und der König, der lebendige Gott, der Erhabene und Verherrlichte, der über allem in der ›Wolke‹ schwebt, wie es heißt (in Psalm 68, 5): ›Machet Bahn Dem, Der in den Wolken *(Araboth)* einherfährt: *Jah* ist sein Name!‹ *(Talmud, Chagigah* 12b)«

Im siebten Himmel, dem oberen Reich des Messias

Araboth, der siebte Himmel oder die »siebte Stufe des Thrones« wird vom Messias beherrscht, wie es aus der *Idra Rabba Kadischa* hervorgeht: »Dem König Messias war es bestimmt, sich auf der siebten (Stufe des Himmels oder des ›Gottesthrones‹) niederzulassen. Es gibt sechs (himmlische oder geistige Urstufen), und der (einwohnende) Geist des Alten der Tage (des Ursprungs aller Daseinszustände und -kreisläufe), der sich über jenen (sechs großen Geistern) befindet, ist der siebte (der Geist von ›*Jah*, Der in *Araboth* einfährt‹). Und in den Tagen des Messias, wird (gemäß *Jeremias* 31, 34) ›niemand mehr seinen Nächsten zu belehren brauchen‹, weil dieser Geist, der alle Geister umfaßt, jedem die Weisheit *(Chochmah)* und Vernunft *(Binah)*, den Rat und die Kraft, das Wissen und die Furcht *JHWH's* offenbaren wird; denn Er ist der Geist, der alle Geister in sich schließt.«

Der Geist des Messias ist derjenige des »Alten der Tage« oder *Jah's*, der dem siebten Himmel einwohnt; er ist der »Geist *Elohims*« oder der göttlichen Einwohnung, »der auf der Oberfläche der Wasser schwebt« und sie erleuchtet. Die Form des himmlischen Messias ist keine andere als die des einen, großen Himmelsmenschen *Metatron*, der »über dem Throne sichtbar« ist; und der Stoff des Messias ist die erste, reine Ausstrahlung *Awirs*, des Uräthers oder »Urthrones«. So ist der Messias eins mit der dreieinigen Gegenwart Gottes, *Schechinah-Metatron-Awir*. Er ist der allweltliche Vermittler, der vom siebten Himmel aus in den »Himmeln der Himmel« – oder dem himmlischen »Allerheiligsten« – ein- und ausgeht, um allen erschaffenen Welten den Willen Gottes zu offenbaren. Er ist es, der in *Araboth* im Namen des lebendigen Gottes die allerlösende Tat vollbringt, die er am Ende der Zeiten auch auf Erden verwirklichen wird. Denn das Geheimnis seiner Vollkommenheit beruht nicht nur auf dem Überwiegen seines unerschaffenen Wesens, sondern auch darauf, daß seine Geschöpflichkeit rein erlösender Natur ist: Der Messias geht der ganzen Schöpfung voraus, beherrscht sie und erlöst sie. »Als die Schöpfung begann, war der König Messias schon da; denn er bestand im Geiste vor der Erschaffung der Welt *(Pesikta Rab.* 152 b).«

Er steigt in allen Himmeln auf und ab, um mit den Prophetengeistern das Werk der Allerlösung zu vollbringen. Dieses himmlische Werk spiegelt sich auf der irdischen, zeitlichen Ebene in demjenigen der Propheten wider, die hienieden nacheinander erscheinen, um das messianische Urlicht zu verbreiten; und das tut jeder auf seine besondere Weise, gemäß der sephirotischen Kundgebung, welche die eine oder andere Zeit oder Gruppe der Menschheit beherrscht. Erst am Ende der Zeiten steigt der Messias selber zur Erde hernieder, um ihr all seine Gnade zu schenken und die ganze Welt zu erleuchten. Das geschieht aber durch zwei verschiedene messianische Kundgebungen: ein erstes Mal durch den »Sohn Josephs«, der sterben muß, und ein zweites Mal durch den »Sohn Davids«, der über die Feinde Gottes siegt und den »Rest Seiner Schafe« erlöst *.

Die Prophetengeister und reinen Menschenseelen umgeben den Messias in *Araboth*. Wenn die Propheten auch ihr geistiges Amt in einem der unteren Himmel ausüben, erreichen sie dennoch den siebten dank der ständigen »Einung aller Himmelspaläste«. Diese Einung vollzieht sich in der »Mittleren Säule«, wo die Propheten wohnen, welches auch ihr himmlischer Tätigkeitsbereich sei; dadurch sind sie unmittelbar mit der allgegenwärtigen Einwohnung Gottes verbunden bis zu deren höchstem »Thron« in *Araboth*. Die den Messias umgebenden Prophetengeister und reinen Menschenseelen sind den anderen Geistern sowie den Engeln überlegen; denn sie treten als ebensoviele Himmelsmenschen im einen, großen Himmelsmenschen, *Metatron*, unmittelbar aus der *Schechinah* hervor und einen sich ständig mit ihr, der Wahren Gegenwart aller *Sephiroth*, deren Einheit das höchste Urbild des Menschen selber ist: der ontologische »Urmensch« *(Adam kadmon)*. Jede Menschenseele hat ihre höchste Wurzel in diesem jenseitigen, sephirotischen Urmenschen; jede ist das Ebenbild seiner Ganzheit, aller zehn *Sephiroth*, der ganzen Gottheit, und ist in ihrer ersten Kundgebung der ganze Himmelsmensch, von dem hingegen jeder Engel und jeder Geist nur einen Strahl darstellt, die Auswirkung einer seiner Eigenschaften. Selbst wenn eine Menschenseele aus dem Himmelsmenschen heraustritt, bleibt sie zuerst immer noch ein Himmelsmensch, eine vollkommene Kundgebung der ganzen göttlichen Einwohnung in ihren drei Anblicken *Schechinah-Metatron-Awir* oder Gott – Geist – Urstoff, ein vollständiges »Licht *JHWH*'s«, eine ungebrochene Einwohnung Gottes in der Himmelswelt. Die Geister dagegen sind bruchstückhafte Kundgebungen der Einwohnenden Gottheit, Myriaden von Funken *Metatrons*, deren reines, ungeformtes Licht beim Eintritt in den Kosmos ihrer jeweiligen Bestimmung gemäß durch diese oder

---

* Man bemerkt hier die Ähnlichkeit mit der christlichen Lehre des »leidenden« oder »gekreuzigten Christus« und des »glorreichen Christus«, mit der Geschichte Jesu, dem Sohne Josephs, und der apokalyptischen Schau des »Davidsohnes«. Im übrigen braucht kaum erwähnt zu werden, daß *Christós* die griechische Übersetzung des hebräischen *Maschiach* — der *»Gesalbte«* ist. Wie für das Christentum bedeutet Jesus von Nazareth für den Islam den Messias, *al-Masîch*; abgesehen davon erwarten alle offenbarten Religionen für das Ende der Zeiten einen Erlöser, welches auch der Name dessen sei, »der da kommt«.

jene Eigenschaft des sephirotischen Himmelsmenschen gefärbt und mehr oder weniger stark durch ihn ausgestrahlt wird. Dabei nehmen sie keine feste Form an, es sei denn gewisse Engel – denn auch »die Engel sind Geister« –, welche als bestimmte »Boten« Gottes, ihrer besonderen Sendung entsprechend, die eine oder andere himmlische Gestalt annehmen – die einer Naturgewalt, eines Tieres oder eines Menschen. Kein Engel aber wird je ein Mensch, denn dieser ist das vollkommene Ebenbild Gottes, die Gestalt der zehn *Sephiroth*, während jedes andere Geschöpf wesentlich nur diese oder jene *Sephirah* ausdrückt – und somit zwar auch alle anderen *Sephiroth*, aber nur *implicite*; und wenn eine ganze Welt von Geschöpfen, wie die Erde, in ihrer Vielheit alle göttlichen Anblicke zerstreut und duldend widerspiegelt, so ist der Mensch hingegen der letzteren geeinte, ausdrückliche und bewußte Zusammenfassung, die vollendete Verkörperung des »Einen im Vielen« und des »Vielen im Einen«.

Vor dem Throne Gottes

In *Araboth* dehnen sich die Menschenseelen im Lichte dessen aus, der »auf dem Throne der Herrlichkeit sitzt«, während die Engel und Geister »zu Füßen des Thrones dienen«. Die Füße des Thrones sind die vier äußeren, allweltlichen Achsen, die durch die erste Strahlenbrechung des Einwohnenden Lichtes aus der »Mittleren Säule« hervorgehen; sie sind selber Engel, nämlich die vier höchsten Engel und Geister, die vier *Chajoth* oder »Lebewesen« der Himmelsschau des Ezechiel, die den allerhöchsten Geist der Mitte in seiner Menschenform, den himmlischen Messias oder *Metatron*, umgeben. Sie »tragen den Thron«, und ihr »Schweiß« erzeugt den »Feuerstrom« *(Nahar di-Nur)*, den himmlischen, feinen Stoff in seinem furchtbaren Anblick. Alle anderen Engel und Geister sind den *Chajoth* untergeordnet, von denen sämtliche grundlegenden Vierheiten des Kosmos herrühren: Unter anderem sind sie die vier aus der ätherischen Quintessenz hervorgehenden Urstoffe, daraus alle himmlischen und irdischen Elemente ausströmen, die vier aus der Urmitte ausstrahlenden »Urhimmelsrichtungen«, von denen alle überräumlichen und räumlichen Himmelsrichtungen abhängen, und so fort.

Der »Thron« in seinem stofflichen Anblick ist die erste, allweltliche Kristallisierung des Uräthers, und in seinem geiststofflichen Anblick die Fülle aller geschöpflichen Möglichkeiten, ehe sie in Bewegung geraten. Sein »Sitz« ist die reglose, endlose »Oberfläche der Wasser«, und seine »Füße« reichen bis an den Grund des Daseinsmeeres. Das ist der unbewegte oder »statische« Anblick des Thrones; er hat aber auch einen bewegten, »dynamischen« Anblick, darin er zum »Thronwagen« oder »Himmelswagen« Gottes wird. Dieser »Wagen« *(Merkabah)* ist die Fülle der geschöpflichen Möglichkeiten, insofern sie Gott in Bewegung setzt. Der Thron dehnt sich von seiner göttlichen Mitte nach allen Urhimmelsrichtungen aus und wird so zum Urbilde eines Wagens. Die vier *Chajoth* brechen aus dem zum Wagen gewordenen Throne hervor »wie Blitze, die nach allen Richtungen hinschießen«, um alle Ausdehnungen und Bereiche des Kosmos bis zu dessen äußersten Schranken zu durchmessen. In diesem Anblick von geistigen »Blitzen«, »Leuchten« oder »strahlenden Lichtern« werden die *Chajoth* auch *Cherubim* genannt, die Gott »Nahestehenden«, d. h. die unmittelbar vom lebendigen, schaffenden und erleuchtenden Gott – in seiner Gestaltwerdung als Himmelsmensch – ausgehen. Dieweil die chajotischen Achsen alle Richtungen des Kosmos durchlaufen, gehen aus ihnen die »Urräder« *(Ophanim)* hervor, nämlich die Engelsmächte, die zur Verwirklichung der Kugelform und der Kreisläufe des Erschaffenen beitragen. Ihre Spiralbewegungen – die wie »ein Rad in einem anderen Rade« sind – offenbaren sich ihrerseits als besondere Engel, »Wirbelwinde« *(Galgalim)* genannt.

Neben dieser auf der Himmelsschau Ezechiels beruhenden Engelslehre sei auch diejenige Jesaias erwähnt, gemäß deren der Thron von *Seraphim* umgeben ist, d. h. von Engeln, »die brennen«, was sie berühren. Die *Seraphim* haben ihren Namen davon, daß sie mit ihrem geistigen Feuer alles reinigen oder verzehren, was ihnen nahekommt. Im übrigen sind sie dank ihrer »sechs Flügel« oder geistigen Mächte bei der Verwirklichung der sechs kosmogonischen Stufen mittätig, die vom »Allerheiligsten« *Araboths* – oder dem »himmlischen Sabbat« – in Form der sechs übrigen Himmel, der sechs Richtungen des Raumes und der »sechs Tage« oder großen Spannen aller zeitlichen Bewegung ausgehen.

Das ist die Offenbarung Jesaias (6, 1–3): ». . . Ich sah den Herrn (*Adonai*, einer der Hauptnamen der *Schechinah*, der Einwohnung Gottes, die sich hier unter dem Anblick des Himmelsmenschen, *Metatron*, offenbart) auf einem hohen und erhabenen Throne sitzen (der die ganze Schöpfung umfaßt und unendlich überragt), und Sein Saum (die erste Herabkunft des von Seinem Geiste erfüllten Urstoffes, *Awir*) füllte den Tempel (den höchsten Himmel, *Araboth*). *Seraphim* standen über Ihm (als geistige Urkundgebungen); ein jeglicher hatte sechs Flügel (oder Geistesmächte); mit zweien bedeckte er sein Antlitz, mit zweien bedeckte er seine Füße und mit zweien flog er. Und einer rief zum andern (durch die Kundgebung des Urtones, der reinen ›Stimme‹ Gottes) und sprach (durch die diesen Ton, diese Stimme erklärende Offenbarung des göttlichen ›Wortes‹): Heilig, heilig, heilig ist *JHWH-Zebaoth* (›*JHWH* der Heerscharen‹, der gnädige Anblick der Allmacht Gottes, wobei die ›Heerscharen‹ hier insbesondere alle Seine *Sephiroth* bedeuten)! Die ganze Erde (die ganze Schöpfung) ist voll von Seiner Herrlichkeit (von der *Schechinah* oder *Malchuth*, die ihrerseits voll von allen anderen *Sephiroth* ist)!«

Gemäß der Kabbala sah Jesaia dasselbe, was Ezechiel nach ihm schauen durfte, offenbarte aber die Thron- und Engelswelt auf viel zusammengefaßtere Weise als der letztere, der für seine Zeitgenossen und die spätere Menschheit zur Bestärkung ihres Glaubens mehr Einzelheiten geben mußte. Ezechiel beschreibt die Engel tatsächlich unter mannigfachen Formen, menschen- oder tierähnlich oder auch als Chrysolithräder und so fort, Formen, welche – wie wir gesehen haben – verschiedene Eigenschaften und Tätigkeiten Gottes ausdrükken. Jesaia hingegen scheint nur die Flügel der Seraphim gesehen zu haben, mit denen sie ihr Antlitz und ihre Füße verbargen, dieweil sie vor dem Throne Gottes flogen; in Wahrheit deutet diese Sinnbildlichkeit auf das innerste Geheimnis der Engel hin, wo sie keine besondere Form mehr besitzen, sondern reine, überförmliche Geister Gottes sind, die in Seiner Wahren Gegenwart, dem Himmelsmenschen, ein- und ausgehen als wirkende Strahlen der in ihm verborgenen göttlichen Eigenschaften. Neben den beschriebenen Eigenschaften der Seraphim, deren geistiges Feuer unter anderem das Böse verzehrt und die Geschöpfe reinigt und erleuchtet, besteht ihre wesentliche Tätigkeit in der reinen, unmittelbaren Bejahung Gottes; mit ihrem »Dreimalheilig« verherrlichen sie Seine dreifache Drei-Einheit: *Kether-Chochmah-Binah, Chessed-Din-Tiphereth, Nezach-Hod-Jessod* sowie *Malchuth* als seine Einwohnende Drei-Einheit: *Schechinah-Metatron-Awir*. Die ganze Schöpfung wird durch diese vollkommene Gottesbejahung gerechtfertigt und unterstützt, was auch für jede wahre Anbetung durch die anderen Geschöpfe gilt; deshalb »gesellen sich die Seraphim all denen zu, die jeden Tag den Namen ihres Herrn heiligen.«

Der Himmelspalast Moses

Im siebten Himmel sind alle Dinge Daseinskeime; sie befinden sich in Wesenseinung ohne jede gegenseitige Vermischung ihrer Eigenschaften. Ihre gestaltliche Vereinzelung besteht hier in ihrem ersterschaffenen Urbilde und noch nicht in ihrer tatsächlichen Unterschiedlichkeit. Diese verwirklicht sich erst vom sechsten Himmel an, der eine Kundgebung der *Sephirah Din,* des »Gerichtes« oder der scheidenden Tat Gottes ist.

Der Talmud (*Chagigah* 12b) nennt den sechsten Himmel *Machon,* »Ort« oder »Sitz«, und beschreibt ihn folgendermaßen: »*Machon* enthält die Vorräte an Schnee, Hagel, schädlichem Tau, an runden und den Pflanzen verderblichen Tropfen (Sinnbilder der reinigenden und sühnenden Kundgebungen des Himmels); seine Tore stehen in Flammen, wie es heißt (in *Deuteron.* 28, 12): *JHWH* wird dir Seinen guten Schatz auftun, den Himmel ...« Damit will der Talmud ausdrücken, daß dieser anscheinend strenge Himmel in Wirklichkeit ein »guter Schatz Gottes« ist. Wir sahen in der Tat, daß Gottes Strenge in Wahrheit Gnade ist, weil sie verneint, was Ihn verneint. So ist der sechste Himmel letzten Endes für den Menschen entweder ein reiner Schatz der Gnade, nämlich wenn er selber verneint, was den Einen und Einzigen verneint, oder der Ort, wo der »Vater seine Kinder züchtigt«, in liebender Sorge darum, daß sie zu Ihm umkehren. Deshalb wird dieser Himmel, trotz des darin herrschenden »Gerichtes«, von der Kabbala »Palast der Gnade« genannt; andrerseits bezeichnet sie ihn als »Palast des Willens«, weil alle unteren Geister mit dem Geist dieses Palastes, der bis zum Höchsten

Geist emporsteigt, vereint werden wollen. Die Einung der Geister mit dem Höchsten Wesen geschieht im »Kuß der Liebe«, von dem das Hohelied (1, 2) spricht und der das selige Aufgesogenwerden in Gott bedeutet. Mose starb in diesem göttlichen »Liebeskuß« und nicht durch den gewöhnlichen Tod; und er ist es, der den sechsten Himmel beherrscht, weshalb dieser auch »Palast Moses« genannt wird. Das ist der Himmel des Gesetzes, welches Gottes Gnade und Strenge in sich schließt; und so ist es auch der Prophet des Gesetzes, der darin als Vertreter *Metatrons* waltet.

Der Geist Moses, der den sechsten Himmel erfüllt, ist in Wahrheit ein Geist der Liebe, denn er bewirkt in dem, der das Gesetz wahrhaftig beobachtet, die geistige Einung mit Gott. In seinen Palast können nur die Seelen der »Eiferer« eingehen, die Seelen derer, die den Herrn mit wahrer Liebe lieben, die während ihres Erdenlebens Tag für Tag den Einen verherrlichen. Abraham, Isaak und Jakob wohnen ebenfalls im sechsten Himmel, obwohl sie den unmittelbar darunterliegenden Himmeln vorstehen; jeder von ihnen behütet eine Pforte dieses Himmels, und jede dieser Pforten verbindet den Himmel Moses mit dem des betreffenden Erzvaters*. Jakob ist von

---

* Wir haben in der Tat gesehen, daß gewisse Himmelswesen – und an ihrer Spitze die prophetischen Geister des Himmelsmenschen – trotz ihres jeweiligen besonderen und begrenzten Wirkungsfeldes sich auf allen Ebenen des Oberen Reiches bewegen und aufhalten können. Was die Prophetengeister anbetrifft, so können sie in ihrer irdischen Verkörperung andere *Sephiroth* ausdrücken als im Himmel. Das liegt in der Natur des Menschen, der – im Unterschied zu den Engeln oder Geistern sowie den Tieren, – grundsätzlich und ausdrücklich alle *Sephiroth* offenbart, und zwar auch in seiner leiblichen Form, die »im Bilde Gottes« erschaffen wurde. Und in einem gewissen Maße offenbart gerade das Unterste das Oberste, dank dem Kreislaufgesetze, wonach das Ende sich dem Anfang eint oder die »äußersten Gegensätze sich berühren«. So geben die Propheten gerade auf Erden ihre höchste göttliche Eigenschaft kund und in deren Licht alle anderen sephirotischen Anblicke. Der Messias, der den siebten Himmel als Inbegriff aller »Gnade« *(Chessed)* beherrscht, ist überdies auf Erden die große Verkörperung der göttlichen, einenden »Weisheit« *(Chochmah,* der zweiten *Sephirah,* die unmittelbar aus dem Allerhöchsten, *Kether,* ausfließt). Mose, der im sechsten Himmel die *Sephirah Din,* das »Gericht« oder Gesetz offenbart, verkörpert auf Erden dessen Urbild, *Binah,* die allunterscheidende und erlösende »Vernunft« Gottes. Abraham personifiziert im fünften

seinen zwölf Söhnen, den Vätern der zwölf Stämme Israels umgeben. Und die drei Erzväter flehen jedesmal die *Schechinah* um Hilfe an, wenn Israel in Gefahr ist.

Mose, die drei Erzväter, die zwölf Stammesfürsten und alle anderen Menschenseelen, die sich im sechsten Himmel befinden, sind von den vier Erzengeln umgeben, nämlich von *Michael* (»Wer ist wie Gott?«), *Gabriel* (der »Gewaltige Gottes«), *Raphael* (»Gott heilt«) und *Oriel* (»Gottes Licht«, oder *Nuriel* genannt, sowie auch *Phanuel*: »Wendet euch zu Gott!«, wenn er die Menschen zur Umkehr bewegt). Die vier Erzengel sind im sechsten Himmel die Hauptkundgebungen der vier *Chajoth* des siebten Himmels; und während alle Engel und Geister des letzteren die immer verborgenen Urkräfte des Kosmos bedeuten und sich den Propheten und Auserwählten auf Erden nur in der ekstatischen Schau, also jenseits aller irdischen Wahrnehmungen offenbaren, können die Erzengel vorübergehend eine menschliche Form annehmen — ohne dadurch Menschen zu werden – und hienieden sinnlich wahrnehmbar erscheinen. So kamen gemäß der jüdischen Überlieferung Michael, Gabriel und Raphael in Gestalt von drei Männern zu Abraham, als er »in der Hitze des Tages« am Eingang seines Zeltes im Hain von Mamre saß. Er empfing und bewirtete sie, »und sie aßen«, heißt es in der Schrift (*Genesis* 18, 1–8). Die Thora will mit den Einzelheiten ihrer

---

Himmel *Tiphereth*, die »Schönheit« Gottes und *Rachamim*, Seine »Barmherzigkeit«, dieweil er auf Erden deren unmittelbaren Quell, *Chessed*, die »Gnade«, offenbart. Isaak bedeutet im vierten Himmel *Nezach*, den geistigen »Sieg« des Selbstopfers, das auf Erden als Ausdruck der höheren und »strengen« *Sephirah Din* erscheint, als Verneinung des Endlichen zur Verherrlichung des Unendlichen. Diese Verneinung wirkt sich auch im dritten Himmel aus, dem Jakob vorsteht als Ebenbild *Hods*, der »Majestät« des ausschließlichen und alleinwirklichen Gottes, während derselbe Patriarch auf Erden die Liebe des allumfassenden, allwirklichen Gottes, *Tiphereth*, verkörpert. Andere Propheten drücken die untersten *Sephiroth* aus, können aber auch die oberen in »zweitrangiger« Weise verkörpern, ohne von den nichtjüdischen Propheten zu reden, welche die Eigenschaften Gottes im Rahmen ihrer entsprechenden Religion offenbaren. Es sei hinzugefügt, daß alle Klassifizierung des Göttlichen im Menschlichen etwas sehr Verhältnismäßiges bleibt, weil der Eine im Vielheitlichen immer der Eine ist und sich folglich in allen Seinen Offenbarungen, wenn auch auf verschiedene Weise, zutiefst immer »ganz« kundgibt. Er ist »alles in allem«.

Erzählung ausdrücken, daß die Erzengel dem Patriarchen nicht in einer geistigen Ekstase, sondern im Zustand der sinnlichen Wahrnehmung unter dem Anblicke von Erdenmenschen erschienen.

Das Amt der vier Erzengel hat verschiedene Anblicke, so die geistigen und stofflichen Gewalten zu überwachen, die den vier »Urbuchstaben« oder Urquellen des Namens *JHWH* entströmen — welche ihrerseits im Kosmos zuerst die Gestalt der vier *Chajoth* oder Urmächte des *Metatron* annehmen, der den Namen *JHWH*, wie auch den Namen *Schaddai*, der »Allmächtige«, personifiziert –; deshalb hält sich jeder Erzengel in einer der vier »oberen« Himmelsrichtungen auf, um von dort aus die unteren Welten zu überwachen. Als vermittelnde Engel zwischen Gott und der Menschheit haben sie die Sendung, die göttliche Offenbarung den Propheten zu übermitteln und dieselben, sowie die Auserwählten, auf ihrem Wege zu Gott und insbesondere auf ihren Himmelfahrten zu leiten, ihnen in den entscheidenden Augenblicken des Erdendaseins das Wahre einzugeben und sie zu beschützen. Dabei geben die Erzengel, wie aus ihren Namen hervorgeht, verschiedene göttliche Eigenschaften kund, so Michael vor allem die Heiligkeit, Gabriel die geistige Kraft, Raphael die Liebe, und Oriel die Erkenntnis; neben ihrem kosmischen Amte aber »preisen sie Gott in Seiner Gegenwart.«

Den vier Erzengeln fügt die Überlieferung noch drei andere hinzu, die je nach den esoterischen oder exoterischen Texten verschiedene Namen tragen, wie *Raguel*, der seine Rache gegen die Gottesfeinde aus der Welt der Himmelslichter zieht, *Sarakiel*, der den Menschen entgegentritt, die gegen die Himmelsgeister sündigen, und *Remeiel*, den Gott über die vom Tode Auferstandenen gesetzt hat; diese drei Erzengel werden auch *Isidkiel*, *Chanael* und *Kepharel* oder *Zadkiel*, *Malchiel* und *Kadmiel* genannt. Jeder der sieben Erzengel wacht über einen Wochentag, so Michael, ihr »Fürst«, über den Sabbat; derselbe befindet sich auch in der heiligen Mitte der sechs von den andern Erzengeln bewachten Richtungen des Raumes.

Das siebenfache kosmische Amt der Erzengel wird durch »Strahlenbrechung« zu demjenigen der siebzig himmlischen Oberhäupter der Erdenvölker gleicher Zahl. Gemäß dem *Targum jeruschalmi* (I/Genes. 11 : 6, 7) hat Gott diese siebzig Engel oder Himmelsfürsten über die siebzig Völker der Erde bestellt, als Er sie beim aufrührerischen Turmbau zu Babel aus der bisher geeinten Menschheit bildete, gleichzeitig mit ihren siebzig Sprachen. Von diesem entscheidenden zyklischen Augenblicke an wird also jedes Volk der Erde von einem großen Himmelsfürsten als von seinem »Geist« und »Fürsprecher« geleitet. Jeder dieser himmlischen Fürsten trägt vor Gott die Verantwortung für sein Volk; deshalb bestraft der Herr – nach dem *Midrasch* (*Schir rabba*, 27 b) – kein Volk, ohne vorerst dessen Himmelsfürst oder Schutzengel »gedemütigt« zu haben; ja, nach *Tanchuma Beschallach* (13) richtet Er kein Volk, ohne zuerst dessen himmlisches Oberhaupt gerichtet zu haben. Gemäß *Pesikta* (176 a) geschieht es, daß solche Engelsfürsten Israel vor Gott anklagen; dann übernimmt dessen Schutzherr, Michael, der höchste Erzengel, seine Verteidigung.

Im Schoße Abrahams

Der fünfte Himmel ist eine Kundgebung der *Sephirah Tiphereth*, der »Schönheit«, »Barmherzigkeit« *(Rachamim)* oder »Liebe« *(Ahabah)* Gottes. Die keimhaften, urgeeinten Daseinsmöglichkeiten *Araboths*, die im sechsten Himmel ihre eigentliche unterschiedliche Erschaffung erlitten haben, erscheinen hier in ihrer vollen himmlischen Entfaltung. Nach ihrer ersten Trennung vereinigen sie sich nun unter dem Einfluß der göttlichen Liebe in wunderbarem Einklang und gegenseitiger Durchdringung wieder: Sie sind gleichsam Myriaden von Wellen eines seligen Meeres, die im Urlicht erstrahlen und zugleich im Urton erklingen, wobei jede Welle, jedes Wesen, das Licht und die Stimme Gottes in einem anders abgestuften »Farb-Ton«, in einem einzigartigen Lobpreis kundgibt. Und alle diese himmlischen Licht- und Tonwellen durchdringen einander, aber nicht wie im siebten Himmel in der reinen Wiederholung des einen Urlichtes und Urtones, sondern, wie gesagt, in der ganzen allweltlichen Abstufung ihrer Eigenschaften. So verwirklicht sich hier die große Harmonie aller himmlischen Farben und Töne, aller Kundgebungen und Bejahungen der göttlichen Eigenschaften; und dieser unermeßliche Einklang mündet hier auch unmittelbar in seinen Ursprung ein: die Wahre Gegenwart des Einen.

Die Menschenseelen preisen hier Gott »dieweil es Tag ist auf Erden«, d. h. in Einung mit den Gebeten, die von unsrer Welt durch die himmlische zum Herrn emporsteigen; und »während der Nacht« oder der irdischen Ruhezeit ruhen sie selber glückselig, aber mit »wachendem Herzen«, im Einen. An ihrer Stelle fahren die Engel des fünften Himmels fort, Gott »bis zum Morgen zu preisen«; und dann überlassen sie Israel wieder die Führung im irdischen und himmlischen Lobe Gottes. Das sagt der Talmud (*Chagigah* 12a) vom fünften Himmel, den er *Ma'on,* »Wohnsitz« nennt: »In *Ma'on* befinden sich die Heerscharen der anbetenden Engel, die nachts Gott preisen, am Tage aber schweigen zu Ehren Israels (das dann lobpreist), wie es heißt (Psalm 42, 9): ›Am Tage gewährt mir *JHWH* seine Gnade (Ihn zu preisen), und des Nachts ist (dafür) Sein Lobgesang mit mir . . .‹«

Nach der Kabbala ist es Abraham, der »zur Rechten des Höchsten Geistes« dem fünften Himmel vorsteht, und diesen Himmel nennt sie *Ahabah,* »Liebe«. Der Erzvater gibt sich dem Werke der Einung dieses Palastes mit dem Geiste Gottes hin »bis beide eins sind«. Die Beziehung zwischen Abraham und dem Urbilde des fünften Himmels, *Tiphereth,* der göttlichen »Schönheit«, ist u. a. in den Worten angedeutet, die er an Sarah * richtete: »Siehe, ich weiß, daß du ein Weib schönen Anblickes bist (*Genesis* 12, 11)«; nicht nur in der Bejahung der Schönheit, sondern auch im Worte: »ich weiß« *(jodati)* verbirgt sich *Tiphereth,* da diese auch *Da'ath,* das »Wissen« Gottes ist. Abraham vertritt auf dieser kosmischen Ebene den Himmelsmenschen: Er steht in der »Mittleren Säule«, die diesen Himmel als »Cherubinisches Schwert« oder als »Blitz« der Gotteserkenntnis durchdringt. Dieses geistige Schwert fährt aus dem Himmel Moses als strenge Kundgebung des allweltlichen Gesetzes herunter; und Abraham verwandelt den Himmelsblitz durch seine allumfassende Liebe in erlösende Strahlen, die bis ans Ende der Schöpfung gehen. Der Erzvater ist von vier *Cherubim* oder Engeln der Erkenntnis umgeben, die aus dem Flammenschwert hervorbrechen und von denselben göttlichen Eigenschaften gefärbt sind, die sich zuerst durch die vier *Chajoth* und dann durch die vier Erzengel offenbart

* Damals hieß Sarah noch Sarai, wie auch der Name des Erzvaters noch Abram war.

haben. Sie kreisen um ihre abrahamische Mitte wie ein Rad mit vier Speichen, wobei die Farbe eines jeden durch die Eigenschaften der drei anderen bereichert wird. Das ist die gegenseitige Durchdringung der »vier Grundfarben«, dank derer im fünften Himmel alle Farben oder Kundgebungen der sephirotischen Eigenschaften in ihrer vollkommenen Harmonie erscheinen. Für die Kabbala sind die »vier Grundfarben«: schwarz, weiß, rot und gelb oder grün, Sinnbilder der vier *Sephiroth* der Mittleren Säule, darin alle anderen göttlichen Eigenschaften zusammengefaßt sind. *Kether*, der unerkennbare Urgrund, die überlichte Finsternis, ist »schwarz«; *Tiphereth*, die »Allwissenheit« Gottes, ist sein »weißes« Urlicht; *Jessod*, die eine Urtat der *Sephiroth*, die alles schafft, offenbart und erlöst, ist »rot«; und *Malchuth*, die kosmische Empfänglichkeit Gottes, erscheint »gelb« – oder »golden« wie die Sonne –, wenn sie das Urlicht in der Schöpfung verbreitet, und »grün« – oder »blau« wie der Himmel –, wenn sie sich als *Awir*, Uräther oder schöpferischer Urstoff kundgibt.

In seinem Kreisen um die Mitte wird das leuchtende, farbige Rad der Cherubim schließlich zu vier »Rädern« *(Ophanim)*, von denen »eines im andern ist«. Die *Ophanim* sind einende, geistige Schwingungen, Engelsmächte, die mit den anderen Wesen dieses Himmels nicht nur in allen Farben leuchten, sondern auch – wie schon erwähnt – in allen Tönen erklingen; und das geschieht dank der allgemeinen gegenseitigen Durchdringung, welche ein Meer von unbeschreiblichen Farbenharmonien und unsäglich schönen Melodien zum Lobe Gottes erzeugt. Unter dem Einfluß des abrahamischen, allliebenden Geistes, der diese gegenseitige selige Durchdringung der kundgegebenen göttlichen Eigenschaften in allen Wesen des fünften Himmels verwirklicht, wird dieser, anfänglich *Beraka*, »Blitz« genannt, zum »Palast der Liebe«, *Ahabah*. Durch die »Bewegung seines Herzens«, die alle höheren und niederen Welten umfaßt, verwandelt Abraham das Flammenschwert des Gesetzes in das große Rad der Liebe, in die allerlösende Schwingung des Einen; deshalb einen sich im fünften Himmel alle Geschöpfe, und einen sie sich zugleich mit dem Einen, gemäß dem Worte des Hohenliedes (7, 13): »Hier schenke ich dir meine Liebe«. Welches aber ist der Verdienst, der die Menschenseele in diesen Palast der Schönheit, der Liebe und der einenden Anbetung führt? Durch welche Tugend wird sie zur Gefährtin des großen »Gottesfreundes« Abraham, der die Macht besitzt, sie im Namen des Allerhöchsten zum Allerhöchsten Selber zu erheben? Das geschieht durch die Buße oder durch den Tod zur Verherrlichung Gottes.

Das Opfer im Tempel des Himmlischen Jerusalems

Die bisher betrachteten kosmischen Ebenen sind die höheren Gebiete des Himmelreiches, wo die schöpferische, offenbarende und erlösende Tat Gottes vorherrscht; und alles, was aus dem Schöpfer heraustritt, schaut Ihn und betet Ihn an in Seinen Uranblicken der Gnade und der Strenge, und vereint sich schließlich mit Ihm in Seiner allumfassenden Schönheit, Barmherzigkeit und Liebe.

All das geschieht auch in den unteren Himmeln, die wir jetzt betrachten werden, von wo aus aber Gott zugleich auf das Verhalten des Erdenmenschen antwortet, der in seiner Vernunft und mit seinem Willen zwischen Gut und Böse, zwischen dem einzig Wahren und Wirklichen und der Eitelkeit des Ichs und der Welt wählen muß; dabei werden viele menschliche Taten mit der Erlaubnis des Höchsten Richters durch die Fürsprache der himmlischen Vermittler gerechtfertigt und verziehen.

Der vierte Himmel ist eine Kundgebung *Nezachs*, des »Sieges« Gottes oder Seiner Allmacht in ihrem gnädigen Anblick. Der Talmud (*Chagigah* 12b) nennt diesen Himmel *Sebul*, »Wohnstätte«, und betrachtet ihn als das Gebiet des himmlischen Jerusalems und seines Tempels; vor dessen Altar steht der Engel Michael, der große Himmelsfürst und bringt das Opfer dar. In *Sebul* befindet sich also das himmlische Gotteshaus, wie geschrieben steht (1. Könige 8, 13): »Ich habe ein Haus gebaut, Dir zur Wohnung *(Sebul)*, einen Sitz, daß Du immerdar hier wohnest.« Dieses himmlische Heiligtum, welches das Vorbild des irdischen ist, hat nach der Kabbala sein eigenes Urbild im siebten Himmel, nämlich in dessen allerheiligsten Mitte, die nichts anderes ist als die rein geistige Welt der Einwohnenden Drei-Einheit, *Schechinah-Metatron-Awir*, die drei »Himmel der Himmel«. Hier übt das »Urlicht« Gottes das Amt des Priesters oder Vermittlers zwischen Ihm und der ganzen Schöpfung aus, dieweil in der von *Metatron* beherrschten Mitte des vierten Himmels der Erzengel Michael als »Hohepriester« oder Vermittler zwischen dem Schöpfer und der Menschheit – oder »Israel« – waltet.

Die Menschwerdung *Metatrons* in *Sebul* ist Isaak, der sich wie der Erzengel in der Mittleren Säule befindet, aber über Michael und dessen Altar steht. Denn Isaak ist das Opfer, das von diesem Altar zum Höchsten emporsteigt, und es ist durch sein Verdienst, daß der Zorn Gottes gestillt und der Erzengel erhört wird. So steht der zweite Erzvater, »der sich zur Linken des Höchsten Geistes befindet«, als Himmelsmensch dem vierten Palast vor, wo *Nezach,* der »Sieg« des Selbstopfers herrscht und die Gerechtigkeit waltet, deren Urteile in die Schöpfung ausgehen. Dabei eint Isaak den Geist des »rechtfertigenden Verdienstes« mit dem Höchsten Geiste, »bis beide eins sind«; der ganze vierte Himmel ist von diesem Geiste erfüllt, weshalb die Kabbala diesen Himmelspalast auch *Sechuth,* »rechtfertigendes Verdienst«, nennt. Das Werk Isaaks besteht also darin, die »Gerechtigkeit, von der alle Urteile ausgehen«, durch sein Verdienst in »Rechtfertigung« und somit die Strenge Gottes in reine Gnade zu verwandeln. Der Erzvater ist von den Seelen derer umgeben, die auf Erden durch die Zerstörung des Tempels oder um des Messias willen gelitten haben; auch umringen ihn die Seelen, deren Erdendasein vom Märtyrertod gekrönt wurde. Der Messias selber führt alle diese Seelen ins himmlische Jerusalem, ins Heiligtum des Himmels Isaaks ein, damit der Erzengel Michael sie gleich Sühnenopfern zum Herrn aufsteigen lasse.

Im vierten Himmelspalast wohnen auch die »zehn großen Meister Israels«, die hier die Ausstrahlung des einzigen und allweltlichen Gotteslichtes schauen, von dem Jesaia gesagt hat (64, 3): ». . . kein Auge hat je einen anderen Gott als Dich geschaut . . .«.

Desgleichen befinden sich hier »siebzig Lichter«, die das Himmlische Gericht bilden und durch zwei weitere, darüberstehende und als »Zeugen« dienende Lichter ergänzt werden; über diesen selber sitzen vier Seraphim — oder Kundgebungen der höchsten vierheitlichen Engelsmächte —, welche die »zweiundsiebzig Lichter« des Himmelsgerichtes oder der »Großen Versammlung von Oben« ausstrahlen. Das höchste Urbild dieser zweiundsiebzig Lichter aber sind die »zweiundsiebzig heiligen Namen« Gottes, oder auch deren Zusammenfassung: sein »zweiundsiebzigbuchstabiger Name«.

Die Einwohnende Klarheit des Einen

Der dritte Himmel ist eine Kundgebung der *Sephirah Hod,* der göttlichen »Majestät«; obwohl er die Allmacht Gottes in ihrem strengen Anblick ausdrückt, ist er in seiner Mitte reine Gnade, erlösendes Licht. Er offenbart, daß Gottes Strenge nichts anderes ist als Seine Gnade, insofern sie alles verneint, was Ihn verneint; die unmittelbaren Kundgebungen seiner göttlichen Mitte sind die *Schechakim,* die »Wolken« der Gnade, während sein Umkreis »von Feuer und Flammen erfüllt« ist. Der Talmud (*Chagigah* 12 b) spricht nur vom gnädigen Anblick dieses Himmels und nennt ihn deshalb *Schechakim*: »*Schechakim* ist der Ort der Mühlsteine, die das Manna für die Gerechten mahlen, wie es heißt (Psalm 27, 23–24): ›Und Er gebot den Wolken *(Schechakim)* droben, und tat auf die Himmelspforten; und ließ Manna auf sie regnen, zu essen, und gab ihnen Himmelsbrot.‹«

Das reine, erlösende Licht, das der Talmud sinnbildlich »Manna« nennt, wird von der Kabbala hier im dritten Himmel, als die große geistige »Klarheit« *(Nogah)* bezeichnet. Das ist das Licht Jakobs oder Israels; es ist von »farbloser« Reinheit: nicht »schwarz«, nicht »weiß«, nicht »rot«, nicht »grün«. Es ist das Licht des unbedingten Einheitsglaubens, Klarheit von der Klarheit des Alleinwirklichen, darin keiner Seiner Anblicke, vom höchsten, »schwarzen« Über-Sein an bis zur »grünen« Natur des Erdendaseins, mehr sichtbar ist. Dieses Licht wird »rein« genannt, weil es »bar ist jeder Verbindung« eines einzelnen Anblicks mit der inneren, unendlichen Wirklichkeit aller Anblicke, – jeder Beigesellung eines »Zweiten« zum »Einen ohne Zweiten«. Jedoch kann dieses Licht hier, auf der erschaffenen Ebene, seine unbedingte Reinheit nur in der göttlichen Himmelsmitte bewahren, ansonsten es die ganze Schöpfung auslöschen würde. Um sich dem Erschaffenen, Vielheitlichen, Eigenschaftlichen kundzugeben, muß das göttliche Wesen Sein reines Licht äußerlich in viele, von Seinen Eigenschaften gefärbten Strahlen brechen. Diese bilden in ihrem Ausgang aus der göttlichen Mitte des dritten

Himmels eine geistige Feuergarbe von zweiundzwanzig verschiedenfarbigen Lichtern: Das sind die »zweiundzwanzig himmlischen Buchstaben« des hebräischen Alphabets, die himmlischen Wirkungskräfte der zweiundzwanzig »Urkanäle« oder Wechselbeziehungen der *Sephiroth,* die alle Verbindungen zwischen den sephirotischen Kundgebungen im Kosmos herstellen. Diese Wechselbeziehungen der *Sephiroth* sowie ihrer kosmischen Kundgebungen sind geheimnisvoll in den zweiundzwanzig Buchstaben der Heiligen Schrift eingezeichnet, die sich unter dem Einflusse ihrer Urbilder verbinden, um Worte, Sätze, Wahrheiten, Gebote und Verbote zu offenbaren, deren geistige Verwirklichung den Menschen zum reinen Lichte des Einen zurückführt. Denn so vielgestaltig auch die heilige Offenbarung in ihren Lehren und Gesetzen ist, strömt sie doch nur aus der ureinfachen Klarheit des Alleinwirklichen aus und mündet auch wieder in diese ein.

Die Furcht vor dem Einen und Einzigen macht aus dem dritten Himmel einen so reinen Spiegel des Allerhöchsten, daß seine geistigen und engelshaften Kundgebungen denen der »Oberfläche des Wassers« gleichen. Das reine, »farblose« Licht des Einen, das hier aus der Mittleren Säule ausstrahlt, ist in Wahrheit dasselbe, das aus dem Throne *Araboths* strömt; oben erzeugt es die vier *Chajoth* oder höchsten Engelswesen – auch *Cherubim* oder *Seraphim* genannt – sowie die vier *Ophanim,* »Räder« oder erste kosmische Schwingungen, und unten, im dritten Himmel, ebenfalls »heilige und mächtige *Chajoth*«, sowie »wasserfarbene *Ophanim*« – d. h. farblose, durchsichtige, geistige Schwingungen –, die nichts anderes sind als Kundgebungen der oberen Engel. Die Gottesfurcht dieser unteren Engel erzeugt unzählig viele andere Engel, die ohne Unterlaß Gott loben, singend Seine Herrlichkeit preisen. Wenn von der Erde her die Gebete im dritten Himmel anlangen, vollzieht sich die Einung all seiner Engel, Geister und Seelen im Bilde dessen, was unaufhörlich mit den Urwellen oder Urwesen auf der »Oberfläche der Wasser« geschieht: Alle Wesen des »dritten Palastes« einen sich im einen Geiste, der sie beherrscht, bis sie völlig eins sind in seinem reinen Lichte, in der Einwohnenden Klarheit des Einen.

Jakob, welcher der eigentliche Erzvater Israels ist, sowohl dem Leibe nach – da alle zwölf Stämme des Volkes aus ihm hervorgegangen sind – als auch im Geiste – da er dem Volke seinen »Namen«, seine mystische Wirklichkeit geschenkt hat –, stellt die vollkommene Menschwerdung dieses reinen und einenden Lichtes dar. Er ist der Himmelsmensch des »dritten Palastes«, umgeben von seinen Söhnen, den zwölf Stammesfürsten und den Seelen derer, die hienieden den zerstörten Tempel beweint oder unter schwerer Krankheit gelitten haben, sowie derer, die schon in früher Jugend hinweggerafft wurden. Der Messias selber steigt in den dritten Himmel herab, um diese Seelen zu trösten, sie mit der Mittleren Säule zu vereinen und nach oben zu führen.

Das Licht des »dritten Palastes« beginnt seine Klarheit erst dann zu verbreiten, wenn von unten her ein schwacher Schimmer zu ihm gelangt. »Es ist des Holzspans Glimmer, der das Feuer des Scheiterhaufens zum Entflammen bringt.« Dieser Glimmer oder Schimmer ist das Gebet der Menschen; wenn dieses nicht zum Himmel steigt, vermag nichts den göttlichen Rechtspruch zu beschwichtigen und die »Meister der Waffen« steigen zur Erde hernieder, um die Schuldigen zu bestrafen. Da gibt sich nicht mehr des »dritten Palastes« gnädige Mitte, sondern dessen strenger Umkreis kund; aus diesem Umkreis fließt der »Feuerfluß« *(Nahar di-Nur)* zur Hölle nieder und fällt auf ihre Insassen, auch straft er die eine Peinigung verdienenden, gefallenen Engel. Vom selben Umkreise aus züchtigen die Vernichtungsengel alle Höllenbewohner; unter diesen Engeln befindet sich *Samael,* der Todesengel: Sie klagen Israel an und verursachen ihm viel Pein, außer wenn es Buße tut. Dann haben die furchtbaren Engel keine Macht über es; denn die Macht der Buße ist so groß, daß »wenn Israel auch nur einen Tag Buße täte, der (Messias) Sohn Davids unverzüglich käme (*Talmud P., Ta'anith* 64 a).«

Alle Schlüssel der Weisheit

Der zweite Himmel ist eine Kundgebung von *Jessod,* der ewigen »Grundlage« des Kosmos, der geistigen und schöpferischen Ausstrahlung der *Sephiroth.* Der Talmud (*Chagigah* 12 b) nennt diesen Himmel *Rakija,* »Himmelsgewölbe«, weil man in ihm allen Abglanz der göttlichen Ausstrahlung aufleuchten sieht, was sinnbildlich so beschrieben wird: »*Rakija* trägt die Sonne und den Mond, die Fix- und Wandelsterne«, wie es heißt *(Genes. 1, 17)*: ›Und Gott setzte sie ans Himmelsgewölbe (Rakija), daß sie die Erde beleuchten‹.« Hier sind also alle Lichter, die von den göttlichen Anblicken durch die Himmel zur Erde strahlen, in einem einzigen Geiste vereinigt, den die Kabbala *Sohar*, »Lichtglanz«, nennt. Alle Schlüssel der Weisheit werden in diesem Himmel aufbewahrt und unter die Propheten und Weisen je nach ihrer geistigen Empfänglichkeit verteilt; und alle zum Höchsten aufsteigenden Menschenseelen empfangen hier ihr Himmelsgewand, dessen Aussehen sich nach dem auf Erden erworbenen Verdienste richtet. Die Prophetengeister und Menschenseelen erscheinen hier selber wie Gestirne am Himmelsgewölbe; die größte und hellste Himmelsleuchte ist der Geist des Messias, der über allen andern steht und sie erleuchtet. Unter den ihn umgebenden Seelen befinden sich diejenigen, die hienieden ihres ewigen Heiles wegen gelitten haben, sowie jene, die Tag für Tag Gott dienten, ohne je ihr Gebet zu unterlassen, und jene, die Seinen Namen mit aller Kraft heiligten; alle diese Seelen steigen im Lichte des Messias zum Höchsten empor. Bei diesem Aufstieg wird jede Seele zu dem den dritten Himmel umgebenden »Feuerfluß« geführt, darin sie gereinigt werden soll. Die Seelen, die sich schon hienieden gereinigt haben oder denen Gott verzeiht, steigen aus diesem Flusse wieder heraus, werden in ihr Himmelsgewand gekleidet und dem Hohepriester Michael übergeben; dann bringt sie der Erzengel im Heiligtum des vierten Himmels gleichsam als Opfer dem »Alten der Tage« dar und läßt sie also zu Ihm emporsteigen. Manchmal aber geht eine Seele ihrer allzugroßen Schuld wegen im Feuerstrom unter; darin wird sie verzehrt und in eine Flamme verwandelt und bleibt darin unter den andern Flammen, vielleicht bis zu jenem fernen Augenblick, wo alles Höllenfeuer ausgelöscht und aufgelöst wird in *Awir*, der »sehr reinen und ungreifbaren Luft«, die der Einzig-Ewige einatmet.

Der höchste Anblick des »zweiten Palastes« ist die Weisheit; und da der Messias nicht nur die vollkommenste Verkörperung der einenden »Gnade« *(Chessed)* ist, die im siebten Himmel herrscht, sondern auch diejenige der göttlichen und vergöttlichenden Weisheit *(Chochmah)*, steht er ebenfalls dem zweiten Himmel vor. Im übrigen geben sich in diesem Himmel alle *Sephiroth* bis zu *Jessod* kund, die sein eigentliches Urbild ist und selber alle sephirotischen Ausstrahlungen in sich vereint. Die erste dieser Ausstrahlungen ist *Chochmah,* die Weisheit, die aus *Kether,* dem Nicht-mehr-Erkennbaren fließt und hier zum »weißen Licht« der Erkenntnis wird, das erlaubt, »in alle Richtungen (der Allwirklichkeit) zu schauen«. Dieser allwissende »weiße Geist« ist – gleich *Chochmah* – mit einem andern verbunden, dessen »Farbe schwarz ist« und von der überlichten Wesenheit aller Erkenntnis – *Kether* – herrührt. Es ist diese Verbindung mit dem »Schwarzen«, Nicht-mehr-Erkennbaren, die das »Weiße«, Erkennende zur wahren Weisheit macht, welche »dunkel«, zutiefst unausdrückbar ist. Diese Weisheit kommt aus dem »Nichts« des Überseins *(Ain)* und strömt ewig dahin zurück, in die reine, höchste, unendliche und unbedingte Wirklichkeit, ohne die alles Wissen nur Torheit ist.

Aus diesem »weißen« und zugleich »schwarzen« Geiste entspringen »Räder« *(Ophanim)* oder geistige Schwingungen sowie seraphische, reinigende und heiligende Kundgebungen. Diese geistigen Bewegungen werden auch von unten, vom Erdenmenschen hervorgerufen. Wenn die Stimme seines Gebetes vernommen wird, beginnen sich die Engel aller himmlischen Gebiete zu regen: Die *Ophanim* oder Schwingungen der unteren Himmel steigen mit dem Menschengebete zu den oberen empor, um sich mit den höheren Engeln und Himmelswesen dem Allerhöchsten Geiste zu nähern. »Und dieser (geistigen) Erhebung entspricht (auf Erden) die Kniebeugung (vor Gott), welche den Augenblick kennzeichnet, wo man sich mit seinem Herrn zu vereinen sucht.«

Saphirenes Licht im Auge des Herzens

Der erste oder unterste Himmel ist eine Kundgebung der *Sephirah Malchuth,* des »Reiches«, in seinen zwei Anblicken der lichten Einwohnung Gottes und des an sich finsteren Urstoffes. Dieser Himmel »entschleiert«, offenbart das Licht *Malchuths,* oder »verschleiert«, verbirgt es durch den Urstoff, je nachdem der eine oder andere der beiden Anblicke in ihm vorherrscht; und das hängt mit der Haltung des Erdenmenschen zusammen, dem gegenüber der unterste Himmel als

Spiegel der Wahrheit wirkt. Der Talmud (*Chagigah* 12b) spielt in sinnbildlicher Weise auf diese zwiefache himmlische Spiegelung – diese Bejahung oder Verneinung – der menschlichen Haltung an, wenn er von der Entschleierung oder Verschleierung des untersten Himmels spricht, den er »Schleier« (*Wilon*, dem lateinischen *velum* ähnlich) nennt: »*Wilon* tut nichts anderes, als sich (wie ein Stoff) am Morgen einzurollen (um gleichsam dem Sonnenlichte Platz zu machen, das die Ausstrahlung *Malchuths* versinnbildlicht) und sich am Abend auszubreiten (um das Licht *Malchuths* oder der *Schechinah* zu verhüllen, wobei hier der »Abend« einerseits die stoffliche Finsternis des Menschen und andrerseits die überlichte Finsternis des Allerhöchsten bedeutet), wie geschrieben steht (*Jesaia* 40, 22): ›Er breitet die Himmel wie einen leichten Stoff aus (der Ihn vor den Geschöpfen verbirgt), und entfaltet sie gleich einem Zelt, um darin zu wohnen (und sich durch Seine Einwohnung den Geschöpfen zu offenbaren).‹«

Auch die Kabbala beschreibt den ersten Himmel in diesen beiden Anblicken, wovon der eine geistig, licht, und der andere stofflich, finster ist. Dabei wird das Sinnbild vom »Einrollen des Stoffes« durch dasjenige seines »Durchsichtigwerdens«, seiner Lichtempfänglichkeit ersetzt. Wenn der Mensch sich innerlich reinigt und seine geistige Empfänglichkeit verwirklicht, klärt sich auch der Himmel für ihn und schenkt ihm sein Licht. Deshalb betrachtet die Kabbala den untersten Himmel, gleich dem Herzen des Menschen, als »Sitz des Glaubens« oder als »Beginn des Mysteriums des Glaubens«. Da, wo dieser Himmel für die Menschen und insbesondere die Propheten klar und durchsichtig wird, schauen sie durch ihn, der im Herzen ruht, die Wahrheit »wie in einem reinen Spiegel«. Diese Schau im Menschen geschieht durch das »Auge des Herzens«; und die in jener himmlischen Klarheit – oder göttlichen Mitte des untersten Himmels – wohnenden Engel sind die »Meister der Augen«. Dieses Himmels Umkreis aber entspricht dem Zustande, wo der Mensch allen Lichtes ermangelt; er ist finster, und die darin wohnenden Engel sind wie Sturmwinde, deren Bewegung man verspürt, die man aber nicht sieht. Sie sind ihres eigenen Daseins unbewußt, denn hier besteht keinerlei Form; sie werden jeden Tag durch unwahrnehmbare Blitze vernichtet und jeden Morgen wieder erneuert.

Die Kabbala bezeichnet diese beiden Anblicke lichter und finsterer Natur als die beiden »Geister« des ersten Himmels. Der eine, *Saphira* genannt, »weil sein Licht demjenigen eines Saphirs gleicht«, ist nichts anderes als die göttliche Ausstrahlung inmitten des »ersten Palastes«; der andere, *Lebanah*, »Mond« genannt, weil er rein empfänglich ist und weil »sein Licht nichts anderes ist als ein Abglanz von *Saphira*«, stellt die gnädige, lichtempfindliche Kundgebung des Urstoffes oder Uräthers in diesem Himmel dar. Dies in einem solchen Maße, daß die meisten Menschen, die das Licht von *Lebanah* schauen — wenn es vom Himmel kommt, sie zu erleuchten —, nicht wissen, daß es in Wirklichkeit das Licht von *Saphira* ist; denn *Lebanah* verhüllt es in seiner Durchsichtigkeit auf unwahrnehmbare Weise. Diese Durchsichtigkeit kann so stark sein, daß sie vom Lichte *Saphiras* völlig aufgesogen wird; und das geschieht, wenn der Mensch im höchsten Maße seinen Stoff gereinigt und seinen Geist auf die einzige Wahrheit angesammelt hat. Dann geht »des Herzens Uräther« ganz und gar in dem ihn erfüllenden Lichte auf, und dieses »entschleiert« sich völlig dem Herzensauge des Menschen: »Er schaut das Licht *Saphiras* in unmittelbarer Weise«, während andere es nur »wie das im Wasser gespiegelte Sonnenlicht sehen«. Der Mensch gelangt zu dieser unmittelbaren Schau des göttlichen Lichtes vor allem durch das Gebet; wenn Gott ihn erhört, »kommt das Licht vom Himmel herab, erfreut sein Herz und führt ihn zur Kontemplation der Mysterien«.

Das Gebet bringt nicht nur Gottes Gnade über den Betenden herab, sondern hat auch eine allweltliche Wirkung. So »ist der Blick des Geistes, der den ersten Palast beherrscht, nach oben, zum zweiten Palast gewandt«, und seine *Ophanim* oder geistigen Schwingungen richten sich auf die *Chajoth* oder großen geistigen Kundgebungen des zweiten Himmels, die dasselbe ihnen gegenüber tun; und alle zusammen harren des Augenblickes, wo das aufsteigende Gebet des Menschen die »Einung aller Paläste« hervorruft. Diese Einung vollzieht sich in der Mittleren Säule, die alle »Paläste« durchdringt und miteinander verbindet, vom alleruntersten, der des ersten Himmels Abbild im irdischen Paradiese ist, bis zum höchsten, der in die »Himmel der Himmel« einmündet. Die Weisen und Gerechten, sowie die wahrhaftig Bekehrten, werden in den »Palast von Unten«, in das irdische Paradies eingeführt, um darin die göttlichen Geheimnisse zu betrachten und sich zum Aufstieg in den ersten Himmelspalast vorzubereiten; hier herrscht der Lieblingssohn Jakobs, Joseph, »der Gerechte«, als Himmelsmensch, weil er die Reinheit und Empfänglichkeit des Urstoffes verkörpert. Von hier aus läßt Gott die Begnadeten, je nach ihrer geistigen Vorbereitung, entweder fortschreitend oder unmittelbar in der Mittleren Säule zum siebten Himmel emporsteigen, wo sich das »Geheimnis der Geheimnisse« aller Himmel befindet und alle kosmischen Stufen in ihrer Ur-Einheit enden.

Alle Geschöpfe auf Erden wie im irdischen oder himmlischen Paradiese, müssen der Mittleren Säule anhaften, die sich im Herzen ihres jeweiligen Daseinszustandes befindet, wenn sie sich mit dem Höchsten Geiste vereinen wollen, der ihrer aller göttliches Wesen ist, wie es heißt (Prediger 3, 19): »Und *ein* Geist belebt sie alle.«

»Es ist das Gebet des Menschen, das die Einung des unteren mit dem oberen Geiste hervorruft, und dadurch die Einung aller Dinge.«

KÖRPERWELT UND KOSMISCHER ABGRUND

Himmel und Erde

Bereschith bara Elohim eth haschamajim we-eth ha-arez. »Im Anfang schuf Gott die Himmel und die Erde.« Dieser erste Satz der Bibel offenbart vor allem die ewigen Urbilder der Schöpfung, nämlich die zehn *Sephiroth.*

Die drei ersten Worte *Bereschith bara Elohim* bedeuten die drei ersten *Sephiroth. Bereschith* heißt: »im Anfang« oder »durch den Anfang«; so liest die Kabbala (vgl. *Sohar*: *Bereschith*, 15 a, b) den Satz folgendermaßen: »*Bereschith,* durch den Anfang (durch *Chochmah,* die erste, ursächliche Ausstrahlung) schuf (d. h. offenbarte ewig) jener Verborgene und Unerkennbare (*Kether,* der im Worte *bara,* ›schuf‹, nicht ausdrücklich genannt wird) *Elohim* (Gott, wörtlich die ›Götter‹: alle unterschiedlichen Anblicke Gottes, vereint in Seiner ›Vernunft‹, *Binah;* und diese offenbarte ihrerseits) die Himmel (die sechs tätigen *Sephiroth* des Weltenbaus) und die Erde (die letzte, empfängliche *Sephirah, Malchuth,* die *Schechinah,* die Einwohnung Gottes).«

Alles, was im Himmel und auf Erden ist, befindet sich ewig in den zehn Uranblicken Gottes. »Alles Vergängliche ist nur ein Gleichnis« des Unvergänglichen, Ewigen, daraus es zuerst in einer einzigen Kristallisierung, in einer gleichzeitigen Urschöpfung hervorging, welche ebenfalls im ersten Satz der Thora verborgen ist. »Im Anfang schuf Gott (gleichzeitig und ungetrennt) die Himmel und die Erde.«

Erst in einer zweiten Urentfaltung werden Himmel und Erde voneinander geschieden und hierarchisch abgestuft. »So spricht *JHWH*: Der Himmel ist Mein Thron, und die Erde Meine Fußbank . . .« Dieser Vers Jesaias (66, 1) zeigt die Abstufung und das Verhältnis zwischen der himmlischen und der irdischen Welt; mehr noch: Er weist auf ihre gemeinsame Bestimmung hin, nämlich der Gegenwart Gottes zu dienen.

Der Gottesthron ist die erste Kristallisierung aller geschöpflichen Möglichkeiten; er faßt sie in ihren geistigen – oder urbildlichen –, feinstofflichen – oder himmlischen – und körperlichen – oder irdischen – Anblicken zusammen. Diese zusammengefaßte Urschöpfung dient der göttlichen Einwohnung als »Thronwagen«; wenn die *Schechinah* darin bis zur untersten Grenze der kosmischen Ausdehnung hinabsteigt, entfaltet sich alles Kreatürliche auf seiner jeweiligen Daseinsebene.

Der »Thron« ist die himmlische Offenbarung der *Schechinah,* und die »Fußbank« ihre irdische Ausstrahlung. Im Himmel offenbart sich der Geist durch den feinen und seelischen Stoff und auf Erden überdies durch die grobe Stoffmasse. So ist die Erdenwelt dreifacher Natur: Sie ist Geist, Seele und Körper. Darauf spielt der *Sohar* (*Wajechi,* 231 a) an, wenn er das Sinnbild der »Fußbank« durch dasjenige des »Grundsteins« ersetzt und sagt, daß dieser »aus Feuer (oder geistigem Licht), Wasser (oder durchsichtigem, feinen Stoff) und Luft (oder Äther, der Quintessenz der irdischen Elemente) besteht.«

Der »Grundstein« ist nichts anderes als die untere Zusammenfassung der Erdenwelt oder der »Fußbank«: Er ist die unterste Offenbarung der höchsten Drei-Einheit. Die körperliche Quintessenz, der Äther, diese »reine und ungreifbare Luft«, dieser unwahrnehmbare, unterschiedslose Urstoff, ist – nach dem Gesetze der »umgekehrten Ähnlichkeit« – das Gleichnis der nicht-mehr-erkennbaren, zweiheitslosen Urwesenheit, *Kether* oder *Ain.* Das »Feuer« oder Licht des Einwohnenden Geistes gibt die Urausstrahlung von *Chochmah* kund; und das »Wasser«, der durchsichtige Stoff des Himmels und der Seele ist eine kosmische Auswirkung der Urempfänglichkeit *Binahs.* Dank dieser Entsprechungen wird der »Grundstein«, der sich im Herzen aller körperlichen Dinge als ihre untere Zusammenfassung verbirgt, für den Menschen zum »Stein der Weisen«: Durch diesen hindurch schaut er die höchsten Mysterien und verwirklicht die göttliche und vergöttlichende Erkenntnis.

Gott stellt in bezug auf die Natur des körperlichen Alls folgende Frage an Hiob (38, 6): »Worauf sind seine Grundlagen errichtet, oder wer hat seinen Eckstein gesetzt?« Der *Sohar* (*Pekude*, 222 a) antwortet darauf *: »Als der Heilige, gesegnet sei Er, die Welt zu schaffen begann, löste Er einen kostbaren Stein vom unteren Teile Seines Thrones los und tauchte ihn in den Abgrund; ein Ende (dieses Steines) blieb in der Tiefe stecken, während das andere aus dem Abgrund hervorragte. Dieser obere Teil (des Steines) bildete den Kern der (körperlichen) Welt, den Punkt, von dem aus die Welt sich entwikkelte – indem sie sich nach rechts und links und nach allen Richtungen hin ausdehnte – und durch den sie unterstützt wird. Dieser Kern, dieser Stein wird *Schethijah* (›Grundlage‹) genannt, denn er ist der (untere) Ausgangspunkt der Welt. Übrigens ist (das Wort) *Schethijah* (in einem gewissen Sinne) aus *schath* (›gegründet‹) und *Jah* (›Gott‹) zusammengesetzt, was bedeutet, daß es der Heilige, gesegnet sei Er, ist, der die Grundlage, den Ausgangspunkt der Welt erschuf, samt allem, was diese enthält **.«

Das körperliche All entfaltet sich also von diesem »Steine« aus, der seine erste Kristallisierung innerhalb derjenigen aller geschöpflichen Möglichkeiten ist, nämlich des »Thrones der Herrlichkeit«. Gott löste diesen Stein vom Throne los und tauchte ihn in den kosmischen Abgrund, worin ein Ende stekken blieb, während das andere daraus hervorragte. Damit lehrt die Überlieferung, daß der Schöpfung untere Möglichkeiten zuerst im finstern Urchaos versunken waren, und daß schließlich deren »Oberteil«, nämlich alles irdisch Formbare, in seiner ersten, zusammengefaßten Form daraus hervorging: als lichter Kern oder Grundstein unserer Welt.

---

* Gott selber antwortet darauf (in *Jesaia* 28,16): »Siehe, Ich habe als Grundlage Zions (der heiligen Mitte der Welt) einen Stein gesetzt, einen bewährten Stein, einen kostbaren Eckstein, der ein fester Grund ist.«

** Dazu erwähnt der *Sohar* auch die Schriftstelle (Psalm 118, 22): »Der Stein, den die Bauleute (oder *Sephiroth* des Weltenbaus) verworfen (d. h. vom Gottesthrone losgelöst und in den Abgrund gesenkt) haben, ist zum Eckstein (zur Grundlage der Welt) geworden.«

Die Kabbala unterscheidet somit in der Erschaffung der Erdenwelt zwei Entwicklungsstufen: die des finstern, formlosen Chaos, und die des formenden *Fiat Lux*. Aber wie wir gesehen haben, ist unsere Welt schon vorher in der Urschöpfung des »Himmels und der Erde« enthalten, in deren zusammengefaßter Urform, dem »Gottesthron«; in ihm sind alle erschaffenen Welten gleichzeitig kundgegeben worden und von ihm hat sich schließlich die unsrige wie ein »Stein« losgelöst. Die Schrift spricht von dieser ersten und gleichzeitigen Erschaffung der Welten ausdrücklich im Verse Jesaias (48,13:)

»Meine Hand hat die Erde gegründet, und Meine Rechte den Himmel ausgespannt; Ich rufe sie, und sie stehen zusammen da.« Wenn nun die Schöpfung von dieser ersten und zusammengefaßten zur zweiten und unterschiedlichen Form übergeht – wenn der »Thron« als »Wagen« bis in den »Abgrund« hinunterfährt, wobei alles Erschaffene einzeln aus ihm hervorgeht –, geschieht ihre Entfaltung nicht auf dieselbe Weise im Himmel und auf Erden, sondern geradezu umgekehrt. Die sechs Himmel gehen augenblicklich – jenseits von Raum und Zeit – aus dem siebten, *Araboth*, der lichten »Oberfläche der Wasser« hervor, während die irdische Körperwelt sich langsam aus dem finsteren, chaotischen »Abgrund« herausschält, um sich in Raum und Zeit auszudehnen und schließlich ihre endgültigen Formen anzunehmen. Diese irdische Entwicklung vollzieht sich in sieben Stufen stofflicher Klärung, die am Ende der siebten zur Ruhe kommen, im *Fiat Lux*. Erst von dieser kosmischen Erleuchtung an kristallisieren sich die irdischen Möglichkeiten in allen ihren Einzelheiten, was in sieben weiteren Stufen, denjenigen der Körperformung, geschieht; und das sind die sieben biblischen Schöpfungstage, an deren siebtem Gott in der Welt und die Welt in Gott ruht – am heiligen Sabbat des Gottförmigen, Gotteinigen Erdenparadieses.

Gemäß der überlieferten Kosmologie beginnt die Klärung der aus dem finstern, chaotischen Abgrund hervorgehenden Stoffmasse durch deren Verwandlung in die vier grobstofflichen Elemente; es handelt sich dabei um eine fortschreitende Erleuchtung, Reinigung und Formung des Stoffes durch den Geist bis zur Formvollendung des Kosmos in der großen Erleuchtung des *Fiat Lux*. Der Allgeist *Metatron*, der in seiner überförmlichen Urform die vier Urwirklichkeiten oder »Buchstaben von *JHWH*«, der Allgegenwart Gottes, in sich vereint, prägt diese als unterschiedliche Urformen in den formlosen Uräther, *Awir kadmon*, ein; und dieser gibt sie im Himmel als die vier *Chajoth*, die vier kosmischen Urwesen oder Urelemente kund, und auf Erden als die vier körperlichen Elemente und Gleichnisse ihrer himmlischen Urbilder. Aber während die letzteren aus *Awir* als leuchtende Kundgebungen des Geistes hervorbrechen, erscheinen ihre Abbilder zuerst als ihre höllischen »Schatten« oder »Widersacher«. Die *Chajoth* oder himmlischen Elemente gehen aus dem Gottesthron als dessen vier strahlende »Füße« oder »Träger« hervor, während die niedrigen, irdischen Elemente der unteren Seite der »Fußbank« oder dem chaotischen, verborgenen Teile des »Grundsteines« entspringen, der das umgekehrte, finstere Abbild des Thrones ist. Diese dunkeln Elemente geben zu Beginn den ersten Anblick der »finsteren Leere« oder kosmischen Empfänglichkeit des Uräthers kund, nämlich die Finsternis, das Nichtempfangen, die Abwesenheit des Geistes.

Der Geist hat die finstern Elemente gleichsam als eine einzige formlose Masse in den Abgrund der Welt gesenkt; aber aus der Tiefe des Abgrunds zieht er sie wieder an sich, indem er in ihnen den zweiten Anblick der »finsteren Leere« oder Empfänglichkeit des Urstoffes verwirklicht: Sie werden »leer« ihrer Unreinheit und »geformt« im Lichte ihrer himmlischen, geistigen Urbilder. Das ist der tiefe Sinn der Fortsetzung der Schöpfungsgeschichte (*Gen.* 1, 2): »Und die Erde (die finstere Urmasse der irdischen Elemente) war (zuerst) formlos *(tohu)* und (dann) leer (*bohu*: formempfänglich). Und (die) Finsternis war (immer noch) auf der Oberfläche des Abgrundes (*Tehom*, der vor der Erleuchtung und Formung der Urmaterie durch den Geist noch *tohu*, chaotisch ist). Und der Wind (oder Geist) Gottes schwebte auf der Oberfläche der Wasser (denn die Oberfläche des finstern Abgrundes oder formlosen *Tohu* ist zur Oberfläche des *Bohu*, der ›Wasser‹ oder formbaren Möglichkeiten geworden: Diese sind aus der Tiefe des unreinen, ›niedrigen‹ Stoffes an dessen ›Oberfläche‹ gestiegen und harren ihrer Läuterung und Gestaltung, welche mit derjenigen der vier körperlichen Elemente beginnt).«

»Als dieser (geistige, formende) Wind wehte (sagt der *Sohar*, *Bereschith* 16 a), schied er aus jenem Niedrigen (jenem chaotischen, unreinen, irdischen Urstoff) ein feineres Element aus (nämlich das eigentliche, reine Element ›Erde‹), wie den Schaum aus einem schmutzigen Metall, wenn es einige Male ausgeschmolzen und geläutert wird, bis ein von Schmutz ganz gereinigtes Element übrig bleibt. Als dieses *Tohu* (diese unreine ›Erde‹) nun ausgeschmolzen und (zur reinen ›Erde‹) geläutert ward ... wurde auch *Bohu* ausgeschmolzen und geläutert (bis das reine Element ›Wasser‹ daraus hervorging, denn wie es im selben Abschnitt des *Sohars* heißt, ›entspringt aus den Steinen [oder formbaren Möglichkeiten] des *Bohu* das Wasser‹) ... Und auch die Finsternis wurde geläutert, und da war in ihrem Geheimnis (das reine Element) Feuer enthalten ... Der Wind (endlich, der aus dem auf der ›Oberfläche der Wasser schwebenden Winde – oder Geiste – Gottes‹ zuerst als chaotischer, materieller Wind hervorbrach, jener ›mächtige Sturmwind, der Berge aufreißt und Felsen zerbricht‹, und den der Prophet Elias – in 1. Könige 19, 11 – schaute) wurde (auch) geläutert, und da war in seinem Geheimnis die ›leise, zarte Stimme‹ (Gottes) enthalten (die sich dem Elias offenbarte und daraus das stille, sanfte Säuseln des reinen Elementes ›Luft‹ hervorgeht).«

So werden die aus dem finstern, undurchsichtigen Anblick des Uräthers hervorbrechenden Elemente durch den Einfluß des Geistes schrittweise geläutert und stufenweise bis zu ihrer äußersten irdischen Durchsichtigkeit erhoben; diese Durchsichtigkeit ist der Luft eigen, welche auf sinnlich fühlbare Weise die übersinnliche Durchsichtigkeit des Äthers kundgibt, darin derselbe Gottes Licht empfängt und ausstrahlt. In der Luft, dem höchsten der vier irdischen Elemente – die aus dem Äther als aus ihrer überirdischen Quintessenz hervorgehen –, erschallt das offenbarende und erleuchtende Wort Gottes. Sobald sich die Luft geläutert aus dem Urchaos erhoben hat, ist die Körperwelt bereit, das große Wort des *Fiat Lux* zu empfangen, die große Erleuchtung, welche alle irdischen Einzelheiten zur Entfaltung und Formvollendung bringt. »Und Gott sprach: Es werde Licht (*Genesis* 1, 3).«

Einheit der Elemente der Himmelsrichtungen und der Metalle

»Und es ward Licht.« Als Gott Sein formendes und zugleich aus den Formen befreiendes, vergeistigendes Wort aussprach, offenbarte sich dieses als das »Licht *(Awr)*, das aus dem Geheimnis des verborgenen Uräthers *(Awir)* sich ausbreitet und hervorbricht«, um die »Welt im Einzelnen zu erschaffen« und die harmonische, räumliche und überräumliche Bewegung der irdischen und himmlischen Welten zu bewirken. Diese Bewegung verwirklicht sich durch die Vermittlung der Engelskräfte, »Räder« *(Ophanium)* und in ihren Spiralumdrehungen »Wirbelwinde« *(Galgalim)* genannt; das sind – wie wir gesehen haben – die schwingenden und kreisenden Kundgebungen der *Chajoth*, die ihrerseits aus dem schaffenden Gotteswort oder *Metatron* hervorgehen. Durch die *Chajoth* – oder Urstrahlen – sowie die *Ophanim* und *Galgalim* – oder Urwirbel – werden alle feinstofflichen und groben, körperlichen Elemente bis an die Grenzen von Himmel und Erde ausgedehnt und zum fortwährenden Kreisen um die »Mittlere Säule«, die göttliche Achse der Schöpfung, gebracht.

Was insbesondere die vier irdischen, grobstofflichen Elemente betrifft, so einen sie sich mit den ihnen entsprechenden vier Himmelsrichtungen, um den räumlichen Körper der Welt wie des Menschen und jeglichen Dinges hienieden zu verwirklichen; und all das in den vom *Fiat Lux* ausgehenden stofflichen Mischungen und Gestaltungen, die ihr Vorbild im Himmel und ihr Urbild in den sephirotischen Anblicken Gottes selber haben. So heißt es im *Sohar* (*Waera* 23b, 24a): »Die vier Himmelsrichtungen wurden mit den vier Elementen der unteren (irdischen) Welt vereint: mit Feuer, Luft, Erde und Wasser. Indem Er (also) die vier Himmelsrichtungen mit den vier Elementen vermengte, schuf der Heilige, gesegnet sei Er, einen Körper von wunderbarer Vollkommenheit (im Bilde der oberen Welten). Es ist offenbar, daß der Menschenleib aus den Elementen der beiden Welten erschaffen wurde, aus denen der unteren (grobstofflichen) und der oberen Welt (aus den feinstofflichen, himmlischen Elementen, denjenigen der vier *Chajoth*, welche die vier geistigen Urwirklichkeiten oder ›Urbuchstaben‹ des Gottesnamens *JHWH* in die Menschenseele einprägen). Rabbi Simon sagt (deshalb): ›Die vier Urelemente (oder *Chajoth*) bergen das (vierfache) Geheimnis des Glaubens; sie sind der Ursprung aller (erschaffenen) Welten und schließen das Mysterium des himmlischen Wagens der Heiligkeit in sich. (Denn wir haben gesehen, daß, wenn bei der Schöpfung der Gottesthron sich zu bewegen beginnt und sich in den Gotteswagen verwandelt, seine vier ›Träger‹, die *Chajoth*, sich als ›Räder‹ oder *Ophanim* kundgeben, wobei ihr ›Schweiß‹ oder ihr feinstofflicher Ausfluß zu den vier Elementen wird, aus denen die Himmel gebildet sind und von denen die irdischen Elemente ihre Eigenschaften haben.) Deswegen haben die vier (irdischen) Elemente, das Feuer, die Luft, die Erde und das Wasser eine tiefe Bedeutung (diejenige ihrer himmlischen Urbilder, welche auf die vier Anblicke *JHWH's* zurückgehen: *J* = *Kether-Chochmah; H* = *Binah; W* = *Chessed-Din-Tiphereth-Nezach-Hod-Jessod; H* = *Malchuth.* Oder auch: *J* = die sephirotische ›Welt der Ausstrahlung‹; *H* = die geistige, rein urbildliche ›Welt der Schöpfung‹; *W* = die himmlische ›Welt der Formung‹; *H* = die irdische ›Welt des Tuns‹). Aus diesen vier Elementen wurden (die vier hauptsächlichen Metalle:) das Gold, das Silber, das Kupfer und das Eisen gebildet, und unterhalb dieser, andere ihnen ähnliche Metalle. Merkt wohl auf! Feuer, Luft, Erde und Wasser sind (in ihrem Urwesen die vier Anblicke *JHWH's,*) die Quellen und Wurzeln aller Dinge von oben und unten: Auf ihnen beruhen alle Dinge. Diese vier Elemente sind (hienieden) in die vier Himmelsrichtungen verteilt (die ihnen entsprechen, weil sie dieselben Urbilder haben): das Feuer im Norden, die Luft im Osten, das Wasser im Süden und die Erde im Westen. So sind die vier Elemente mit den vier Himmelsrichtungen vereint, und alle sind eins. Feuer, Wasser, Luft und Erde; Gold Silber, Kupfer und Eisen; Norden, Süden, Osten und Westen; das macht zusammen zwölf (die Zahl, welche die völlige Entfaltung unserer Welt versinnbildlicht und sich auf der zeitlichen Ebene in den zwölf Tierkreiszeichen ausdrückt) und doch nur eins (die innere Einheit der Körperwelt, die sich im Menschen als Einheit seines geistig-seelischen-leiblichen Wesens offenbart).‹«

Als »das Licht ward«, entfalteten sich alle Formen unserer Welt nach dem Bilde ihrer ewigen Ursachen. Alle Einzelheiten des körperlichen Alls wurden in den »sechs Tagen« oder großen gestaltenden Stufen vollendet, die in den »Sabbat« einmündeten; und dieser »siebte Tag« ward die Zeit der Ruhe und Einheit von Geist und Stoff, Schöpfer und Welt, Gott und Mensch.

Es sind die »sieben *Sephiroth* des Weltenbaus«, die sich durch diese »sieben Tage der Schöpfung« oder Gestaltung der Welt kundgeben; aber sie wirken schon vorher auf unserer kosmischen Ebene in der oben erwähnten, fortschreitenden Läuterung der Elemente. Diese enden im *Fiat Lux*, das einen Zyklus des vollkommenen Gleichgewichts alles Geistigen und Stofflichen eröffnet, wo »Gott sah, daß das Licht gut war« (*Gen*. 1, 4). »Gut« – so sagt der *Sohar* (*Bereschith* 17a) – »bedeutet die Mittlere Säule. ›Gut‹ leuchtet nach oben und unten und nach allen Seiten, im Geheimnis des Namens *JHWH*, der alle Zeiten und Bereiche ergreift. ›Und Gott schied das Licht von der Finsternis‹: Er schlichtete (in der Mittleren Säule) den Streit (oder Gegensatz zwischen Geist und Stoff dank der Empfängnis des Geistes durch den Stoff zum Zweck der Formung des Stoffes durch den Geist ›im Bilde Gottes‹), so daß alles vollkommen war.« Aus dieser grundlegenden kosmischen Vollkommenheit entstand der »erste Tag« des siebenfachen Zyklus der Formung aller Einzelheiten der Welt, wie sie in der Bibel vom soeben erwähnten 4. Vers des 1. Kapitels bis zum 3. Vers des 2. Kapitels zusammenfassend beschrieben werden.

Um aber noch einmal auf die vorausgehenden Urstufen der Elementenklärung zurückzukommen, werden auch sie von der Bibel erwähnt; das 1. Buch Moses bezeichnet sie im 36. Kapitel (Vers 31–39) geheimnisvoll als die »Könige, die im Lande Edom (*ADWM* geschrieben, das unvollkommene, irdische Vorbild von *ADaM*, dem wahren ›König‹ unserer Welt,) regierten, ehe denn ein König über die Kinder Israels herrschte (die hier alle Kinder Adams bedeuten)«. Der Schrift gemäß starben sieben dieser Könige, nicht aber der achte und letzte, Hadar, der auch der einzige unter ihnen war, von dem es heißt, er habe ein Weib gehabt, namens Mehetabeel. Das im *Sohar* enthaltene »Buch des Geheimnisses« *(Siphra di-Zenjuta)* sagt hierüber: »Ehe die Waage bestand (d. h. das kosmische Gleichgewicht, das durch die Einung von Geist und Stoff oder der ›männlichen‹, tätigen, lichten Ursache und der ›weiblichen‹, empfänglichen, dunkeln Ursache hergestellt wird) schaute das Antlitz (des ›Urmannes‹) das Antlitz (des ›Urweibes‹) nicht an (d. h. zwischen Geist und Stoff bestand Zwiespalt und demzufolge auch kosmische Gleichgewichtslosigkeit); deshalb kamen die (sieben) ersten Könige um.« Diese sieben ersten »Könige« sind die sieben Urstufen oder Urwelten der Elementenläuterung, und jede dieser Welten wurde ihres Formmangels wegen zerstört, wie es die andere soharische Schrift *Idra Sutta* (die »Kleine Versammlung«) bestätigt: »... denn die (sieben) Urwelten waren ohne (eigentliche) Formung (oder Formvollendung) erschaffen. Deshalb wurden diese unvollendeten Welten ›fliegende Flammen‹ oder ›Funken‹ genannt ... Sie konnten nicht bestehen bis der Heilige Alte sie (am Ende der siebten Entwicklungsstufe, im *Fiat Lux*) festigte und der (göttliche) Künstler (d. h. das gestaltende Wort Gottes) Seinem Werk eine (endgültige) Form verlieh. Er gab ihm eine männliche und weibliche Form (menschlich zuerst in Adam und Eva, welche die vollkommene Einung von Geist und Stoff verkörperten und deren ›Vorläufer‹ durch Hadar und Mehetabeel versinnbildlicht werden), und dank dieser (männlichen und weiblichen Form) besteht alles (in unserer Welt), sogar die erloschenen Funken (der sieben Urwelten, die durch das *Fiat Lux* wieder zum Aufleuchten und zur Einverleibung in feste Formen gebracht wurden).«

Aus diesen und anderen kabbalistischen Texten geht hervor, daß das besagte »Land Edom« eins war mit der Welt des *Bohu* oder der fortschreitenden Formempfänglichkeit, die sich in sieben Stufen der Elementenläuterung aus dem *Tohu* oder Urchaos herausschälte. Die »Könige von Edom«, »fliegende Flammen« genannt, waren feinstoffliche, seelische Kundgebungen, die vergeblich versuchten, sich in festen, grobstofflichen Formen zu verkörpern, denn der Erdenstoff befand sich noch im Zustande fortwährender Klärung oder Elementarverwandlung. So konnten jene Seelen sich den irdischen Stoff nicht aneignen, ähnlich wie jemand, der essen möchte, dem aber das dargebotene Gericht nicht bekommt; weshalb es heißt, daß die sieben »ersten Könige mangels Nahrung starben«. Nur Hadar und sein Weib – diese Urwesen, welche hienieden erschienen, als die mit der Elementenläuterung zusammenhängende »äußerste Strenge« im *Fiat Lux* ein Ende genommen hatte, vereinten Geist und Stoff in harmonicher Weise, aber noch nicht in endgültiger Form. Sie waren Vorläufer von Adam und Eva, ohne schon die Vollkommenheit des Menschen erreicht zu haben, der die endgültige Gestalt von Geist, Seele und Leib »im Bilde Gottes« darstellt. Aber nichts von den »Formversuchen« der vernichtenden Urwelten ging verloren: Sie auferstanden im *Fiat Lux*, um unter dem formenden Einfluß des göttlichen Geistes in die endgültigen Gestalten des körperlichen Alls – zu deren Verwirklichung sie beigetragen hatten – einverleibt zu werden. Diese Auferstehung der Vorwelten endete mit der Schöpfung des Menschen, der über eine Welt zu herrschen begann, die ihr geistig-stoffliches Gleichgewicht, ihre paradiesische Vollkommenheit, gefunden hatte.

Die sieben Erden

Der paradiesische Erdenzustand, wo Friede und Einung zwischen Geist und Stoff, Schöpfer und Geschöpf herrschten, wird von der Kabbala die »obere Erde« oder *Tebel* genannt. »Unter« dieser befinden sich sechs andere, unvollkommene irdische Zustände oder »Erden«; sie stellen verschiedene bruchstückhafte Anblicke der »oberen Erde« dar, die nach der Sünde Adams unsere Welt geworden ist, in deren verborgener Mitte sich das verlorene Paradies verbirgt. Die Lehre von den sieben Erden ist der jüdischen Exoterik und Esoterik gemein (siehe *Esther R.* 1, 12; *Sepher Jezirah*, 4, 3; *Sohar*: *Sithre Thora*, Anh., Abschn. *Wajechi*). Diese sieben Erden sind nicht mit den sieben Planeten zu verwechseln, nämlich mit *Schabbatai, Zedek, Maadim, Chammah, Nogah, Kochab, Lebanah,* und auch nicht mit verschiedenen Klima-Zuständen der Erde. Sie werden als sieben Gegenden beschrieben, die übereinander liegen und bewohnt sind, was, wie gesagt, nichts anderes bedeutet als sieben, nach ihren Eigenschaften hierarchisch abgestufte Erdenzustände, deren vollkommenster der Urzustand unserer Erde ist. Ihre Namen, *Erez, Adamah, Ge, Neschjiah, Zjiah, Arka* und *Tebel,* findet man in der Heiligen Schrift, welche den einen oder anderen von ihnen benützt, um unsere Welt zu bezeichnen.

Gleich den sieben Himmeln haben die sieben Erden die sieben *Sephiroth* des Weltenbaus zum Urbild; aber ihre Beziehung zu diesen ist nicht einfach und unmittelbar wie diejenige der Himmel. Die letzteren gleichen sieben reinen Spiegeln der Eigenschaften ihres Schöpfers, während die verschiedenen Erden – die unsrige in ihrem Paradieseszustand ausgenommen – mehr oder weniger unreinen und zerbrochenen Spiegelflächen ähneln, die von ihren göttlichen Ursachen nur verworrene, mißgestaltete Bilder geben. Die siebte Erde, *Tebel,* allein ist das ursprünglich vollkommene, ungebrochene Sinnbild aller sieben *Sephiroth* des Weltenbaus; und der darin wohnende Mensch ist grundsätzlich das Ebenbild Gottes in all Seinen zehn sephirotischen Uranblicken, also die höchste Drei-Einheit mitinbegriffen.

Tebel birgt in vollkommener Harmonie alle gebrochenen Möglichkeiten der andern sechs Erdenzustände, deren Dasein mit den sieben Stufen der Urläuterung und »Formsuche« des groben Stoffes zusammenhängt; *Tebel* ist das Enderzeugnis der siebten Stufe, das durch das *Fiat Lux* verwirklichte, vollkommene irdische Gleichgewicht. Dieses wird also durch die sieben *Sephiroth* des Weltenbaus in den ihnen entsprechenden Läuterungsstufen fortschreitend aus dem Urchaos herausgeschält; und das Chaos wird erst dann endgültig überwunden, wenn die letzte *Sephirah Malchuth* als schöpferisches, offenbarendes und erlösendes Wort Gottes in die Welt herabsteigt. Sie weilt als Einwohnende Herrlichkeit des Schöpfers auf Erden, um aus dieser Sein wahres Reich zu machen, nach dem Bilde Seines lichten, seligen Himmelreichs.

Zwischen den sieben Urwelten und den sieben gegenwärtigen, übereinander gestuften Erdenzuständen besteht also ein kosmologisches Verhältnis. Das Reich der »ersten Könige von Edom« ist das Vorbild der unvollendeten Erden, die sich hierarchisch unterhalb der unsrigen befinden, aber alle gegenwärtigen »sieben Erden« – die unsrige mit inbegriffen – bergen die erloschenen und durch das *Fiat Lux* wieder angefachten Funken der Vorwelten. Diese Urwelten sind im Lichte der Menschenwelt auferstanden, deren Gestalt sie mehr oder weniger vollkommen angenommen haben, je nach der ihnen entsprechenden Formempfänglichkeit. Die siebte Vorwelt, die ihrerseits bis zum *Fiat Lux* unvollkommen war, wurde in die Menschenwelt, die siebte und höchste Erde, einverleibt; deshalb birgt die ursprünglich paradiesische Formvollendung unserer Welt die Möglichkeit ihres eigenen inneren Zerfalls, wie es zum ersten Mal im Sturze Adams und daraufhin in gewissen irdischen Entformungen oder Entartungen offenbar wurde, welche die Unvollkommenheiten der »Unterwelten« oder »Untermenschen« kundtun. Diese Unvollkommenheiten können in unserer Welt grundsätzlich überwunden werden, während sie in den sechs unteren »Erden« zu dauernd unvollkommenen Daseinszuständen geworden sind, zu »Überbleibsel« und »Zeugen« jener unzulänglichen Urzustände, die das geistig-stoffliche Gleichgewicht der Welt anstrebten, ohne es je zu erreichen.

Wenn die Kabbala die sechs unteren Erden als sechs unvollkommene Teilhaftigkeiten am menschlichen Zustande darstellt, hebt sie dadurch des letzteren Vollkommenheit hervor; der Urzustand des Menschen ward zum Höhepunkt einer großen Entwicklung vorzeitlicher und gegenwärtiger Daseinszustände. Dabei muß hinzugefügt werden, daß der menschliche Zustand sich nicht nur am Ende aller irdischen Entfaltung, sondern auch der ganzen Kosmogonie befindet: Er ist das »unmittelbare Ziel« der Schöpfung, das zu ihrem »Endziel«, Gott Selber, führen soll. Im Zustande des Menschen wird der »Höchste Mittelpunkt« zur »Unteren Mitte«; hier offenbart sich die Jenseitigkeit Gottes in der ganzen geistigen Fülle Seiner erlösenden Einwohnung. Der Mensch, dieser Letzterschaffene, ist die ausdrücklichste untere Zusammenfassung, das ausgesprochenste Sinnbild der göttlichen Allwirklichkeit. Der gefallene Mensch muß diese seine Sinnbildlichkeit, seine ursprüngliche Gottes-Ebenbildlichkeit wieder verwirklichen. Durch den vollkommenen Menschen herrscht Gott über die ganze Schöpfung, und durch ihn führt Er auch alles Erschaffene in Seine Unendlichkeit zurück.

Gottesverneinung im Abgrund der Welt

Die sieben Erden münden oben ins irdische Paradies ein, das die geistige Mitte unserer Welt oder *Tebels* darstellt. Das irdische Paradies hat selber sieben Stufen, die sich bis zum himmlischen Eden erheben; es sind sieben Zwischenzustände, die unsere grobstoffliche Welt mit dem feinstofflichen Himmelreich verbinden. In der Ausdehnung zwischen Himmel und Erde befinden sich auch die »sieben Höllen« gleich finsteren Umkehrungen oder Schatten der sieben irdischen Paradiese. Diese erheben sich vom reinen, »ewigen Schnee« – dem Uräther –, der den Gipfel des Erdenberges bedeckt, bis zum reinen, beseligenden »Wasser« oder feinen, durchsichtigen, lichtempfindlichen Stoff des Himmels; die sieben Höllen hingegen sind die »Orte der Unreinheit«, der chaotischen »Vermischung« der Himmelswasser mit dem aus dem Urschnee des Äthers hervorgehenden groben Erdenstoff. Diese Vermischung ist dem ungeläuterten Stoff des *Tohu* eigen; sie gehört zur »Finsternis des Abgrunds«, der unteren Grenze des Alls, der äußersten und doch nur trügerischen Verneinung des Unendlichen – das durch nichts wirklich verneint, weil es durch nichts begrenzt werden kann. Der Geist der Finsternis ist *Satan*, der »Widersacher« Gottes und des Menschen, der Feind der Einwohnenden Herrlichkeit, der andere »Untere Punkt« oder »Schwerpunkt« des Kosmos. Er herrscht im »Nest des Unreinen«, jener stofflichen Vermischung, die sich weder zum klaren Himmelswasser geläutert, noch zum festen Erdenkörper kristallisiert hat; er ist das Wesen aller chaotischen, formlosen, dämonischen Elemente, die den Abgrund der Hölle füllen.

Der Abgrund der sieben Höllen oder Zustände des *Tohu* befindet sich unter den sieben Stufen des *Bohu*, denn diese sind die sieben Stufen der Elementenläuterung, die sieben aus dem Chaos hervorgestiegenen Urwelten. Dennoch gibt es in *Tohu*, dem tiefsten Chaos, noch einen letzten, schwachen Abglanz der siebenfachen Ordnung des Alls, ansonsten auch die sieben Höllenstufen nicht bestünden. Hier wird das Erschaffene von der gestaltenden Ausstrahlung des Geistes kaum gestreift, und doch genügend, um bestehen zu können; denn nichts kann da sein, ohne von einem ewigen Urbild, von einem Anblick des göttlichen Seins ausgestrahlt und somit auch vom Geiste berührt zu werden. Selbst die sieben Höllen sind Kundgebungen der sieben schaffenden *Sephiroth*, aber finstere Kundgebungen, Schatten, umgekehrte Bilder ihrer ewig lichten, höchsten Ursachen. Wenn das Chaos keine Umkehrung der göttlichen Ordnung wäre, hätte es gar keine Ursache: Es wäre das reine Nichts, – und dieses gibt es nicht, denn wäre es, so wäre es etwas und wäre nicht nichts.

Die finstere Umkehrung der Gottesordnung schließt die Möglichkeit einer Umkehr aus dem Chaos ein, einer »Umkehrung der Umkehrung«, einer völligen Umwandlung und Rückkehr der sieben Höllen in ihre ersten, sephirotischen Ursachen. Aber bis zu dieser letzten Heimkehr – derjenigen der ganzen Schöpfung – in Gottes Schoß, fährt die Hölle fort, auf ihre Weise zur kosmischen Ordnung, zum göttlichen Weltenplan beizutragen, eine Weise, die verneinend und in ihrer Verneinung bejahend ist: Denn je mehr sie Gott durch ihre Finsternis verneint, desto herrlicher erglänzt darüber das große Sinnbild Seiner Selbst, Sein allweltliches Werk des Heils. Aber wiederum: Woher kommt denn das Böse, der Widersacher, Satan? »Hebet eure Augen in die Höhe — spricht Jesaia – und sehet, wer all das geschaffen hat!« Die »Ursache aller Ursachen« ist die reine, unendliche Wirklichkeit, übervoll von unsäglicher Seligkeit. Nun besteht aber das Glück im Bewußtsein seiner selbst, in der Bejahung seiner selbst. Die Selbstbejahung Gottes ist Sein reines Selbstbewußtsein, Sein reines Selbstsein inmitten Seiner Allwirklichkeit und Alleinwirklichkeit. *Kether*, das Übersein, bejahte Sich als Sein durch *Chochmah*, Seine erste, unendlich lichte Ausstrahlung, und durch *Binah*, Seine unendliche Selbstempfängnis. Diese Seine erste, ontologische Selbstbejahung bejahte sich ihrerseits durch ihre eigene, schöpferische Ausstrahlung, die zu Beginn reine, schrankenlose Gnade, *Chessed*, war. Desgleichen bejahten sich die der Gnade entströmenden Geschöpfe; aber indem sie sich an das Glück ihres Daseins klammerten, vergaßen sie die Bejahung Gottes, die Ursache und den Sinn ihres Daseins. Ihre Selbstbejahung artete schließlich in die Verneinung ihrer eigenen, ewigen Urwesenheit aus, die Gott ist; und Seine Gnade mußte den Anblick der Strenge annehmen, um diese Verneinung zu verneinen. Aus *Chessed* ging *Din* hervor, das »Gericht«, die strenge Beurteilung aller Dinge, welche der geschöpflichen Bejahung eine Grenze setzt; und zwar ist die äußerste Grenze davon der Tod sowie die Hölle. Im Tod und in der Hölle herrscht zugleich der verneinende Geist Satans, wenn auch nicht in derselben Weise und Hinsicht; denn obwohl der Tod die Frucht der willentlichen Verneinung des Unendlichen durch den ersten Menschen bedeutet, ist er zu einer natürlichen, allen »Kindern Adams« gemeinen Verneinung jener ersten Verneinung geworden. Der Tod kann zur unmittelbaren Bejahung Gottes, zum ewigen Leben in Ihm führen, während die Hölle ein endloses Auskosten der sündhaften Verneinung Gottes ist, ein dauerndes jenseitiges Sterben. Aber der Grund des Todes wie der Hölle ist derselbe, nämlich *Jezer hara,* die »böse Strebung« oder Neigung des Menschen, die seit dem Urbeginn in der Selbstbejahung des Erschaffenen verborgen war und dieses immer mehr von seinem unerschaffenen Ursprung entfernte. *»Satan, Jezer hara* und der Todesengel sind ein und dasselbe«, sagt der Talmud *(Baba bathra,* 16 a).

In Wirklichkeit war die schlechte Strebung, die immerzu hinunterzieht, scheidet und begrenzt, von Anfang an in der »guten Strebung«, *Jezer tob,* inbegriffen, die stets nach oben steigt und den Höchsten in allen Dingen bejaht. Das Verhältnis zwischen diesen beiden gegensätzlichen Strebungen gibt dasjenige zwischen Gottes Strenge und Gnade kund, denn wie wir sahen, ist die verneinende Strenge ewig in der bejahenden Gnade als Verneinung der Verneinung enthalten. Gott selber wünscht das Dasein eines beschränkten Kosmos inmitten Seiner Unbeschränktheit; und um das Endliche zu erschaffen, das als solches das Unendliche verneint, macht Er sich selber zu dessen Urbild. Er verneint sich selber durch Seine schöpferische »Selbstbeschränkung« *(Zimzum)* inmitten Seiner unwandelbaren Schrankenlosigkeit; und Satan entspringt dieser Selbstverneinung Gottes, dieser »Strenge« Gottes, welche *Din* ist. Aber Seine Strenge ist in Wahrheit Gnade: *Din* gibt sich in der Schöpfertat zuerst als scheinbare Begrenzung oder Verneinung des Unendlichen kund, um sich schließlich als Verneinung dieser Verneinung, als Bejahung des Alleinwirklichen zu offenbaren. In Gott aber ist diese doppelte Verneinung ewig verwirklicht, denn Seine Selbstbeschränkung zum Endlichen wird durch Seine Unendlichkeit selber verneint. Im kosmischen Trugbild allein wird Gottes Verneinung scheinbar gegenständlich, bis die ewige Verneinung aller Verneinung, die ewige Selbstbejahung des Alleinwirklichen, durch das Trugbild hindurchleuchtet und es in Sein Ebenbild verwandelt – bis das Ebenbild in sein eigenes ewiges Urbild zurückkehrt und das Endliche im Unendlichen aufgeht. Der Mensch wurde mit den »beiden Strebungen« erschaffen, um seine

Gottesverneinung durch seine Gottesbejahung zu verneinen, um das Böse durch das Gute zu besiegen, um allen geschöpflichen Zwiespalt in der Einung mit Gott zu überwinden. Wenn die Menschheit dieses Werk vollbracht hat und sich ihr die Tore der kommenden Welt auftun, dann »läßt – gemäß dem Talmud (*Sukkah*, 52, a) – der Heilige, gesegnet sei Er, *Jezer hara* (die ›böse Strebung‹) vor Sich erscheinen und vernichtet sie . . .«

Bis dahin füllt die Finsternis den Abgrund, und dessen chaotische Elemente steigen zur Erde empor und vollziehen ihre vernichtende Aufgabe jedesmal, wenn der Mensch Gottes Zorn zum Überfließen bringt. Satan fährt fort, sein Amt des versuchenden Geistes und des Todesengels auszuüben, wobei er sich mit gewissen Menschen auch nach ihrem Tode noch beschäftigt. Die Menschenseele, die hienieden *Jezer tob*, die aufsteigende, »gute Strebung« gewählt hat, erhebt sich in ihr zu Gott, während die, die *Jezer hara*, das absteigende »böse Streben« vorzog, in ihm zur Hölle fährt.

Der Sturz der Seele aus unserer göttlich geordneten Welt in einen finsteren Zustand des Abgrundes ist die Folge ihrer Versündigung gegen die Herrschaft des Allheiligen, deren sie hienieden teilhaftig gewesen war. Die Sünde und ihre Nachwirkungen im Jenseits können nur durch die *Teschubah*, die wahre, innere »Umkehr« vor dem Tode, und die verzeihende Antwort von Oben getilgt werden. Durch Seine Offenbarung hat Gott dem Menschen Sein Gesetz gelehrt, damit er es beobachte und sich dadurch bewußt in die Allordnung einfüge; und da die Offenbarung und allweltliche Ordnung Gottes Seine Weisheit und Seine anderen erkennbaren Vollkommenheiten kundtut, ist es dem gesetzestreuen Menschen gegeben, diese erhabenen Eigenschaften in sich selber zu entdecken und in einem gewissen Maße zu verwirklichen; und dank des geistigen Weges und der Gnade Gottes versenkt er sich in Ihn und geht schließlich ganz und gar in Ihm auf. Der mit Vernunft und freiem Willen begabte Mensch ist jedenfalls für sein Verhalten dem göttlichen Willen gegenüber verantwortlich und erfährt nach dem Tode das Urteil des höchsten Richters.

»Wenn der Mensch diese Welt verläßt, muß er sieben Gerichtsurteile erleiden: Das erste bestimmt seinen Tod und scheidet seinen Geist vom Leibe; das zweite wirkt sich aus, wenn seine Werke vor ihm einhergehen und bezeugen, daß er es ist, der sie vollbracht hat; das dritte tut sich kund zur Stunde der Beerdigung; das vierte im Grabe; das fünfte, wenn der Leib von den Würmern gefressen wird; das sechste in der Hölle (die jede Seele ›kosten‹ muß, wenn sie im ›Feuerstrom‹, *Nahar di-Nur*, gereinigt wird, und sei es auch nur während des ›Bruchteils eines Augenblickes‹); und das siebte verwirklicht sich, wenn der Geist (eines schuldigen Menschen) die Welt durchstreift, ohne Ruhe zu finden, bis er den ihm zukommenden (aber unerfüllten) Aufgaben auf Erden gerecht geworden ist (eine Strafe, die die Kabbalisten *Gilgul*, ›Seelenwanderung‹, nennen und die sich auf die Wiedergutmachung schwerer Verfehlungen oder Unterlassungen in diesem Leben bezieht). Deshalb muß der Mensch ständig seine Taten prüfen und vor seinem Herrn Buße tun. Als der König David diese sieben Strafen betrachtete, rief er aus (Psalm 103, 1): ›Meine Seele segne *JHWH*, und alles, was in mir ist, segne Seinen heiligen Namen!‹ Er forderte seine Seele auf, Gott zu preisen, ehe sie diese Welt verließ ... und alle Organe und Glieder des Leibes, Seinen heiligen Namen zu segnen ... bevor der Augenblick kam, wo sie nicht mehr fähig gewesen wäre, zu segnen und Buße zu tun (*Sohar, Wajakel*, 199 b).«

Deshalb wird im »Buch der Himmelspaläste« das Los desjenigen gepriesen, »der sich der bösen Seite und aller davon herrührenden Stufen zu entziehen weiß«, denn der Versuchende Geist birgt verschiedene Stufen oder Anblicke, von denen auch der Talmud spricht. Er ist allzumal »die sich windende Schlange (eins mit *Jezer hara*, der ›bösen Strebung‹); *Satan* (der ›Widersacher‹ Gottes und des Menschen); und der Todesengel (oft *Samael* genannt).« Im übrigen wird der Höllengeist durch die sieben folgenden Namen bezeichnet: *Satan*, Unreiner, Feind, Stein des Anstoßes, Unbeschnittener (was hier »Tierischer« bedeutet), Böser und Schlauer. Diese Namen entsprechen dem siebenfachen Geiste der »sieben Paläste der unreinen Seite«, nämlich der sieben Stufen der Hölle, wo die Peinigung der Schuldigen stattfindet. Gleich der paradiesischen oder »heiligen Seite« besitzt auch der Höllenabgrund »sieben Paläste«, welche nichts anderes sind als die finsteren Umkehrungen oder Schatten der ersteren. Man nennt sie: »Brunnenloch, Abgrund, Grabesstille, Schuld, *Scheol*, Todesschatten und Unterwelt.« Diese sieben Höllenzustände gleichen ebensovielen Gliedern einer Kette, deren Ende sich zum Anfang fügt*. So befindet sich der erste Palast an der oberen Grenze des Satansreiches; »der zweite ist finsterer als der erste«; und »im dritten ist die Finsternis am stärksten«, so daß die Höllenstufen von diesem Tiefpunkt an wieder an die Oberfläche des Abgrundes zu steigen scheinen; immerhin »übertrifft der sechste Palast alle andern an Bösem«, während der siebte die obere Grenze der Hölle erreicht, denn »er hat Fenster, die sich dem Reiche des heiligen Lichtes öffnen«. Das sind die sieben Paläste des Unreinen Geistes, von dem die Überlieferung sagt: »In der kommenden (messianischen) Zeit wird Gott ihn von der Welt verschwinden machen, wie geschrieben steht (*Jesaia* 25, 8): ›Er wird den Tod für immer vernichten; der Herr *JHWH* wird die Tränen von allen Gesichtern wischen . . .‹«

* Die Kreisform der Höllenstufen hat ihr Urbild in derjenigen der Himmel und letzten Endes der *Sephiroth*, »deren Ende den Anfang berührt«. *Malchuth*, die letzte *Sephirah*, ist eins mit *Kether*, dem Allerhöchsten, denn sie ist Seine *Schechinah*, Seine Wahre Gegenwart.

DAS GEHEIMNIS DES MENSCHEN

Vom göttlichen Wesen des Menschen

»Am Anfang, vor der Erschaffung aller Form, war Er, ohne Gestalt und Gleichnis ... Aber als Er die (urbildliche) Form des Himmelsmenschen hervorgebracht hatte, diente sie Ihm als Wagen (für Seine Einwohnung), darin Er (aus Seiner verborgenen Jenseitigkeit) herabstieg, um erkannt zu werden...«

Der *Sohar* (*Bo*, 42b) spricht hier zuerst von Gott, der ewig in Sich ruht, und dann von Gott, der Sich durch das Urbild des Menschen zu erkennen gibt. Gott ruht als »Geheimnis im Geheimnis«, als reines Sein in Seinem Über-Sein, als erste Ursache in der unbedingten Nicht-Ursache, die Er Selber ist. Da hat Er keinerlei Beziehung zu einer Schöpfung, da ist Er eine bestimmungslose Wesenheit, die von außen her nicht erfaßt werden kann. Aber was an Seinem Sein nicht nur reine, in sich versunkene Selbstheit, sondern erste Ursache ist, kehrt sich ewig zur Möglichkeit des geschöpflichen Daseins hin und strahlt die Urbilder aller Dinge in einem einzigen, allumfassenden Urbild aus. Dieses ist – menschlich gesehen – der sephirotische, Gotteinige »Urmensch« *(Adam kadmon)*, dessen unendliche Einheit durch das Prisma der Ewigen Vernunft in eine Zehnheit von göttlichen Uranblicken gebrochen wird, darin alle andern, zahllosen Urformen erscheinen.

Alles Erschaffene ist nur Gleichnis, Abglanz, Widerschein dieser ewigen Urbilder. Alle Kreatur ist Sinnbild ihres ewigen Ursprungs; durch ihre Sinnbildlichkeit hindurch offenbart sich die erste Ursache, und läßt Sie sich erkennen im Maße der Vollkommenheit des Abbildes und dessen, der es anschaut. Das vollkommenste Ebenbild Gottes hienieden und auch Sein – grundsätzlich – vollkommenster Spiegel, ja Sein eigenes »Auge« auf Erden, ist der Mensch, dessen inneres Wesen alle kosmischen Wirklichkeiten samt ihren unerschaffenen Urbildern in sich entfaltet. Ja, unter allen Geschöpfen ist nicht eines, das die Gesamtheit der *Sephiroth* in so ausdrücklicher Weise zusammenfaßte, wie der Mensch; er allein verkörpert offensichtlich, »ausgesprochen«, die »Urform des Alls«, während die anderen Wesen und Dinge es nur teilweise oder »unausgesprochen« tun*. Das Urbild des Alls ist somit dasjenige des Menschen selbst, sein unerschaffenes Sein, der »Höchste Mensch« *(Adam ilaah)*; dieser nimmt samt der ganzen Schöpfung im unteren, erschaffenen Adam Menschengestalt an.

Gott erschuf die Welt und alles in ihr, indem Er den Oberen Menschen anschaute, der nichts anderes ist als die unendliche Einheit der zehn *Sephiroth*. Er schuf alles im Bilde des Menschen, denn Er wollte durch das »Geheimnis des Menschen« verherrlicht werden. Er wollte, daß der Mensch überall, oben und unten, Sein Ausdruck, Seine Offenbarung, Sein Sinnbild sei. Deshalb verlieh Er dem Oberen Menschen die Herrschaft über alle Seine unerschaffenen Ausstrahlungen und dem unteren Menschen – so lange dieser sich in seinem vollkommenen Urzustande befand – die Macht über alle erschaffenen Kundgebungen. Alles, was da ist, strebt danach – und sei es auch unbewußt –, sich in das allweltliche und göttliche Wesen des Menschen, das die tiefste Daseinsstufe mit dem höchsten Selbst aller Dinge verbindet, einzufügen; und die Urformen alles Erschaffenen gehen letzten Endes im Urbild aller Urbilder auf, im Höchsten Menschen, der Gott ist.

---

* Hier könnte eingewandt werden, daß es z. B. unter den Engeln wenigstens einen gibt, der alle ontologischen Anblicke ausdrücklich kundgibt, nämlich der »höchste Engel«, *Metatron*. Nun, wenn *Metatron* diesen Beinamen trägt, weil er ein reiner Geist, nämlich der einwohnende Allgeist selber ist, übersteigt er gerade als solcher das rein Engelhafte. Die Engel sind empfängliche, erschaffene und »getrennte Geister«, während *Metatron*, wie gesagt, der Gotteinige Allgeist ist, der tätige und ordnende Anblick der Einwohnung Gottes, welcher der Menschheit als »Himmelsmensch über dem Throne« erscheint. Er ist also mehr als ein Engel und auch mehr als ein erschaffener Mensch: Er ist an sich die Einwohnung Gottes, die sich im Lichte des menschlichen Urbildes offenbart; wenn er die geschöpfliche Form des Himmelsmenschen oder diejenige des Kosmos annimmt, so geschieht das nur durch seine urstoffliche Hülle hindurch, nämlich durch *Awir*, den Uräther oder Urstoff alles Erschaffenen.

Dabei übersteigt der Gottmensch sogar das höchste Urbild; er ist Gott im urbildlichen, ursächlichen Sein und im unerkennbaren Nicht-Sein. Des Menschen Urwesen ist letzten Endes *Ain*, das »Nichts«, das in Wahrheit die höchste, reine, unbedingte Wirklichkeit ist; und seine Urform, sein Urbild ist *Ehjeh*, das »Sein«, die ewige Selbsterkenntnis, Selbstbejahung und Selbstoffenbarung der höchsten Wirklichkeit. Um auszudrücken, daß es keine Schöpfung gab, so lange Gott ausschließlich in Seinem höchsten Zustand des Überseins ruhte, sagt die Kabbala, daß »der Himmelsquell nicht zur Welt herabströmte, so lange der Mensch in *Ain* verborgen war«. Aber als der Mensch aus dem höchsten »Nichts« hervortrat, nahm er den Anblick der sephirotischen Ausstrahlung an, die aller kosmischen Form und Gestalt vorangeht; und aus diesem »Menschen der Ausstrahlung, der (in seinem ersten Hervortreten aus *Ain*) bar ist allen Bildes und Vergleichs«, entsprang die himmlische Quelle der Wahrheit und des Lebens.

Der ontologische und der kosmische Mensch

An sich ist der Obere Mensch das höchste Selbst, ohne Namen, ohne Anblick, ewig in sich selber verborgen; und in seiner Auswirkung ist er die Sonne der göttlichen Erkenntnis, die alle erkennbaren Lichter in ihrer eigenen Klarheit schaut und alle Dinge aus ihren ungeschiedenen Urfunken erschafft. Und obgleich all die zahllosen Geschöpfe von ihm herrühren, bleibt er der ewig Eine. Er ist — um es noch einmal in Erinnerung zu rufen — die Einheit der *Sephiroth*, im Lichte der geistigen, seelischen und leiblichen Sinnbildlichkeit des Erdenmenschen betrachtet. Sein »verborgenes Gehirn«, von dem man nie und nimmer weiß, was es in sich birgt, ist seine reine Wesenheit, *Kether* oder *Kether eljon*, die »Höchste Krone«, das göttliche Über-Sein. Sein »rechtes Gehirn« ist seine ontologische »Weisheit«, *Chochmah*, in welcher der Eine Sich selber schaut und nichts als Sich selbst. Sein »linkes Gehirn« ist seine ontokosmologische »Vernunft«, *Binah*, die ihm als »Spiegel« für die Schau seiner reinen Einheit und zugleich als »Prisma« für die Schau seiner Einheit in der Vielheit seiner allweltlichen Möglichkeiten dient. Diese drei »Gehirne« des Höchsten

Menschen nennt man auch die »drei Häupter, die nur eines sind«: *Kether-Chochmah-Binah.* Sein »rechter Arm« ist seine schrankenlose Gnade, *Chessed;* sein »linker Arm«, seine Strenge, das Maß aller Dinge: *Din,* das Allgericht. Sein »Herz« oder »Rumpf« ist *Tiphereth,* die höchste »Schönheit«, die unendliche Liebe; es ist die Fülle, die Harmonie und die Einung aller Wirklichkeiten des Einen. Sein »rechter Schenkel« ist der bejahende Anblick seiner Allmacht, *Nezach,* der »Sieg« des Einen; sein »linker Schenkel«, der verneinende Anblick seiner Allmacht, *Hod,* die alle Zweiheit oder Vielheit beherrschende göttliche »Majestät«. Sein »männliches Zeugungsglied« ist seine ewige Tat der Schöpfung, Offenbarung und Erlösung, *Jessod,* die »Grundlage« aller Welten. Seine »Füße« – oder der »weibliche Leib«, den er als Ur-Mann-Weib miteinschließt, – bedeuten seine allweltliche Selbstempfänglichkeit, *Malchuth,* sein »Reich«, das unerschaffene Gefäß aller sephirotischen Ausstrahlungen und der unmittelbare Quell der Schöpfung, sowie die Einwohnung des Einen in ihr.

Diese »Form« des Höchsten Menschen ist somit keine endliche Gestalt, sondern das Wesen und die Einheit der unendlichen Eigenschaften Gottes, insofern daraus alle Lichter und Formen der Schöpfung entspringen, das ganze Werk des Schöpfers, das in der göttlich-geistigen, seelisch-feinstofflichen und irdisch-körperlichen Welt besteht und in den drei entsprechenden Anblicken des Erdenmenschen zusammengefaßt ist. Die überförmlichen Ursachen dieser drei kundgegebenen Welten und menschlichen Anblicke sind in der Tat, wie wir es gesehen haben, im Höchsten Menschen verborgen. So wird sein »dreifaches Haupt«, *Kether-Chochmah-Binah* (Krone-Weisheit-Vernunft), in seinen erkenntnismäßigen Uranblicken — daraus *Da'ath,* die »Allwissenheit« quillt — die höchste »Welt des Geistigen« *(Olam ha-Muskal)* genannt. Seine beiden »Arme« und sein »Herz« oder »Rumpf«, *Chessed-Din-Tiphereth* (Gnade-Strenge-Schönheit) ist die zur Seele alles Erschaffenen hingewandte Drei-Einheit, die göttliche »Welt des Seelischen« *(Olam ha-Murgasch,* wörtlich: die »Welt des Gefühlsmäßigen«). Seine beiden »Schenkel« und sein »männliches Zeugungsglied«, *Nezach-Hod-Jessod* (Sieg-Majestät-Weltengrund) sind der bejahende und verneinende Anblick der Allmacht, die sich durch die ewige Schöpfertat in der Natur und im Urstoff der Dinge kundgibt; es ist die ewige »Welt der Natur« *(Olam ha-Mutba),* die unmittelbar in den allgebärenden Urstoff oder »weiblichen Urleib«, *Malchuth* (das Einwohnende »Reich«) einmündet. So ward der Erdenmensch, wie die ganze Schöpfung, als Ebenbild des Höchsten Menschen erschaffen, der nichts anderes ist als Gott.

Der Höchste Mensch ist das unendliche Urwesen, die ganze göttliche Jenseitigkeit. Der Erdenmensch ist ein endliches Einzelwesen, das als solches – im engeren Sinne – die Körper- und Seelenwelt in sich zusammenfaßt. Zwischen der unendlichen Jenseitigkeit und der Doppelwelt der leiblich-seelischen oder irdischen und himmlischen Einzelwesen befindet sich die rein geistige Welt der göttlichen Einwohnung und im Zusammenhang mit ihr der dritte oder mittlere Anblick des Menschen, der sein Einzelwesen mit seinem Urwesen verbindet. Das ist der Einwohnende Gottmensch, *Metatron,* auch »Himmelsmensch« genannt, weil er zu den drei »Himmeln der Himmel« gehört, nämlich zur dreieinigen Einwohnung *Schechinah-Metatron-Awir,* und sich durch den Uräther hindurch in der Gestalt des »Menschen auf dem Throne« Gottes offenbart. Aber an sich ist er jenseits aller Einzelgestalt; er ist die geistige Allkundgebung des Höchsten Menschen. Nachdem dieser aus dem »Nichts« oder Urgeheimnis als reines »Sein« und ewige »Weisheit« hervorgetreten ist, aus dem alle seine übrigen Vollkommenheiten oder *Sephiroth* ausstrahlen, gibt er seinen ontologischen »Urleib« in der Tat zuerst auf der rein geistigen Ebene der Einwohung als *Metatron* kund. Diese erste Kundgebung, die alle unterschiedliche Form oder Gestalt übersteigt, ist das einwohnende Urbild, die überförmliche Urform der ganzen Schöpfung, die »Kugel, deren Mitte überall und deren Umfang nirgends ist«.

Metatron, der Einwohnende Allmensch, ist die geistige »Welt der Schöpfung« *(Olam ha-Berijah),* erfüllt von der *Schechinah* allein und umhüllt von ihrem ungreifbaren, unfaßlichen Urstoff, *Awir. Metatron* selber ist somit die »Hülle der *Schechinah*«, ihre »Welt«, ihre »Form«, ihr »Maß aller Dinge«, sowie ihre schöpferische, offenbarende und erlösende »Tat«, die ihrerseits nicht geschehen könnte ohne den Urstoff, *Awir,* den unterschiedslosen, allweltlichen Uräther, den unfaßlichen »Umfang« der geistigen Welt. Dieser geheimnisvolle Umfang besteht und ist doch »nirgends« zu finden, d.h. nirgends im irdischen Raum oder in der überirdischen, kosmischen Ausdehnung; er gleicht einem unsichtbaren Firmament, darin *Metatron* sein Urlicht einstrahlt und wo seine »Urfunken« Form und Gestalt annehmen. Diese Funken – oder »Sterne am Firmament« – sind die einwohnenden Urbilder oder geistigen Daseinskeime von allem, was es im Himmel und auf Erden gibt. *Metatron* ist ihr höchstes, gemeinsames, unterschiedsloses Urbild, denn er ist ihre einzige Urausstrahlung aus der *Schechinah*; und *Awir* ist der »Spiegel«, das »Prisma« oder der »Edelstein«, darin dieses eine Urlicht Gottes in Myriaden von Urfunken aufblitzt, als die unermeßliche, blendende Urfülle alles Erschaffbaren.

Der Prophet Ezechiel schaute durch *Awir* hindurch diese Urfülle in der Einwohnung Gottes, die sich als *Metatron* oder Himmelsmensch »über dem Throne«, oberhalb der Schöpfung offenbart. »Und über dem Himmel, der über ihren Häuptern war (über denjenigen der höchsten Engel), gab es etwas, das glich dem Anblick eines saphirenen Steines (der Uräther, *Awir*) in Form eines Thrones (einer Erhebung über alles Erschaffene hinaus), und über diesem Gleichnis (oder Urbild) eines Thrones war ein (anderes) Gleichnis (oder Urbild), wie der Anblick eines Menschen *(Metatron)*, darüber, in der Höhe (in den ›Himmeln der Himmel‹, in der rein geistigen Urwelt der *Schechinah*). Und ich sah: Es war wie ein Lichtquell (*Eïn Chaschmal*, was auch als ›feuriges Auge‹ oder ›feuriger Blick‹ übersetzt werden kann und was das allweltliche oder alldurchdringende Bewußtsein *Metatrons* bedeutet), gleich dem Anblick eines Feuers (oder Urlichtes) darinnen und rund herum (um *Metatron*); vom Anblick seiner Lenden an bis hinauf (zur *Schechinah*, mit der er eins ist und dank ihrer mit dem Allerhöchsten), und vom Anblick seiner Lenden bis hinab (zu *Awir*, dem Urstoff, der ihn umhüllt und zugleich mit der Schöpfung verbindet,) sah ich das Gleichnis eines Feuers und Glanzes um ihn herum. Gleich dem Anblick eines Regenbogens (der die überförmliche Urform *Metatrons* versinnbildlicht), der in den Wolken (im Urstoffe *Awirs*) steht am Tage des Regens (d. h. des offenbarenden Ausflusses der *Schechinah*), so war der Anblick des Glanzes (oder der allweltlichen Ausstrahlung) rings herum (um diese Offenbarung der geistigen Urwelt, deren allgegenwärtige Mitte die *Schechinah*, deren unermeßliche Form *Metatron* und deren ungreifbarer Stoff *Awir* ist). Das war der Anblick *(Awir)* der Form *(Metatron)* der (Einwohnenden) Herrlichkeit (oder *Schechinah*) *JHWH's* (des Allerhöchsten, der die Einheit aller *Sephiroth*, aller Anblicke des Oberen Menschen ist) (*Ezechiel* 1, 26–28).«

Verwandlung des Einzelmenschen in den Allmenschen

Metatron ist Gott in Seiner kosmischen Tat; deshalb nennt ihn die Überlieferung den »kleinen *Jaho*« oder »kleinen *JHWH*«, die allweltliche Kundgebung des großen, höchsten *JHWH*. Er ist auch der »Fürst des Antlitzes« Gottes *(Sar ha-Panim)*, die erste Offenbarung der *Schechinah*. Er ist der vorbildliche »Engel« oder »Gesandte« *(Malach)* Gottes, d. h. Seine ganze geistige Herabkunft, dank welcher alle Seine Ausstrahlungen in der Welt gegenwärtig sind. Er ist der Allvermittler, von dem Gott zu Mose sagte: »Siehe ich sende einen Engel vor dir her, der dich behüte auf dem Wege und dich an den Ort bringe, den Ich bereitet habe. So hüte dich in seiner Gegenwart und gehorche seiner Stimme, und widerstehe ihm nicht; er wird eure Übertretung nicht vergeben, denn Mein Name ist in ihm (*Exodus* 23, 20–21).« Gemäß dem Talmud (*Sanhedrin*, 38 b) war der, der Mose in *Exodus*, 24, 1, befahl, auf dem Berge Sinai zu Gott hinanzusteigen, ebenfalls *Metatron*: »Und er sprach zu Mose: Steige zu *JHWH* hinan . . .« In bezug auf diese vermittelnde Rolle, in welcher *Metatron* die Allmacht Gottes kundgibt, sagt der *Midrasch rabba* (*Numeri* 12): »Als der Heilige, gesegnet sei Er, Israel gebot, das Heiligtum zu bauen, befahl Er auch den dienenden Engeln, eines zu errichten. Dieses ist das Heiligtum des ›starken Mannes‹, *Metatron* genannt; in diesem (himmlischen) Heiligtum bringt er die Seelen der Frommen als Sühnopfer für das in der Zerstreuung lebende Israel dar.«

Metatron, der die überförmliche und rein geistige Urform ist, daraus die Formen aller erschaffenen Dinge entspringen, wird vor allem »Mensch« genannt und erst in zweiter Linie durch andere Beinamen bezeichnet, wie z. B. das »Rad« (*Ophan*, das Urbild aller erschaffenen Welten), der »Engel« oder »Gesandte« Gottes (*Malach*, das Urbild aller himmlischen oder geistigen Wesen) *. Sein Hauptname ist »Mensch«, weil es unter allen Geschöpfen dem Menschen allein gegeben ist, sich geistig in *Metatron* zu verwandeln; denn dieser ist sein eigentliches einwohnendes Urbild, von dem alle anderen kosmischen Urbilder nur besondere »Anblicke« sind. Die Überlieferung bestätigt diese Möglichkeit der geistigen Verwandlung des menschlichen Einzelwesens in den allweltlichen Menschen auf Grund der biblischen Geschichte, wonach Henoch lebendig in den Himmel erhoben wurde; die Kabbala fügt hinzu, daß er in *Metatron* verwandelt worden sei.

Im übrigen geht der *Sohar* näher auf den Grundsatz dieser geistigen Verwandlung in folgenden Stellen ein: »Die Schrift (*Hiob*, 10, 11) sagt von der Erschaffung des (irdischen) Menschen: ›Du hast mich mit Haut und Fleisch bekleidet, mit Knochen und Adern hast Du mich zusammengefügt.‹ — Was also ist der Mensch? Besteht er aus Haut, Fleisch, Knochen und Adern? Nein, es ist die Seele, die wirklich den Menschen ausmacht; Haut, Fleisch, Knochen und Adern bilden nur seine Hülle, sein ›Gewand‹, und sind keineswegs der Mensch als solcher. Wenn der Mensch stirbt, wird er seiner (irdischen) Hülle beraubt (und seine Seele fährt fort, jenseits der leiblichen Ebene zu bestehen) (*Jethro*, 75 b, 76 a).« »Und *JHWH Elohim* nahm den Menschen und setzte ihn in den Garten Eden, daß er ihn bebaue und bewahre (*Genesis* 2, 15).« »Von wo nahm er ihn? Er nahm ihn (d. h. seinen Leib) von den vier (körperlichen) Elementen, auf welche der folgende Schriftvers anspielt (*Genesis* 2, 10): ›... und von da an teilte er sich

---

* *Metatron* wird auch der »Schreiber« Gottes genannt. Er schreibt alle schöpferischen Gedanken Gottes in das »Buch« oder die »Welt der Schöpfung«. Seine »Feder« ist die »Mittlere Säule«, aus der die leuchtende »Tinte« der göttlichen Ausstrahlung fließt: der Urquell der »Tinte« aber ist das »dreifache Gehirn« Gottes, *Kether-Chochmah-Binah*: von hier fließt sie als »Allwissenheit« (*Da'ath*) hinunter, um sich als einwohnende Urfülle in der *Schechinah* anzusammeln und von *Metatron* in das reine und durchsichtige »Pergament« *Awirs* »eingeschrieben«* zu werden. Alles, was war, ist und sein wird, befindet sich als »himmlische Buchstaben« oder geistige Urbilder im göttlichen Buche, in der »Ur-Thora« *Metatrons*, welcher der Meister Moses, wie derjenige »aller Lehrer der *Mischnah*«, der ersten mündlichen Überlieferung, war. Im übrigen wird *Metatron* auch der »Junge Mann«, der ewige »Jüngling« genannt, weil er die erste, unverderbliche und überzeitliche Kundgebung der Einwohnung Gottes ist.

(nämlich *Awir*, der Äther, die unterschiedslose Quintessenz der vier Elemente,) in vier Arme (in eben diese Elemente).‹ Gott erlöste den Menschen von diesen vier Elementen (indem Er sie in dessen Herz zurückfließen ließ, wo ihr Urstoff, der Äther, in seiner Reinheit wohnt und die Seele in einheitlicher, durchsichtiger und endloser Weise umhüllt; und nach ihrer Befreiung von den beschränkten Daseinsbedingungen der vier irdischen Elemente erlöst Gott die Seele schließlich auch von den vier feinstofflichen, ihr himmlisches Einzelwesen bekleidenden Elemente: Auch diese läßt Er in den Uräther oder Urstoff aller Dinge zurückströmen, der im tiefsten Herzensgrunde des Menschen Allgeist umgibt; dann dehnt sich der Seele Einzelwesen endlos aus bis zu seiner Verwandlung in ihr überförmliches Allwesen, das eben dieser Allgeist, *Metatron*, ist) und (Gott) setzte ihn in den Garten Eden (den Garten der ›Himmel der Himmel‹, die rein geistige ›Welt der Schöpfung‹, wo die zu *Metatron* gewordene Seele ganz und gar eins ist mit der *Schechinah*, der Einwohnenden Herrlichkeit Gottes). So tut Gott mit den aus den vier (irdischen und himmlischen) Elementen gebildeten Menschen; wenn die Menschen zu Ihm umkehren und sich (geistig) in die Thora versenken (bis zur Verwirklichung der göttlichen Geheimnisse, die darin verborgen sind), erlöst Er sie von den (irdischen und himmlischen) Elementen, aus denen sie (als Einzelwesen) geformt worden sind *(Sohar, Bereschith*, 27 a).«

Es handelt sich hier also letzten Endes nicht nur um die Befreiung aus den Banden der vier irdischen, sondern auch der vier feinstofflichen, himmlischen Elemente, welche unmittelbar das seelische Einzelwesen des Menschen bekleiden und von außen her beeinflussen, wie das auf mittelbare Weise während des Erdendaseins auch durch die vier körperlichen Elemente geschieht. Das Einzelwesen oder die Einzelseele des Menschen ist als solche selber vielfacher Natur, und gleich den sie umhüllenden Elementen hat sie eine Quintessenz, daraus sich ihre Vierheit entfaltet und darein diese sich wieder zusammenfaltet; es handelt sich aber nicht um eine stoffliche, sondern um eine geistige Quintessenz, die nichts anderes ist als der menschliche Allgeist, *Metatron, der* eins ist mit der Gegenwart des Einen, der *Schechinah*. Diese vier inneren Anblicke, Stufen oder Eigenschaften der Seele sind die folgenden: *Nephesch* (wörtlich: der »Lebenshauch«)

oder die tierische Seele; *Ruach* (wörtlich: die »Luft« oder der »Wind«), die Gedankenseele; *Neschamah* (wörtlich: der »Odem«), die rein geistige oder heilige Seele; *Chajah*, die ewig »lebende Seele«. Diese vier Anblicke der Menschenseele haben also eine gemeinsame, einzige Quintessenz, *Jechidah*, die »Einzige« genannt, gleich der *Schechinah*, mit der sie — als Wirklichkeit *Metatrons* — tatsächlich eins ist. Deswegen entsprechen die vier Anblicke der menschlichen Seele den vier *Chajoth*, den Urwesen oder Urengeln, die nach Ezechiel den Himmelsmenschen umgeben; sie »stehen unter dem Befehl ihres Oberhauptes *(Metatron)*, dessen Name (gemäß seines Zahlenwertes) nach dem Namen des Herrn, *Schaddai* (des ›Allmächtigen‹) genannt wird«. Wenn nun also in der geistigen Verwandlung des Menschen die vier grobstofflichen Elemente von *Awir*, dem allem Irdischen einwohnenden Äther, aufgesogen werden, erfolgt grundsätzlich eine entsprechende, aufsteigende Rückwirkung auf die vier feinstofflichen Elemente, die sich in den Urstoff alles Seelischen oder Himmlischen, *Awir kadmon*, den Uräther, zurückziehen. Demzufolge faltet sich auch die vierfache Seele als solche in ihre ursprüngliche Einheit oder »Einzigkeit«, *Jechidah*, ein, deren Stoff eben dieser Uräther, deren Geist der Urgeist oder Allgeist, *Metatron*, und deren göttliches Wesen die *Schechinah* ist. Deshalb sagt die Kabbala: »Wenn der Mensch das Gesetz beobachtet (und seine Urgeheimnisse geistig verwirklicht) hat, beherrscht er die vier Elemente (in ihren grobstofflichen, feinstofflichen und innerlich-seelischen Anblikken), die sich in einen einzigen Fluß verwandeln (einen einzigen göttlichen Ausfluß, der das wahre, dreieinige Allwesen des Menschen ist, nämlich *Schechinah-Metatron-Awir)*, womit er (fürderhin auch in seinem irdischen Einzelwesen) getränkt wird (im Geiste, in der Seele und im Leibe).«

So befreit Gott den Menschen von den vier irdischen Elementen und ihren himmlischen oder seelischen Urbildern, indem Er das vielfältige Einzelwesen in dessen einzige Mitte einfaltet. Er erlöst es dadurch von der Urtäuschung seiner Ichbezogenheit, vom Ichwahne; denn das menschliche Einzelwesen ist in seiner Mitte, in seinem Herzen, wirklich der Allmensch, dessen Stoff *Awir*, dessen Geist *Metatron* und dessen reines Wesen die *Schechinah*, Gott selber ist. Diese geistige Allwerdung oder Einswerdung zerstört das »zwölffache« Ich des Menschen nicht; denn »diese Zwölf (die vier grobstofflichen und die vier feinstofflichen Elemente sowie die vier Ureigenschaften der Seele) sind (in Wahrheit) Eins«: Sie sind *Jechidah,* das »einzige« Wesen des Menschen, das sich vorübergehend zwölffach enfaltet, um sich schließlich wieder in seine göttliche Einheit einzufalten. Die geistige Einfaltung ins Allwesen schließt somit eine irdische Wiederentfaltung nicht aus, so lange es dem Menschen bestimmt ist, hienieden zu leben — aber fürderhin, wie gesagt, ohne den Ichwahn und mit der göttlichen Allwirklichkeit vereint. Was die geistige Verwandlung des Einzelwesens ins Allwesen anbetrifft, so ist Gott deren erste Ursache und der Mensch die zweite; dieser muß an seiner Heilung und Allwerdung mit dem Allheiligen zusammenarbeiten. Die Regeln dieser geistigen Arbeit sind durch die schriftliche und mündliche Lehre der Offenbarung gegeben und insbesondere durch die Einweihung in deren göttliche Geheimnisse: Der Mensch tue den Willen Gottes, er denke gemäß dem Gedanken Gottes, er versenke sich in das Licht, das Sein Gottes, indem er sein ganzes Einzelwesen in sein Herz einfaltet, wo die *Schechinah* wohnt. Die ganze geistige Arbeit endet in der ständigen inneren Sammlung auf Gott, in der ständigen Anrufung Seines heiligen und erlösenden Namens, in der ständigen inneren Einung mit Ihm, darin der Mensch nicht nur sich selber, sondern geistig alles mit Gott vereint; denn die »Einung im Unteren (Einzelnen) ruft die Einung im Oberen (Allweltlichen) hervor«: Sie trägt geheimnisvoll zur Allerlösung bei.

Die »untere Einung, welche die obere Einung hervorruft«, bedeutet die Einung des Menschen mit der *Schechinah* oder Wahren Gegenwart Gottes, in der alles Untere, alles Erschaffene enthalten ist, und durch welche er, samt der ganzen Schöpfung, mit dem Oberen, dem Allerhöchsten, dem Heiligen, gesegnet sei Er, vereint wird. Es ist immer Seine Wahre Gegenwart, die den Menschen mit Ihm vereint, sei es, daß diese Einung eine Folge der Herabkunft des Göttlichen in den Menschen, der Versenkung des Menschen ins Göttliche oder seiner inneren Erhebung zu Ihm sei. In allen Fällen ist die *Schechinah* die herabsteigende oder im Herzen wohnende Gottheit oder auch der innere »Wagen«, der den Menschen geistig zu Gott erhebt. Für jede Einungsweise besitzt die jüdische Esoterik eine oder mehrere besondere Verwirklichungsmethoden und Gnadenmittel, wie das Gebet, die Anrufung von Gottesnamen, die Betrachtung der *Sephiroth,* die Sammlung des Geistes auf diesen oder jenen göttlichen Anblick, die Besinnung über diese oder jene offenbarte Wahrheit, die Anwendung des heiligen Wissens um die Buchstaben des »himmlischen Alphabets« und so fort; all das in Verbindung mit der Einweihung und stufenweisen Vorbereitung durch den geistigen Meister. Es handelt sich hier zugleich um die »theoretische« und die »praktische« Kabbala, um das ständige »Anhaften« *(Debekuth)* des Kabbalisten an Gott und um die besonderen geistigen »Absichten« *(Kawwanoth)* oder Methoden, die ihn zur »Einung« *(Jichud)* mit dem Einen führen sollen *.

Eine dieser Einungsweisen wird die »Schau des Wagens« Gottes genannt. In seinem »Wagen« *(Merkabah)* fährt Gott in das Herz des Menschen hinab und von diesem – mit dem inneren Wesen des Menschen — wieder in Seine eigene Erhabenheit hinauf. An sich ist dieser »Wagen« die *Schechinah,* die Einwohnende Herrlichkeit Gottes; seine Form ist diejenige *Metatrons,* »in dem der Name Gottes ist«, die vier Urbuchstaben, Urwirklichkeiten oder Urkräfte *JHWH's;* und in seinem Stoffe ist er *Awir,* der Uräther. Dieser »Wagen« ruht im Herzen des Menschen und erhebt seine Seele durch die sieben Himmelspaläste hindurch bis zu den »Himmeln der Himmel«,

---

* Bei dem mit Gott geeinten Kabbalisten kann irgendein äußerer, sinnbildlicher Anlaß die ständige innere Einung nach außen hin aufleuchten lassen. So kann man in den von Martin Buber herausgegebenen »Chassidischen Erzählungen« lesen: »Zu einem Verfasser von Büchern, der ihn über die Kabbala, die geheime Lehre, und über die Kawwanot, die geheimen Intentionen, die auf überirdische Wirkung abzielen, befragte, sprach Rabbi Mosche (von Kobryn, gest. 1858): ›Merke wohl, daß das Wort *Kabbalah* von *kabbel,* annehmen, aufnehmen, und das Wort *kawwanah* von *kawwen,* auf etwas richten oder lenken, stammt. Denn der Endsinn aller Weisheit der Kabbala ist: das Joch des Gotteswillens auf sich nehmen, und der Endsinn aller Kunst der Kawwanot ist: sein Herz auf Gott richten. Wenn einer sagt: ›Der Herr ist mein Gott‹, das heißt: Er ist mein und ich bin Sein – wie geht ihm da nicht die Seele aus dem Leibe?‹ Sowie er dies gesprochen hatte fiel er in eine tiefe Ohnmacht.« Aber die verwirklichte innere Einheit mit Gott braucht sich nicht durch eine solche ekstatische Ohnmacht auszudrücken oder durch andere Formen besonderen geistigen Erlebens; der Gotteinige Mensch erlebt Gott in allen Dingen: In ihm ist der »Eine im Vielen«, weil in ihm das »Viele ins Eine« zurückgekehrt ist.

zur geistigen »Urwelt der Schöpfung« empor, wo er wieder der unbewegliche »Thron« wird, darauf Gottes Gegenwart ruth und Sich offenbart. Nach seiner stufenweisen, siebenfachen Reinigung, Heiligung und Vergeistigung begegnet hier das seelische Einzelwesen seinem eigenen, dreieinigen Allwesen und geht völlig in ihm auf: All sein Stoff wird zum reinen Urstoff, *Awir*, all seine Form zur Allform, *Metatron*, sein ganzes Wesen zur Wahren Gegenwart Gottes, zur *Schechinah*. Die in diese »Schau des Wagens« Eingeweihten nennt man »die, die in den Wagen hinuntersteigen« *(Jorde Merkabah)*, weil er sich in der Tiefe des Herzens befindet, darein sie sich versenken müssen, wenn sie vom »Thronwagen« durch alle sieben Himmel hindurch bis zu ihrer eigenen, unerschaffenen Gotteswirklichkeit getragen werden wollen. Jede Erhebung von einem Himmelspalast zum andern, von einer geistigen Stufe zur andern, verlangt ein entsprechendes Hinuntersteigen ins Herz, eine Versenkung ins Innerste, die Verwirklichung einer innern Vollkommenheit, welche diesem oder jenem »Palast«, dieser oder jener göttlichen Eigenschaft oder *Sephirah* entspricht. In einer der von den Himmelspalästen handelnden Schriften sagt Rabbi Akiba zur Rabbi Ismael (zwei große Meister der Kabbala und *Jorde Merkabah*): »Als ich in den ersten Palast stieg, war ich fromm *(chassid)*, im zweiten Palast war ich rein *(tahor)*, im dritten aufrichtig (oder gerecht: *jaschar*), im vierten in Einung mit Gott (*tamim*: vollkommen, vollendet, makellos), im fünften bewies ich Heiligkeit vor Gott, im sechsten sagte ich die *Keduschah* (das ›Dreimal-Heilig‹) vor Ihm, dessen Wort die Welt geschaffen, – damit die (die Himmelstore) bewachenden Engel mir kein Leid zufügten; im siebten Palast richtete ich mich mit aller Kraft auf und sprach, an allen Gliedern (oder Bestandteilen meines Einzelwesens) zitternd, das folgende Gebet: ›Preis sei Dir, der Du der Allerhöchste bist, Preis sei dem Erhabenen in den Gefilden der Unermeßlichkeit!‹« In diesen unermeßlichen Gefilden geht die preisende Seele auf und wird zum Unendlichen selber.

In der überlieferten Geschichte Israels verwirklichten außer Henoch, Mose und Elias manche anderen Propheten oder Heilige, sei es in ihrem vergeistigten Leibe, sei es in ihrer Seele – während der Leib wie leblos auf Erden blieb – diese »Himmelfahrt«, die in der Einung des Menschen mit Gott endet.

Da wo die menschliche Seele als Allwesen eins ist mit der dreifaltigen Einwohnung Gottes, *Schechinah-Metatron-Awir*, ruht sie jenseits ihres Einzelwesens und aller erschaffenen Himmel in der rein geistigen, urbildlichen »Welt der Schöpfung«. Sie ist Gottes Licht selber, das jene schrankenlose Welt erfüllt, jene »Urkugel, deren Mitte überall und deren Umfang nirgends ist«, gemäß dem Worte der Schrift (Sprüche 20, 27): »Die Seele des Menschen ist Licht von *JHWH*.« Die Seele, die sich in ihrem Abstieg in den Erdenleib von ihrer Allform entfernt und sich in das Einzelwesen des Menschen verwandelt hat, bleibt durch ihren eigenen geistigen »Strahl« mit ihrem göttlichen Allwesen verbunden. Dieser »Strahl« ist ihre »Mittlere Säule«, ihre innere Achse, ihr reiner, unverderblicher, göttlicher »Odem«, die *Neschamah*, die zwischen des Menschen tierischem und gedanklichem Einzelwesen *(Nephesch-Ruach)* und seinem ewiglebenden, einzigen Allwesen *(Chajah-Jechidah)* vermittelt. Durch diesen »Urstrahl« oder »Urodem« lenkt des Menschen Allwesen, *Metatron*, sein Einzelwesen, wobei er ihm seinen vom Allerhöchsten gewährten Teil freien Willens läßt; denn der Mensch muß willentlich und wissentlich, im Lichte seines inneren Urstrahles, zu seinem Allwesen zurückkehren, das eins ist mit Gott.

Das menschliche Allwesen ist als »Himmelsmensch« oder *Metatron* eins mit der ganzen Einwohnung Gottes, und als »Höchster Mensch« *(Adam ilaah)* oder »Urmensch« *(Adam kadmon)* eins mit der ganzen göttlichen Jenseitigkeit. Aber auch das menschliche Einzelwesen war als »erster Mensch« *(Adam ha-rischon)* eins mit Gott: Sein Geist war mit dem Allerhöchsten verbunden, seine Seele vom Allgegenwärtigen erfüllt, sein Leib vom Urstoff durchdrungen und vom Urlicht verklärt. Doch während der Höchste Mensch und seine rein geistige Allkundgebung, *Metatron*, die unwandelbaren, unverderblichen Stufen des menschlichen Wesens sind, birgt der Erdenmensch die Möglichkeit der Wandlung und Verderbnis in sich; er stellt als solcher schon eine rein »äußerliche« Abwandlung des Allwesens ins Einzelwesen dar, welch letzteres aber solange der Unwandelbarkeit und Unverderblichkeit teilhaftig ist, als es mit seinen inneren, allweltlichen Stufen, *Metatron* und *Adam kadmon*, d. h. mit Gott Selber vereint bleibt. Wenn jedoch des Erdenmenschen Geist sich vom Allerhöchsten abwendet und seine Seele sich vom Allgegenwärtigen loslöst, verwandelt er sich in einen »Ersatz« seiner selbst, in den »gefallenen Menschen«, der dem Verderben, dem Tode, ausgeliefert ist. Die innere Entfernung von Gott ist die Ursünde, darin der Mensch sich selber seiner Einung mit dem Einen beraubte und dadurch dem Zweiheitlichen, Vielen, Endlichen als solchem anheimfiel: Er erlitt fürderhin die allem Erschaffenen auferlegten Daseinsschranken, die sich auf Erden vor allem in Zeit und Raum, sowie in dem zusammengesetzten und sich zersetzenden Stoffe ausdrücken.

Vom Höchsten Menschen sagt der *Sohar* (*Terumah*, 144 b): »Der Heilige und Höchste Mensch herrscht über alles (alle Welten, von der sephirotischen bis zur irdischen Welt) und gibt allen Wesen (geistige und stoffliche) Nahrung und das (ewige) Leben (sei es auch durch vergängliche Daseinsformen hindurch).« Vom Einwohnenden Allmenschen – oder *Metatron* – sagt er (*Mischpatim*, 105 a): »Der Heilige, gesegnet sei Er, hat einen Sohn (eine geistige, allweltliche Kundgebung und Personifizierung), dessen Herrlichkeit das All von einem Ende zum andern erleuchtet; er ist ein großer, mächtiger Baum, dessen Wipfel den (höchsten aller) Himmel berührt (nämlich die *Schechinah*) und dessen Wurzeln in der Heiligen Erde festsitzen (nämlich im heiligen, reinen Urstoff, *Awir*).« Und schließlich spricht der *Sohar* in *Bereschith*, 34 b, von der Erschaffung des Erdenmenschen, wo die vier »Himmelsrichtungen« zueinander sagen – nämlich die vier Urwirklichkeiten *JHWH's*, die sich in den vier Buchstaben seines Namens יהוה ausdrücken, welche ihrerseits, senkrecht geschrieben, das Bild des Menschen formen:

י
ה
ו
ה

»Laßt uns einen Menschen in unserem Bild und Gleichnis machen, daß er wie wir alle vier (Himmels-)Richtungen des Raumes sowie die Richtung nach oben und nach unten umfasse.« Das will besagen, daß der Mensch im Grunde eins ist mit den vier Urwirklichkeiten *JHWH's*, welche die zehn *Sephiroth* zusammenfassen und welche sich in den vier Welten entfalten, worin das menschliche Allwesen gleichsam auf- und absteigt. Das offenbart auch der Name *ADaM*, dessen Zahlenwert – 45 – derselbe ist wie der des Namens *JHWH*, wenn jeder Buchstabe davon voll ausgeschrieben wird: *JVD HA WAW HA*. Deshalb sagt der *Sohar (ibid.)*: »Der göttliche Name *ADaM* umfaßt alles, was oben und unten ist, dank seiner drei Buchstaben *Aleph, Daleth* und Schluß-*Mem*«. *A*, der Anfangsbuchstabe von *AeCHaD*, »Eins«, hat den Zahlenwert »eins« und versinnbildlicht die höchste, sephirotische Einheit oder *Adam kadmon*, den höchsten Menschen. *D*, der Anfangsbuchstabe von *Deleth*, die »Tür«, und *Derech*, der »Weg«, ist das Sinnbild des allweltlichen Vermittlers, der Urbildlichen Einwohnung Gottes, der Geisteswelt oder *Metatrons*. Das »Schluß-*Mem*« ist eines der Sinnbilder von *Malchuth* als »Gottesreich« des Himmels und der Erde, als *Schechinah* der erschaffenen Doppelwelt aller Einzelwesen, deren »König« der »untere« oder »erste Mensch«, *Adam ha-rischon* – der »Gemahl der Schechinah« – ist. Das Urgeheimnis Adams besteht in der Einheit dieser drei allumfassenden Stufen seines Namens, in der Ureinheit seiner allweltlichen Person, die zugleich göttlich, geistig und himmlisch-irdisch oder seelisch-leiblich ist. Der Paradieseszustand des ersten Menschen kennzeichnet sich durch seinen vollen Besitz des ununterbrochenen Bewußtseins, das diese drei grundlegenden Stufen seines allweltlichen Wesens miteinander verbindet. In diesem Urzustande befindet sich also der menschliche Mikrokosmos in ständiger erkenntnismäßiger Einung mit dem Makrokosmos und dem Metakosmos. Da ist der Mensch noch das zentrale Wesen der Schöpfung, um das herum alle andern Wesen des Himmels und der Erde gemäß ihrer Rangordnung kreisen; da ist er noch die ganze Schöpfung selber, in ihrer stofflichen Quintessenz, in ihrem geistigen Urbild und in ihrem unerschaffenen, unendlichen Ursprung.

Der paradiesische Adam

Am Anfang war der Mensch das ganze All und dessen Ursprung selber. Er war in seiner höchsten Wirklichkeit, in seinem Über-Sein, die überlichte Finsternis, und in seiner ersten Selbstbejahung, in seinem reinen, göttlichen, ursächlichen Sein, das Urlicht, die Ursonne, daraus Funken sprühten und zu beseligenden, vergöttlichenden Strahlen wurden. In seiner ersten Herabkunft befand sich der Mensch noch jenseits aller Vielheit, aller Formen und Einzelwesen; er stieg aus dem reinen Sein ins Gebiet des zu erschaffenden Daseins herab, und barg dieses Dasein noch in sich selber: Er enthielt alle Dinge als geistige Urbilder, die sich noch nicht unterschiedlich kundgaben, sondern ein einziges Licht waren, ähnlich den unzähligen, unterschiedslosen Sonnenfunken und -strahlen, die an einem wolkenlosen Tage vom Himmel niederfluten. Er war eine einzige, allgegenwärtige Mitte, darin sich *Awir* verbarg, die» reine und ungreifbare Luft«, der Uräther, ehe aus dessen Stoff die Schöpfung geboren wurde. *Awir,* die mütterliche Ursubstanz war schwanger mit der geistigen Schöpfung, dem Urbild alles Erschaffbaren, dem Allmenschen; sie bildete mit ihm, der die überförmliche Allform ist, und mit der *Schechinah,* welche unterschiedslos aller Dinge Daseinskeime als ihre eigenen, kosmischen Möglichkeiten enthält, die urbildliche »Welt der Schöpfung«, die »Kugel, deren Mitte überall und deren Umfang nirgends ist«. Erst als der Mensch aus dieser geistigen Urwelt heraustrat, gab er sich als himmlisches Einzelwesen kund und mit ihm alle Geschöpfe in ihrer himmlischen Urgestalt; und als ein Teil von ihnen, dem es bestimmt war, sich hienieden zu verkörpern, die aus dem Urchaos herausgetretene Körperwelt angefüllt hatte, ward auch der himmlische Mensch in seinen Leib gehüllt und erschien inmitten aller irdischen Geschöpfe als ihr König, als Stellvertreter Gottes auf Erden.

Die Erde war noch ein Paradies, und der Mensch war in diesem Urzustand das allersichtbarste Wesen, dessen Licht von einem Ende der Welt bis zum andern leuchtete; zugleich war er auch der Allerverborgenste, denn sein Licht war mit den überirdischen Welten verbunden und reichte bis zur Schwelle der überlichten Finsternis, des Über-Seins oder Urgeheimnisses des göttlichen »Nichts«. Die äußere Form seines paradiesischen Urleibes, dieses vollkommene Ebenbild des »aus dem höchsten Nichts herabsteigenden *JHWH's*«, übertraf an Schönheit alle andern Geschöpfe, während sein leiblicher Stoff, die erste, reinste, paradiesische Kundgebung des Äthers, vom Urlicht erfüllt und verklärt war und in seiner geheimen Ausdehnung die ganze irdische Urwelt erfüllte und ernährte. Diese innere Ausdehnung seines Ätherleibes entsprach hienieden derjenigen seiner himmlischen, feinstofflichen Gestalt, die so groß werden konnte wie alle Himmel zusammen: Er verband diese als ihre gemeinsame geistige Achse, ihre »Mittlere Säule«, um die herum jede Himmelswelt wie ein Teil seiner selbst in überräumlicher Urbewegung kreiste. Alle himmlischen und irdischen Geschöpfe waren seine eigenen Anblicke, die sich veräußerlicht hatten und zu getrennten »Mit-Möglichkeiten« seiner selbst geworden waren. Aber trotz dieser ersten Veräußerlichung und Trennung waren Himmel und Erde noch voller Gnade; alles war ein einziges himmlisch-irdisches Paradies mit zahllosen Stufen der Glückseligkeit, welche die verschiedenen Wesen je nach ihrer Natur zu ihren Daseinsebenen gewählt hatten. Alles war erleuchtet von der allweltlichen Ausstrahlung des Einwohnenden Menschen, und die geistigen Schwingungen seiner grenzenlosen Liebe einten alle Geschöpfe untereinander und mit ihren göttlichen Urbildern. So war das ganze Dasein nicht nur auf seiner rein geistigen Ebene, sondern auch auf allen Stufen der himmlischen und irdischen Welt völlig erfüllt und überströmt von der sich offenbarenden Gegenwart Gottes; und der Vermittler dieser Gegenwart war der Mensch vor seinem Falle. Der Mensch und alle Geschöpfe, die ihn umgaben und die er in seinem Allwesen geistig, urförmlich und urstofflich zusammenfaßte, befanden sich in ihrer unbefleckten Reinheit, in ihrer vollkommenen Übereinstimmung mit Gott; sie waren heilig in Seiner Allheiligkeit.

Solange das Getrennte dem Einen nicht widersprach, sondern in Übereinstimmung mit Ihm Seinen Willen tat, bildete der ganze Kosmos in seinen zahllosen Einzelheiten ein einziges, seliges Gottesreich. Hier gefiel es dem Einen, Sich im Vielen zu entfalten, es mit Seinem Licht und Seiner Schönheit zu verklären und mit Seiner Liebe zu beglücken bis zur höchsten, geistigen Ekstase, darin Er es in Ihn eingehen und in Ihm ruhen ließ. Der Eine war im Vielen und das Viele im Einen, und die Trennung von Ihm diente nur zur Einung mit Ihm. Die von der ordnenden Strenge des Schöpfers kundgegebene finstere Leere des Kosmos war nichts als ein gewaltiges Urgefäß, welches das Meer der vergöttlichenden Gnade empfing. Der Unterschied zwischen Trennung und Einung, Leere und Fülle, Finsternis und Licht, Strenge und Gnade, Welt und Gott, war von vornherein vom einenden Ausfluß des allweltlichen Urquells wie weggeschwemmt. Die einschränkenden Bedingungen des Daseins, wie wir sie in ihren zweiheitlichen, trennenden Auswirkungen als Übel, Leiden und Tod kennen, konnten sich noch nicht kundtun. »Denn Gott hat (am Anfang) nicht den Tod gemacht; Er freut sich nicht am Verderben der Lebendigen. Er hat alles zum Leben (in Ihm) erschaffen; die Geschöpfe der Welt sind (in ihrem Urwesen) voller Heil, sie bergen (an sich) keinen Grundsatz der Zerstörung (sondern bloß der Verwandlung aus ihrem Allwesen in ihr Einzelwesen und umgekehrt), und der Tod hat (in diesem Urzustand) keine Macht über die Erde... Denn Gott hat den Menschen zur Unsterblichkeit erschaffen (zum Leben in Ihm und zur völligen geistigen Verwandlung in Ihn), und hat ihn (deshalb) im Bilde Seiner eigenen Natur gemacht. Durch den Neid des Teufels (*Satans*, des ›Widersachers‹, der sich dem einenden Wunderwerke Gottes widersetzt), ist der Tod in die Welt gekommen; die ihm angehören, werden es erfahren (*Buch der Weisheit*, 1, 13–14; 2, 23–24).«

Solange also das Erschaffene nicht der Einung mit dem Unerschaffenen widerstrebte, trat auch die der geschöpflichen Trennung eigene Strenge nicht der allgegenwärtigen Gnade entgegen, sondern blieb in deren Licht wie ein unsichtbarer, finsterer Keim verborgen. Aber der Widersacher kam und verführte den Menschen und ließ ihn die Ursünde begehen: das Verlassen der ununterbrochenen Einung mit Gott im »Essen der verbotenen Frucht«, d. h. in der Bejahung und Aneignung des zweiheitlichen Erkennens und des vielheitlichen Daseins als solchem. Es handelt sich nicht um die Bejahung des Einen im Vielen und des Vielen im Einen, sondern um die Selbstbejahung des Vielen, darin der Eine mehr oder weniger verneint wird. Diese Urverneinung des Einen löste alle verneinenden, widersprüchlichen Gewalten des Kosmos los; die Strenge Gottes trat aus Seiner Gnade heraus und begann von dieser verschieden, ja umgekehrt zu wirken, um die Ihm gegenüber kundgegebene Verneinung zu verneinen. So hatte der Mensch als allweltlicher Vermittler die Umkehrung der irdischen Urordnung hervorgerufen. Was bis dahin trotz aller Vielheit eins gewesen war, fiel der Urtrennung zum Opfer. Was bis zu Gott erhoben worden war, wurde den aus dem reinen Urstoff ausgeschiedenen, groben Elementen ausgeliefert. Das bisher offenbare Urlicht verbarg sich, und die verborgene Urfinsternis tat sich kund. Das Paradies zog sich in sein Innerstes zurück, und die vorher in seinem Innersten versteckte Möglichkeit seines eigenen irdischen Ersatzes trat als »Erkenntnis des Guten und Bösen«, als der unselige Erdenzustand des gefallenen Menschen hervor. Dem ursprünglichen Dasein der Gnade folgte unser von der Strenge beherrschtes Leben; der Segen der Welt verwandelte sich in Fluch: »Verflucht sei die Erde deinetwegen« (*Genesis* 3, 17). Der unmittelbare Zugang zum »Baum des Lebens« — zum vergöttlichenden Geist Gottes –, von dem der Mensch und alle Geschöpfe nach Belieben essen konnten, ward ihnen versperrt durch die »Cherubim, die ein Flammenschwert schwangen, um den Weg zum Baum des Lebens zu bewahren« (*Genesis* 3, 24). »Nun strecke er nicht seine Hände aus, um (außer vom Baum der Erkenntnis des Guten und Bösen) auch noch vom Baum des Lebens zu nehmen, zu essen und ewig zu leben« (*ibid.* 22). Als der Mensch vom Vielfachen, Zusammengesetzten und Sich-Zersetzenden, Vergänglichen als solchem kostete, stürzte er sich ins Verderben und zog alles Irdische mit sich in das Leiden und in den Tod. »Denn am Tag, wo du davon issest, wirst du des Todes sterben« (*Genesis* 2, 17); an diesem Tage trat der leiblich-seelische Tod an die Stelle der paradiesischen, geistigen Verwandlung des Menschen in Gott. Anstatt dem Wort des Einen zu folgen, hörte der Mensch auf das des Widersachers; er gab seine innere Einung auf und spaltete sich in sich selber, entzweite sich mit seinem eigenen göttlichen »Selbst«. Sein allweltliches Wesen, dieser menschgewordene Lebensbaum, der alles mit dem Höchsten vereinte, wurde zum Baum des trennenden Erkennens und Daseins, wo jeder Zweig vom andern durch eine finstere Leere geschieden ist; er wurde zur Mittelachse zahlloser Waagerechten oder Daseinsebenen, wovon eine jede von der andern durch einen Tod getrennt ist. Der irdische Adam war nicht mehr der Allmensch, der in einem einzigen Bewußtsein die göttlich-geistigen, himmlisch-seelischen und irdisch-leiblichen Wirklichkeiten zusammenfassend vereinte. Als er sich vom Baum der Erkenntnis des Guten und Bösen zu nähren begann, als er dieser Baum selber wurde, da ward ihm sein eigenes ununterbrochenes Bewußtsein, das alles Seiende durchdrungen und umfaßt hatte, verhüllt und durch ein gebrochenes Bewußtsein ersetzt; der göttlich-geistige Bewußtseinsinhalt bestand zwar immer noch, aber verdeckt durch denjenigen des seelisch-leiblichen Einzelwesens, durch das unterschiedliche, bruchstückhafte Bewußtsein, das von seiner oberen Wurzel wie getrennt und fürderhin auf die rein irdische Erkenntnis herabgemindert war. Mit andern Worten: Das in der schrankenlosen Schau des Einen verankerte Erkennen des paradiesischen Allmenschen schrumpfte zu der nach Gedankenschlüssen ringenden, vernunftmäßigen Überlegung zusammen, deren äußere Stützpunkte die beschränkten Fähigkeiten der von den vergänglichen Erdenfrüchten genährten Sinneswahrnehmung sind.

Bisher hatte sich Adam, die paradiesische Menschwerdung *Metatrons* oder des Allgeistes, mit Eva, der vollkommenen Verkörperung *Awirs*, des reinen, allweltlichen Urstoffes, auf geistige Weise in der *Schechinah* vereint. Adam verkörperte in der heiligen Mitte des Kosmos den tätigen, erleuchtenden Ursatz und Eva die empfängliche, gebärende Ursache: Dank ihrer göttlichen Einung erneuerte sich alle Kreatur immerzu, sowohl geistig als auch stofflich. Aber sie traten aus dieser erhabenen Einung heraus, als sie die *Schechinah*, die Wahre Gegenwart des Einen, die »im Garten wandelte«, zugunsten des »einen und des andern« aufgaben; da wurden sie ihres geistigen, vergottenden Lichtes und ihres reinen, seligen Stoffes entblößt, und ihre bisher darin verborgenen, seelisch-leiblichen Eigenschaften erschienen in ihrer rein geschöpflichen Nacktheit. »Da gingen ihrer beider Augen auf, und sie erkannten, daß sie nackt waren«, entblößt der Göttlichkeit, die den Menschen kennzeichnet, und somit dem Untermenschlichen, Tierischen, ähnlich gemacht. Der Mensch war von seiner Urstufe gefallen, und seine stoffliche, finstere Natur, die bisher im reinen Uräther, im Gefäß seines lichten, geistigen Wesens, eingeschlossen war, trat hervor, um das letztere zu verhüllen und zu beherrschen. »Und da schickte ihn *JHWH Elohim* aus dem Garten Eden (dem paradiesischen Urzustande) hinaus, damit er die Erde (*Adamah*, sein eigenes Urwesen) bebaue (und wieder verwirkliche), davon er genommen (und dessen er verlustig gegangen) war (*Genesis* 3, 23).«

Nunmehr verschleierte die erschaffene, der Strenge gehorchende Natur die Gnade, die sich ins Innerste der Schöpfung zurückgezogen hatte; das Leibliche war nicht mehr mit dem Lichte des Geistes bekleidet, das sich in der verborgenen Mitte der Körper, in ihrem Herzensgrund verbarg. Die von der Gnade zurückgelassene finstere Leere füllte sich mit allen Schattierungen des zur groben Erde verdichteten Weltstoffes. Gleichzeitig stieg aus der Finsternis des geöffneten, kosmischen Abgrunds alles Übel – Unwissenheit, Irrtum, Zwiespalt, Haß –, alle Gegenströmungen des Widersachers hervor. Diese dem Einen oder Seinem einenden Werke widerstrebenden Strömungen trieben die getrennten Geschöpfe zu einem erbitterten Daseinskampfe an, der bis zur Vernichtung des Schwächern ging. »Und es erhob sich Kain wider seinen Bruder Abel und schlug ihn tot«; und dem höllischen Wirrsal ausgeliefert, das der Widersacher auf Erden angestiftet hatte, floh und verbarg sich der Brudermörder vor seiner eigenen, innern Mitte, vor dem göttlichen Antlitz, das in der Tiefe seines Herzens wohnte: »Vor Deinem Angesicht muß ich mich verbergen, und muß unstät und flüchtig sein auf Erden (*Genesis* 4 : 8, 14).«

Nach der Ursünde

»Und es sah *JHWH*, daß des Menschen Bosheit groß war auf Erden, und daß alles Trachten der Gedanken seines Herzens tagtäglich nur auf das Schlechte hinzielte. Da reute es *JHWH*, daß Er den Menschen gemacht hatte auf Erden, und es bekümmerte Ihn in Seinem Herzen. Und *JHWH* sprach: Ich will den Menschen, den Ich geschaffen habe, vom Erdboden vertilgen – vom Menschen an bis aufs Vieh und aufs Gewürm und bis auf die Vögel des Himmels; denn es reut Mich, daß Ich sie gemacht habe. Aber Noah fand Gnade in den Augen *JHWH's* (*Genesis* 6, 5–8).«

Warum fand Noah Gnade in den Augen des Ewigen? Weil er, wie die Schrift sagt, »ein gerechter, vollkommener Mensch zu seiner Zeit war«, weil er »mit Gott wandelte« und dadurch die von der Erde fliehende Gnade an sich zog. Nach dem Fall des Menschen war die Gnade als Wahre Gegenwart Gottes in der Mitte der unzulänglichen Geschöpfe verborgen geblieben; sie war das erlösende Licht im Grunde der kosmischen Finsternis, sie besänftigte durch ihr immer erneutes, barmherziges Eingreifen die Strenge des Allgesetzes, das in vollkommener Gerechtigkeit alle Strömungen und Gegenströmungen der Natur, alle

Rückwirkungen auf das Wirken des Menschen ordnet. In der Tat kann die Gnade, als geistige, übernatürliche Einwohnung Gottes in der erschaffenen und stofflichen Natur, nur verhältnismäßig durch das Irren und Wirren der letzteren beeinträchtigt werden; zutiefst bleibt sie das notwendige, unzerreißbare Band zwischen der göttlichen Ursache und ihren kosmischen Auswirkungen. Die Gnade wohnt in der heiligen Mitte des Kosmos, wo sich der Urzustand, die urbildliche, rein geistige »Welt der Schöpfung« befindet, eine Welt, die in ihrer »übernatürlichen Natur«, jenseits alles Vielfachen, Zusammengesetzten und Verderblichen, und nach wie vor dem Fall des Menschen, ausschließlich von der reinen Gegenwart Gottes — in ihren drei Uranblicken *Schechinah-Metatron-Awir* — erfüllt bleibt. Das ist der ewige »Gnadenzustand« in der Mitte der beiden vergänglichen Welten, des Himmels und der Erde; das ist die Mitte, die sich als allweltliche, unwandelbare Achse durch alle himmlischen und irdischen Zustände hindurchzieht und hienieden, nach der Ursünde des Menschen, als verborgenes Paradies weiterbestand.

Ohne den milden, belebenden und erleuchtenden »Tau«, der immerzu von diesem Gnadenhimmel in die Welt herniederfällt, würde das Allgesetz in der Strenge seiner Gerechtigkeit alles vernichten, »vom Menschen an bis zum Vieh, zum Gewürm und zu den Vögeln des Himmels«, wegen der Verneinung des Menschen – des Prüfsteins der Welt – gegenüber seiner eigenen, reinen Wirklichkeit, seinem göttlichen »Selbst«. Aber dieser heilvolle Tau träufelt nur so lange hernieder, als es noch einen Menschen gibt, der ihn zur Erde herabruft, denn die ganze Welt, die ganze Schöpfung mündet in den Menschen, ihre Zusammenfassung und ihren Vermittler, ein. Wenn die natürliche Bewegung der Strenge darin besteht, in die Schöpfung hinunterzusteigen und sie aufzulösen, und das ständige Aufwärtsstreben der Gnade immerzu alles Endliche ins Unendliche zurückführen will, ist es die Aufgabe des Menschen, die Gnade in die Leere, in den Mangel der Welt herabzurufen – die hier herrschende Strenge in die Gnade einzubeziehen; seine Sendung besteht darin, den kosmischen Gnadenzustand aufrecht zu erhalten und gegebenenfalls wieder herzustellen.

Wenn der Mensch recht handelt und mit Gott wandelt, zieht er die Gnade herab, und sie füllt seine und der Welt

Leere, so daß die Strenge von Gottes Licht aufgesogen ist. Wenn der Mensch aber übeltut und Gott verläßt, verläßt ihn auch die Gnade, ihn und seine Welt, die leer und finster wird. Mit seiner Sünde zieht der Mensch diese finstere Leere an, das Nichts, das es in der Allwirklichkeit Gottes nicht geben kann; und Gottes Strenge, die eben dieses Nichts verneint, vernichtet den Sünder mit seiner Welt – nicht das Göttliche daran, sondern das Sündige und Nichtige –; es sei denn, die Gnade halte Fürsprache und erlange Verzeihung von Oben, wenn der Mensch bereut und Buße tut, oder Gott gewähre ihm in Seiner Langmut Aufschub, damit er eben bereue und büße, und in Wahrheit zu Ihm umkehre. »Ist es nicht also? Wenn du recht handelst, so wirst du angenommen; wenn du aber nicht recht handelst, so ruht die Sünde vor der Tür und will dich haben: du aber beherrsche sie!« (*Genesis* 4, 7.) »Siehe, Ich lege heute vor dich das Leben und das Gute, den Tod und das Böse; der Ich dir heute gebiete, daß du *JHWH*, deinen Gott, liebest, und wandelst in Seinen Wegen, und Seine Gebote, Gesetze und Rechte haltest, auf daß du lebest ... Wendest du aber dein Herz ab und gehorchst nicht, sondern läßt dich verführen, daß du dich vor anderen Göttern (den nichtigen Abgöttern des vergänglichen Daseins) niederwirfst und ihnen dienest, so verkünde Ich euch heute, daß ihr umkommen werdet ... Wähle das Leben, auf daß du lebest ... (*Deuter.* 30 : 15–18, 19).«

Solange der Mensch sich vom Baume des Lebens, von der reinen, einenden Gnade nährte, war er eins mit dem Einen, und brauchte nicht zu wählen zwischen dem dieses ewige, göttliche Leben bergenden Guten und dem Bösen, das die Strenge, die Vernichtung, den Tod und die Verdammnis herbeiführt. Diese Wahl auferlegte er sich selber im Augenblick, als er aus seiner Einung mit dem Einen heraustrat, um die gedankliche und daseinsmäßige Zweiheit und Vielheit – die »verbotene Frucht« – zu kosten. Sowie der Mensch sich vom Baum der Erkenntnis des Guten und Bösen ernährte, mußte er den Unterschied erleben zwischen Einung und Trennung, Fülle und Leere, Licht und Finsternis, Gnade und Strenge, Gott und Welt. Von diesem Augenblick an war es nötig, daß er unter dem »Nichts« litt, welches die Anblicke des Alleinwirklichen voneinander trennt und einander entgegensetzt; aus dem Leiden heraus sollte er von nun an sein verlorenes

Paradies, sein ewiges Gut suchen in der Umkehr zum Einen, der sein unendlich seliges Urwesen selber ist. Um Ihn, der als seine eigene Allheit in seinem zerbrochenen Einzelwesen wohnt, wiederzufinden, muß der Mensch Leib und Seele reinigen und heiligen; er muß sie vergeistigen durch ihren Einklang mit Gottes Willen und Wahrheit, und muß schließlich alles Haften am »Andern-als-Er«, alle Ichvergötterung und Weltlichkeit im Einen und Einzigen überwinden. Um eins zu sein mit dem Einen und unendlich im Unendlichen, muß der Mensch den Einen lieben und eins sein mit seinem Nächsten in Gott, und muß sich zugleich trennen vom Gottgetrennten, absterben dem Sterblichen und alles Endliche in sich enden lassen.

Nachdem der Mensch durch seine Sünde die Herrschaft der Strenge heraufbeschworen hat, muß er die Vielheit der »Gebote, Gesetze und Rechte« des Herrn beobachten, welche die Verneinung Seiner Einheit durch die Vielheit verneinen. Nachdem der Mensch das wunderbare Gefäß zerbrochen hat, das vom Schöpfer aus dem reinsten Stoff nach Seinem eigenen Bilde geformt ward, um es bis zum Rande auch mit Seinem eigenen Geiste zu erfüllen, – nachdem der Mensch dieses Wundergefäß, das kein anderes ist als der Allmensch, in sich selber zerschlagen hat, muß er dessen Bruchstücke sammeln und wiedervereinen in der Verneinung allen Übels, in der Bejahung alles Guten und in der stetigen Sammlung seines Geistes und seines ganzen Wesens auf den Einen und Einzigen. Um das heilige Allgefäß wiederzuverwirklichen, muß des Menschen Einzelwesen zuerst selber wieder zum reinen Gefäße Gottes werden, jederzeit bereit, mit Seinem Verzeihen Seine erleuchtende und erlösende Gnadenfülle zu empfangen.

Wenn Gott verzeiht, kehrt Seine Strenge in Seine Gnade zurück, und der in der Sünde und ihren finsteren Auswirkungen versunkene Mensch findet seinen Gnadenzustand wieder; dieser birgt in seiner Fülle die geistige Erleuchtung, und diese Erleuchtung ist auf ihrer höchsten Stufe die selige und vergöttlichende Schau des Einen durch den Einen und im Einen selbst. Die Rückkehr des Menschen zu seinem reinen, göttlichen Urwesen ist durch zwei grundlegende geistige »Standorte« gekennzeichnet: durch den paradiesischen Urzustand der völligen Übereinstimmung und inneren Einheit des Einzelwesens mit der in seinem Herzen ruhenden *Schechinah* und durch den höchsten geistigen Zustand, den der völligen inneren Verwandlung des Einzelwesens in das Allwesen, des Einzelmenschen in den Allmenschen oder Höchsten Menschen, der eins ist mit dem »Heiligen, gesegnet sei Er« *. Das große Verzeihen Gottes erlaubt dem Menschen, den ersten Standort zu erreichen; die höchste Selbstoffenbarung Gottes trägt ihn bis ans Ziel.

---

* Diese beiden hauptsächlichen »Standorte« der geistigen Verwirklichung, der Einung mit der Einwohnung und schließlich mit der Jenseitigkeit Gottes, haben ihre heiligen Sinnbilder im »Brach-« oder »Erlaßjahr« *(Sch'mittah)* — das die Befreiung vom Ich und von der Welt bedeutet — und im »Jubeljahr« *(Jobel)*, dessen tiefster Sinn die letzte geistige Befreiung aus allen erschaffenen Banden ist. Diese beiden heiligen Jahre – das siebte und das fünfzigste – werden durch das rituelle Blasen in das Widderhorn eröffnet, denn dieses ist das Sinnbild der göttlichen »Trompete« *(Schophar)*, »die alle Befreiung anzeigt«. Ihr Schall ist der allerschaffende, alloffenbarende und allerlösende Urton, die »Stimme Gottes«, wie sie auf dem Berge Sinai ertönte, als *JHWH* Sich Seinem Volke offenbarte.

DIE RÜCKKEHR ZUM EINEN

Äußere und innere Einheitsbejahung

Die offenbarte Überlieferung ist der Weg, den Gott dem Menschen gegeben hat, damit er seinen Urzustand wiederfinde, seine Einheit mit dem Einen. Der Mensch hat sich von Gott entfernt, und die Entfernung jedes einzelnen, wenn sie auch allgemeingültige Grundzüge hat — wie zu allererst der Daseinszustand des gefallenen Adams —, ist verschieden, je nachdem die eine oder andere Weise der Verhaftung ans Ich und an die Welt überwiegt und sich zwischen das menschliche Einzelwesen und sein eigenes göttliches Allwesen schiebt. Die Offenbarung trägt in ihren Lehren und in der heiligen Ordnung ihrer Gnadenmittel dieser Vielfalt der Entfernungen Rechnung, die sie in bejahende Beziehungen der Menschheit zu Gott verwandeln will — Beziehungen, die auf den vielfachen Möglichkeiten des geistigen Empfangens und Verstehens des Menschen beruhen. Deshalb ist die Überlieferung auch so reich an Deutungen und Anwendungen der Offenbarung, an äußeren und inneren, exoterischen und esoterischen Zugängen zum Göttlichen.

Die von der äußersten Gottesentfernung ausgehende Religion oder Exoterik will vor allem jedem Menschen das ewige Seelenheil verschaffen, das jenseitige Paradies, die Gottesnähe im Himmel. Sie will ihn vor der Hölle retten, vor der Verdammnis, vor dem endlosen jenseitigen Todeskampf; und indem sie ihn schon hienieden zur Übereinstimmung mit dem göttlichen Willen bringt, arbeitet sie gleichzeitig an der Verwirklichung des Gottesreiches auf Erden. Jeder Mensch, auch der geistig begabteste, bedarf dieser Übereinstimmung mit dem offenbarten Willen Gottes, die allein zum Seelenheil,

d. h. zur ursprünglichen, engen Verbindung der Seele mit Gott führt; ohne diese Verbindung gibt es auch keine irdische Einung mit dem Einen, ohne Seelenheil ist alle »geistige Selbstverwirklichung« eine bloße Selbsttäuschung. Das Seelenheil ist das Paradies; der erste große »Standort« auf dem Wege zum Einen ist der wiedergefundene paradiesische Urzustand. Der geistige Mensch versucht, diesen Zustand mit Gottes Hilfe schon hienieden als irdisches Paradies in seinem eigenen Innern zu verwirklichen, während die große Masse der Gläubigen ihn vor allem als jenseitiges, himmlisches Paradies betrachtet. Die Mehrzahl der Gläubigen bleibt hienieden im allgemeinen Daseinszustande des gefallenen Menschen befangen, aber im Unterschied zu den Ungläubigen reinigt sie sich von der Verneinung des Göttlichen — von der Sünde — und bereitet sich auf das jenseitige Eingehen in den Urzustand, in den völligen Einklang mit Gott vor. Es ist der Weg derer, die mehr oder weniger unbewußt im Truge des Ichs und der Welt, des menschlichen Einzelwesens und der kosmischen Vielheit verharren, gleichzeitig aber Gott als den einzigen Schöpfer und Herrn anbeten. Ihre Rückkehr zu Ihm mündet – ihrer Auffassung nach – in ein jenseitiges, glückliches Ihm-Gegenüberstehen und Mit-Ihm-Leben ein: Die von den irdischen Banden erlöste Seele schaut die Wahre Gegenwart des »Einen« als die des höchsten und ewigen »Andern«.

Das nennt die Exoterik die paradiesische »Gottesnähe«, über die hinaus es für die Seele scheinbar keine engere Einung mehr mit dem Einen geben kann; denn dieser Sicht gemäß hat Gott die Seele, wie die ganze Welt, aus dem Nichts erschaffen, das ewig zwischen Ihm und Seinem Werke als ein trennender Abgrund bestehen bleibt. Für die Esoterik, die Kabbala, hingegen bedeutet das »Nichts« der *creatio ex nihilo* kein reines Nichts, das es – wie schon oft gesagt – nicht geben kann. Wenn es das Nichts gäbe, wäre es nicht mehr nichts, sondern Wirklichkeit der Allwirklichkeit Gottes. Kein Nichts kann der Unendlichkeit Gottes ein Ende setzen; im »Nichts« der *creatio ex nihilo* muß gerade die ursächliche Wirklichkeit der Schöpfung verborgen sein, denn ohne wirkliche Ursache gibt es auch keine tatsächliche Wirkung, und die wirkliche, die alleinwirkliche Allursache ist Gott selber. Deshalb bedeutet für die Innenlehre die Rückkehr zum Einen und die Einung mit Ihm etwas anderes als für die Außenlehre, die Religion der Masse. Hier gibt es nicht den unmöglichen Abgrund des reinen Nichts, die widersprüchliche Spaltung des »Einen ohne Zweiten«, die selige Schau des Einen ohne grundsätzliche Einheit des Schauenden mit dem Geschauten und ihre sich daraus ergebende völlige Einung; hier gibt es keine Gottesnähe, darin das Nichtige dem Alleinwirklichen gegenüber ewig standhalten könnte, darin es nie ganz und gar in Ihm aufginge. Der Weg des gläubigen Menschen von seiner zweiheitlichen Täuschung zum einen Ziel, das der Eine selber ist, mag wohl von gewissen Übertragungen des alten Irrtums in die angestrebte Wahrheit besät sein; schließlich muß jedoch der zweiheitliche Irrtum überwunden werden, ansonsten der Eine nicht der Eine, sondern ein »Anderer« ist.

Der Eine bleibt für den Esoteriker nur der »Andere« als Schöpfer, Gebieter und Herr seines Einzelwesens, das sich vor Ihm niederwirft und Seinen Willen tut in Furcht, in Liebe und in Erkenntnis bis ans Ende des einzeltümlichen Daseins. Gleichzeitig aber weiß der geistige Mensch, daß jenseits seines Einzelwesens und in dessen Tiefe selber sein eigenes Allwesen, der Allmensch ruht; er weiß, daß sein wahres Wesen der Höchste Mensch ist und daß dieser ewig eins ist mit dem Einen. Hier – und nur hier – wird ihm der »Andere« zum eigenen »Selbst«, wird der Eine Gott zum Einen und Einzigen, zum Einen ohne Zweiten, zum Alleinwirklichen. Hier also zieht der Glaube an den Einen seine letzte Folgerung: Aller Glaube ans Zweiheitliche wird in der Erkenntnis des Einen überstiegen; Gott ist nicht nur der Eine als einziger Herr, sondern als alleinige Wirklichkeit. Hier wird die selige Schau des Einen zur erkenntnis- und seinsmäßigen Einung des Schauenden mit dem Geschauten, denn hier ist der Schauende kein anderer als der Eine im Herzen des Menschen; hier ist das Auge des Herzens das Auge Gottes, denn niemand kann den Einen schauen, es sei denn der Eine selbst. Die Gottesnähe endet in der höchsten, geistigen Einung, im völligen Aufgehen der Seele in Gott, der ihr innerstes Selbst ist.

Hier ist der Eine wirklich der Eine; der Eine ohne Zweiten ist buchstäblich der Eine ohne Zweiten. Hier nimmt die Esoterik die Offenbarung »wörtlich«, während sie anderswo den Menschen über den Buchstaben hinausführen muß zum Einen, der sich hinter den Ihn betreffenden zweiheitlichen Aussagen wie hinter Schleiern verbirgt, die Ihn vor unreinen oder unreifen Blicken bewahren. In der Tat richtet sich die Esoterik nur an jene Menschen, deren innere Empfänglichkeit sich in einem ausgeprägten Sinn für das Eine kundtut, deren »Durst nach dem Unbedingten« so stark ist, daß sie gar nicht anders können, als die Wahrheit in der erkenntnis- und seinsmäßigen Einung mit dem Alleinwahren und Alleinwirklichen zu suchen. Für diese Minderheit oder geistige Auslese befindet sich das Paradies oder der menschliche Urzustand nicht nur im Jenseits, sondern er hat sich nach der Ursünde in die verborgene Mitte des Diesseits und des Menschen selber zurückgezogen, in das Herz der Welt und in das Herz des Menschen, wo der »Garten Eden«, das Gottesreich auf Erden, seiner Wiederverwirklichung durch die Kinder Adams harrt. Hier erwartet die Wahre Gegenwart des Einen, die *Schechinah*, ihren irdischen »Gemahl«, das irdische Abbild des »Heiligen, gesegnet sei Er«; und wenn der Mensch sich mit ihr vereint, eint sie ihn und alles Untere mit dem Oberen, mit dem Allerhöchsten, »bis alles eins ist«.

Göttliche Einheit und göttliches »Nichts«

Was die Kabbala von der göttlichen All-Einheit lehrt, darf aber nicht mit einer pantheistischen Lehre verwechselt werden, welche auf die eine oder andere Weise behauptet, die Welt als solche sei Gott. In keiner Weise wird hier das Unendliche mit dem Endlichen, das Ewige mit dem Vergänglichen, das Unerschaffene mit dem Erschaffenen verwechselt. Es gibt keinen natürlichen, ununterbrochenen Übergang vom Schöpfer zum Geschöpf. Zwischen der unendlichen Gottheit und Ihrer endlichen Allkundgebung ist ein »Vorhang«, der den Einen verschleiert; und dieser Schleier ist die »Leere«, die durch den »Rückzug Gottes in Sich Selbst« entsteht und in der sich das Dasein des Vielen entfaltet. Wohl ist der Eine in Seinem vielfältigen Abglanz gegenwärtig, aber getrennt durch jenen Schleier, jene Leere, die der »Ort der Welt« selber ist. Die Welt besteht nur im Zusammenhang mit dieser »Leere«, welche ihrerseits mit der Welt zusammen vergeht. Sie ist die erste kosmische Vergegenwärtigung der Selbstempfänglichkeit des Einen; sie ist das sinnbildliche »Nichts«, daraus die Welt entsprang und darein sie auch zurückverwandelt wird, wenn die einwohnende göttliche Wirklichkeit sich in ihr jenseitiges Urwesen zurückzieht. Dann wird die Welt als Welt zunichte, und jenseits ihres »Nichts« aufersteht sie in ihrer göttlichen Urwirklichkeit.

Gemäß der Kabbala steht Gott über der Welt, wie Er auch in der Welt ist, ohne aber die Welt zu sein. Die Einheit von Gott und Welt wird hier nicht durch jene falsche pantheistische Verminderung des Unendlichen zum Endlichen verwirklicht, sondern im Gegenteil durch die innere Umkehr und Rückkehr des Unteren zum Oberen, durch das geistige »Zunichtewerden« des Endlichen im Unendlichen, welches zur Folge hat, daß das Endliche als Unendliches im Unendlichen aufersteht und daß es, wenn es als Endliches zum Endlichen wiederkehrt, sich fürderhin des Unendlichen bewußt ist und von Seinem Lichte erfüllt nur noch Seinen Willen tut. Die innerste, höchste und ewige Wesenseinheit von Mensch und Gott wird hier verwirklicht: Es ist keine Einheit des unerschaffenen Wesens mit dem erschaffenen Stoffe und den vergänglichen Formen, die dieser bis zu seiner Auflösung bekleidet; es ist die Einheit des unendlichen Wesens aller Dinge, darin aller erschaffene Stoff sich auflöst und verwandelt in seinen Ursprung, den unerschaffenen Urstoff, die reine Selbstempfänglichkeit des Einen. Darein strahlt Er Seine Selbstoffenbarung samt den unerschaffenen Urbildern aller Dinge – die an sich nichts anderes sind als Seine Anblicke –, und diese Urbilder geben sich in erschaffenen Formen kund, wenn Seine Einwohnung in der allweltlichen Schöpfungstat aus Seiner jenseitigen Einheit herabsteigt. So besteht die göttliche All-Einheit in Ihrer reinen Jenseitigkeit sowie in Ihrer All-Einwohnung; aber Sie wohnt als Allgegenwart des ewig Einen im vergänglichen Vielen, ohne daß das Ewige, Göttliche das Vergängliche, Nichtige würde, wie es der Pantheismus haben möchte. Hier gebietet die Kabbala der falschen Lehre von der Allgöttlichkeit Einhalt, wie sie es umgekehrt auch gegenüber dem irrtümlichen Glauben an ein reines Nichts tut, daraus Gott die Schöpfung gezogen hätte.

Wir haben gesehen, daß das »Nichts« der *creatio ex nihilo* in Wahrheit jene »Leere« oder erste kosmische Vergegenwärtigung der unendlichen Selbstempfänglichkeit Gottes ist. Mit anderen Worten: *Binah* ist die Selbstempfänglichkeit *Kethers*, des Einen; erfüllt von Seiner Selbstoffenbarung oder *Chochmah*, des höchsten »Vaters«, des tätigen Ursatzes, wird sie zur höchsten »Mutter«, zur duldigen Ursache der *Sephiroth* des Weltenbaus. Diese enden in der Einwohnenden Empfänglichkeit des Einen, in der »Unteren Mutter«, *Malchuth*; in ihr, der *Schechinah*, konzentriert sich Seine unendliche Selbstoffenbarung und wird zum geistigen Urbild der Schöpfung, *Metatron*, und Seine unendliche Selbstempfänglichkeit wird zur »finsteren Leere«, zum reinen Urstoff, *Awir kadmon*. Dieser finstere, leere Urstoff, daraus die Schöpfung entspringt, kommt den Menschen wie ein reines »Nichts« vor, während er in Wahrheit der kosmische Anblick der unendlichen Selbstempfänglichkeit des Alleinwirklichen ist.

Was den erschaffenen Stoff als solchen anbetrifft, so ist er selber nichts anderes als eine Verdichtung dieser Empfänglichkeit oder Leere, und diese Verdichtung oder Stoffwerdung hat keinen dauernden Bestand: Sie erscheint in der Leere und löst sich in ihr auf wie eine trügerische Luftspiegelung in der Wüste. In seiner Verdichtung ist der Stoff tatsächlich wie ein finsterer, leerer Spiegel, der die lichte Einstrahlung des Schöpfers empfängt in allem, was Er an Erschaffbarem kundgibt; und wenn die stoffliche Verdichtung sich wieder auflöst und reine, göttliche Selbstempfänglichkeit wird, so geschieht das gleichzeitig mit der Rückkehr der göttlichen Strahlen oder unsterblichen Wesen alles Daseienden in ihren lichten Urquell. So ist der Stoff, samt allem was er an Erschaffenem bekleidet, trotz seines Ausflusses aus dem göttlichen Urquell, als Endliches, Zusammengesetztes und Sich-Zersetzendes eben nicht der eine, unendliche Gott. Wohl bejaht sich der Eine im Vielen als in Seinem Spiegel, aber schließlich muß der Spiegel als solcher der Wirklichkeit weichen, die er widerstrahlt. Der Pantheismus verwechselt den Einen an sich mit Seinem zerbrechlichen Spiegel, das Ewige mit dem Vergänglichen, Gott mit der Welt; und demzufolge gefährdet er auch das Unterscheiden zwischen dem Guten — Geistigen, Wirklichen, Göttlichen — und dem Bösen — dem götzendienerischen Anhaften am Ich und an der Welt.

Nun bildet eben diese Unterscheidung das grundlegende Gesetz des Menschen seit dem Verlust seines Urzustandes im Einen: Er muß die Vielheit erleben, erleiden und erkennen in allem, was sie vom Einen und Einzig Guten unterscheidet, in allem Übel und Bösen, das sie selber ist im Maße ihrer Entfernung von Ihm, und er muß diese Entfernung, Trennung und Zweiheit fliehen in der Umkehr und Rückkehr zum Einen. Er muß zum Einen umkehren, der sich im Vielen spiegelt, muß Gott im Nächsten lieben und muß die gefallenen Funken des Urlichtes aus allem erschaffenen Dunkel und Bösen befreien und zum Alleinguten erheben; er muß die »linke Seite« des Übels in die »rechte Seite« der Gnade einbeziehen und schließlich alles Untere im Geiste mit dem Oberen einen. Erst dann vermag er in Wahrheit – und mit Gottes Hilfe – alles, was am Vielen reiner Trug ist, endgültig zu überwinden bis zur letzten »Eitelkeit der Eitelkeiten«, bis zur Wurzel des Ichs, das sich von der Welt nährt und sich als »Zweiter« neben den »Einen ohne Zweiten« stellt; erst dann gelangt der Mensch zum *Bittul ha-Jesch*, zur geistigen »Vernichtung des Daseins« im göttlichen »Nichts« *(Ain)*, das in Wahrheit die Alleinwirklichkeit Gottes ist.

Die Rückkehr zum Einen endet selbstverständlich nicht mit der Vernichtung des Bestehenden im reinen Nichts, das es ja nicht gibt, sondern im Gegenteil, mit der letzten, geistigen Verwandlung des Nichtigen, Vergänglichen ins Ewigwirkliche. Es ist die Auflösung des erschaffenen, verdichteten, seelisch-leiblichen Stoffes in der schrankenlosen Leere oder geistigen Empfänglichkeit des Herzens, die in Wahrheit die Selbstempfänglichkeit des Alleinwirklichen ist; und es ist die gleichzeitige Versenkung und Rückkehr des erschaffenen Geistes in sein eigenes, unerschaffenes Urwesen, in seine eigene, unendliche Urfülle, die in der Leere, in der reinen Durchsichtigkeit des Urstoffes oder Uräthers im Herzen wohnt, gleich einem unermeßlichen Auge, das sich selber und alles in sich selber schaut. Es ist letzten Endes der Aufstieg des im Herzen wohnenden Urlichtes zu *Chochmah*, der höchsten Selbstoffenbarung des Einen, und die Rückkehr des Urstoffes zu *Binah*, Seiner höchsten Selbstempfänglichkeit; es ist die Rückkehr zum Einen, zu *Kether*, zu Seinem reinen Sein und Über-Sein, zum höchsten »Nichts«, das die unbedingte Wirklichkeit ist. Das kann einem Menschen schon in diesem Leben geschehen, vor seinem leiblichen Tode; und er kann aus dieser höchsten Einung mit dem Einen ins leibliche Dasein wiederkehren und daraus wieder aufsteigen: Er kann wie ein

Engel auf der allweltlichen Jakobsleiter auf- und absteigen und kann als Höchster Mensch im unendlichen Allerheiligsten ein- und ausgehen. Er kann geistig sterben im höchsten Nichts und auferstehn in seinem wiedererschaffenen Dasein. Jenseits seiner vernichteten Vernunft, seines ausgelöschten Ichs, jenseits allen Erkennens und Seins kann er sich in das göttliche Nichts versenken, nicht als er selbst und nicht in einer Schau, sondern als das höchste Nichts selber, das in sich selber versunken ist; und daraus kann er wieder hervortreten als die höchste, unendliche Sonne und, von deren Flut erfüllt und überströmt, als erleuchteter Mensch zur Erde wiederkehren, gleich dem vom Sinai herniedersteigenden, im Gotteslicht strahlenden Mose. Das drückte auf seine Weise der berühmte chassidische Meister Levi Jizchak aus, der Rabbi von Berditschew (gest. 1809): »Es gibt Menschen, die den Schöpfer mit ihrer Vernunft, mit der menschlichen Vernunft anbeten, und Menschen, die sich gewissermaßen in das Nichts *(Ain)* versenken; und das kann nicht mit der menschlichen Vernunft geschehen, sondern nur mit der Hilfe Gottes ... Wenn der Mensch dazu gelangt, sich in das Nichts *(Ain)* zu versenken, wird seine menschliche Vernunft zunichte; wenn er hierauf wiederkehrt zu seiner erneuerten Vernunft, ist diese erfüllt vom Überfluß (des göttlichen Lichtes).«

Der Pantheist behauptet, alles sei Gott und Gott sei alles. Der Kabbalist sagt: In ihrem unerschaffenen, ewigen Wesen sind alle Wirklichkeiten Gott, und in ihrer Erschaffenheit geben sie das Göttliche mehr oder weniger vollkommen kund, je nach ihrer Übereinstimmung oder Uneinigkeit mit dem höchsten Ursprung; und ihre Uneinigkeit kann bis zu ihrer finsteren Umkehrung des Göttlichen gehen, bis zu derjenigen des Widersachers. Alle Dinge bergen Gott in ihrem tiefsten Grunde, aber in ihrem erschaffenen Dasein entfernen sie sich von Ihm oder nähern sich Ihm. Alles ist im Einen, sei es in Seiner Einwohnung, sei es in Seinem reinen Sein und Über-Sein; aber das Viele ist das Eine nur als das Eine selbst, da wo die Schöpfung in ihr unerschaffenes, göttliches Urbild und durch dieses hindurch in ihr höchstes, unbedingtes Urwesen eingegangen ist. Nicht als Welt, sondern als Gott ist alles Gott und ist es Gott ohne Unterschied. Nur als der Eine selbst ist alles eins.

Die Thora, die den mosaischen Einheitsglauben in all seinen äußeren und inneren lehrbaren Anblicken enthält und die Gott als heilige Schrift samt der sie erklärenden mündlichen Offenbarung dem Volke Israel gegeben hat, ist in den zehn Geboten zusammengefaßt, »die den zehn *Sephiroth* entsprechen«. Und so wie die *Sephiroth* in Wahrheit eins, nämlich die unendlichen Anblicke des unteilbaren Einen sind, so sind auch alle zehn Gebote eins in der Bejahung des Einen. Sie sind eins im ersten Gebot, das sie alle zusammenfaßt und darin der Eine Sich Selber bejaht und zugleich Israel auffordert, keinen andern als Ihn zu bejahen: »Ich bin *JHWH*, dein Gott, der Ich dich aus dem Lande Ägypten, dem Hause der Versklavung herausgeführt habe: Du sollst keine anderen Götter neben Mir haben.« *(Exodus, 20, 2—3)* Die Bejahung des Einen und Einzigen Gottes, des »Einen ohne Zweiten«, ist also das erste, wesentlichste und allumfassende Gebot des Judentums, das sich in anderen Offenbarungen der Thora wiederholt, namentlich in derjenigen, die zum Glaubensbekenntnis Israels geworden ist: »Höre Israel, *JHWH*, Unser Gott, *JHWH* ist Eins *(Sch'ma Israel JHWH Elohenu JHWH Echad)* *.«

---

* Die mündliche Überlieferung sagt: »Wer Götzendienst treibt, verwirft die zehn Gebote« (*Siphre Numeri* 111, 31 b). »Das Verbot des Götzendienstes hat dasselbe Gewicht wie alle andern Gesetze der Thora zusammen.« (*Horayoth* 8 a) »Der Götzendienst ist etwas so Schlimmes, daß, wer ihn verwirft, so handelt, als kenne er die ganze Thora.« (*Chullin*, 5 a). Auch im Evangelium werden alle Gebote der Thora in der Bejahung des Einen zusammengefaßt, und zwar des Einen an sich und des Einen im Vielen, im »Nächsten«, — des Einen in Seiner Jenseitigkeit und in Seiner Einwohnung: »Und es trat zu ihm der Schriftgelehrten einer... und fragte ihn: Welches ist das vornehmste Gebot vor allen? Jesus aber antwortete ihm: Das vornehmste Gebot vor allen Geboten ist dieses: Höre Israel, der Herr, unser Gott ist ein einiger Gott. Und du sollst Gott, deinen Herrn lieben von ganzem Herzen, von ganzer Seele, von ganzem Gemüte, und von allen deinen Kräften. Das ist das vornehmste Gebot. Und das andere ist ihm gleich: Du sollst deinen Nächsten lieben als dich selbst. Es ist kein anderes, größeres Gebot denn diese (oder *Matthäus* 22, 40: ›In diesen zweien Geboten hanget das ganze Gesetz und die Propheten.‹) Und der Schriftgelehrte sprach zu ihm: Meister, du hast wahrlich recht geredet, denn es ist Ein Gott, und ist kein anderer außer Ihm. Und denselben lieben von ganzem Herzen, von ganzem Gemüte, von ganzer Seele und von allen Kräften und lieben seinen Nächsten als sich selbst (*Markus* 12, 28—33).«

In seiner »Einführung in die Pflichten der Herzen« sagt der große jüdische Mystiker Bachja Ibn Pakuda (gest. 1111): »Die Einheit Gottes ist der Grund und Boden unserer Religion. Der Glaube unterscheidet sich vom Unglauben durch das vollkommene Bekenntnis der Einheit. Es ist der wahre Grundsatz unserer Religion. Wer sich davon abwendet, vernichtet seinen Glauben. Deswegen war das erste, auf dem Sinai offenbarte Wort: ›Ich bin *JHWH*, dein Gott ...: Du sollst keine anderen Götter neben Mir haben.‹« Diese Aufforderung wird noch eindringlicher im Satze: »Höre Israel, *JHWH*, Unser Gott, *JHWH* ist eins*.« Dieser Schriftvers, der nach seinem ersten Wort »höre«, *Sch'ma*, genannt wird, bildet, wie gesagt, das mosaische Glaubensbekenntnis, das jeder Jude mindestens zweimal am Tage – morgens und abends – aufsagen muß; dabei wird der Gottesname *JHWH*, seit dem Verbote seines Aussprechens, durch den Namen *Adonai*, »Mein Herr«, ersetzt, der die Wahre Gegenwart *JHWH's* bedeutet. Diesem Glaubenssatz folgt in der Schrift das ergänzende Gebot: »Und du sollst *JHWH*, deinen Gott, lieben von ganzem Herzen, von ganzer Seele und mit all deinem Vermögen.« Deshalb sagt der *Sohar*, daß man die Gotteseinheit »mit ganzem Herzen und mit vollem geistigen Einsatz bekennen muß; alle Glieder und Organe des Leibes müssen an diesem Bekenntnis teilnehmen«, das auf diese Weise zur Sammlung des ganzen Wesens auf den Einen wird. Und diese Sammlung kann so stark werden, daß sie das menschliche Wesen schließlich völlig in seinen göttlichen Ursprung, in das eine und einzige Urwesen aufsaugt, weshalb der *Sohar* ebenfalls sagt: »Heil dem Menschen, der dazu gelangt, in die Mysterien seines Herrn einzudringen und auf die rechte Weise in Ihn einzugehen! Dazu gelangt der Mensch vor allem, wenn er sein Gebet in starker Sammlung an seinen Herrn richtet; dann wird sein Wille wie eine Flamme (eine geistige Schwingung, die zum Einen auf-

* Man begegnet der verneinenden und der bejahenden Weise des Einheitsbekenntnisse, d. h. der Verneinung der »anderen Götter« in der Bejahung des »Einen Gottes« auch im Islam, namentlich in den beiden folgenden Koranversen, deren erster zum islamischen *credo* gehört: »Es gibt keine Gottheit, es sei denn Die Gottheit« *(Lâ ilâha ill-Allâh)*; und: »Sprich: Er, Gott (wörtlich: Die Gottheit), ist Eins« *(Kul Hua-Llâhu achad)*.

steigt), unzertrennlich von der Kohle (vom reinen, das Urlicht oder den Geist enthaltenden Urstoff oder Uräther des Herzens), und sein Geist (der daraus emporsteigt in seiner Schwingung, die alles Licht und allen Stoff des Menschen in sich eint,) ist (somit ganz und gar) auf die Einheit angesammelt... Während der Mensch seinen Mund, seine Lippen bewegt, muß sein Herz, sein Wille sich zur »Höchsten Höhe« erheben, um also (in Wahrheit) die Einheit von allem zu bekennen, kraft des ›Geheimnisses der Geheimnisse‹, darin alle Ideen, aller Wille und alle Gedanken ihr Endziel haben und welches das Geheimnis des Unendlichen ist (*Wajakel* 213 b).«

So wird das mosaische Einheitsbekenntnis, das Grundgebot der jüdischen Exoterik, im esoterischen Wege der Kabbala zur Sammlung des ganzen Menschen auf den »Einen ohne Zweiten«, die grundsätzlich in die Einung mit Ihm einmündet; und die konzentrischen Kreise dieser inneren Einung des Menschen mit Gott schwingen im Weltall weiter und einen insgeheim alle Dinge mit dem Einen. »In allen Dingen gibt es eine ›Annäherung‹ (zu Gott) für den, der weiß, wie die Einung und die (dazu führende) Anbetung des Herrn vollbracht werden muß. Wenn das (geistige) Opfer (des Ichs und der Welt) auf die rechte Weise (dem Einen) dargebracht wird, einen sich alle Stufen (der Allwirklichkeit) zu einer Einheit, das Licht des (göttlichen) Antlitzes ist gegenwärtig (und offenbart sich) in der Welt, im Heiligtum (das ihre Mitte darstellt und das im Menschen das Herz ist), und die ›andere Seite‹ (des Widersachers) ist besiegt und bleibt völlig verborgen; dann herrscht die ›Seite der Heiligkeit‹ überall in Licht und Freude. Wenn aber das Opfer (des Ichs und der Welt an den ›Einen ohne Zweiten‹) nicht in der wahren Weise vollbracht und die Einung nicht verwirklicht wird, verhüllt sich das (göttliche) Antlitz, und das Licht (des Einen) ist nicht mehr gegenwärtig, der ›Mond‹ (Sinnbild der *Schechinah*) verbirgt sich und die ›andere Seite‹ herrscht (in der Welt); denn niemand wußte, den heiligen Namen in der wahren Weise zu einen (*Sohar, Tezaweh* 181 b).«

Das innerste Wesen des Einheitsglaubens ist die Bejahung des Einen bis zur wirklichen Einung mit Ihm. Diese Einung wird die »Einung des Namens« genannt, wenn der Gottesname, seine Anrufung oder das Gebet, ihr Verwirklichungsmittel ist. Die Buchstaben des heiligen Namens oder gewisse Gottesnamen, die auf bestimmte Weise in dieser oder jener Anrufung – manchmal gemäß ihrer Anordnung in der Thora – aneinandergereiht werden, entsprechen ebensovielen Stufen oder Anblicken der göttlichen Allwirklichkeit. Somit bedeutet »den Namen einen«, im vollsten Sinne des Wortes, durch die Anrufung des Gottesnamens nicht nur die eigene, allweltliche Person verwirklichen, sondern dank deren Vermittlereigenschaft insgeheim auch alle Welten, groß und klein, alle Wirklichkeiten des Einen miteinander vereinen; allerdings besteht ihre innere Einheit schon in der Einwohnung des Einen, aber der Mensch ist dazu berufen, diese verborgene Einheit durch sein einendes Werk zur allweltlichen Auswirkung zu bringen – das ist seine Verwirklichung des »Gottesreiches«.

Diese Einung aller Stufen der Allwirklichkeit durch die Einung der ihnen entsprechenden Gottesnamen ist unter anderem im offenbarten *credo* Israels, im *Sch'ma* verborgen. Es kann gar nicht anders sein, denn diese Offenbarung ist ja der Brennpunkt des ganzen mosaischen Glaubens, der wesentliche Stützpunkt der Einheitsbejahung Israels und somit auch derjenige seiner geistigen Beschauung und Verwirklichung des Einen. Nicht nur der im *Sch'ma* enthaltene dreifache Gottesname *JHWH Elohenu JHWH* (*JHWH*, Unser Gott, *JHWH*), sondern auch die beiden ersten Worte *Sch'ma Israel* (Höre Israel), sowie das Schlußwort *Echad* (Eins), sind Gottesnamen, die zur Einung führen.

Bachja Ibn Pakuda sagt: »*Sch'ma* (wörtlich ›höre!‹, ›horche!‹, ›gehorche!‹, ›verstehe!‹) ist ein Wort, das sich nicht (nur) auf das Hören mit den Ohren, sondern (auch) auf das Verstehen, auf den Glauben des Herzens bezieht ...« Gemäß der Kabbala besteht die einende Kraft dieses Wortes darin, daß es »siebzig Namen Gottes enthält«; denn *SCHeMA* setzt sich aus dem Worte *SCHeM*, »Name«, und dem Buchstaben *'A* = *'Ajin* zusammen, dessen Zahlenwert siebzig ist. So ist *Sch'ma* selber ein Gottesname, der siebzig Gottesnamen zusammenfaßt und dessen Macht sich darin auswirkt, unablässig den Menschen anzurufen bis zum Wiedererwachen seiner verschütteten geistigen Empfänglichkeit. In Wahrheit ruft Gott Sich Selber an, durch den Menschen hindurch, bis Er in ihm Sich Selber empfängt; im tiefsten Grunde ist alle Empfängnis diejenige des Alleinwirklichen, den nichts außer Ihm und der nichts als Sich Selber empfangen kann. Wenn der Mensch das Wort *Sch'ma* mit voller Sammlung und Vergegenwärtigung seiner Bedeutung ausspricht, verwirklicht er mit Gottes Hilfe – der im Grunde diese heilige Tat vollzieht – die erweckende Macht des »Höre!«; sein Herz öffnet sich und hört die Stimme Gottes.

So wird das Wort *Sch'ma* zugleich von Gott und vom Menschen ausgesprochen; es ist kein einfaches menschliches Wort, sondern ein wirkungskräftiger Gottesname. Ebenso das zweite Wort des Einheitsbekenntnisses: *Israel;* es ist nicht nur der bloße Name eines Menschen oder Volkes, sondern ebenfalls ein machtvoller Name Gottes. Der Name *Israel* kommt von *saroh,* »kämpfen gegen«, »um die Überlegenheit streiten«, »die Oberhand gewinnen«; er steht in der Thora zum ersten Mal in *Genesis,* 32, 28, wo Gott nachts in Gestalt eines Menschen mit dem Erzvater Jakob ringt, ohne ihn zu besiegen, und ihm bei Morgenanbruch sagt: »Du sollst nicht mehr Jakob heißen, sondern *Israel* (d. h. ›der mit Gott ringt und die Oberhand gewinnt‹), denn du hast mit Gott und mit den Menschen gekämpft und hast gesiegt.« Nachdem der Mensch im *Sch'ma* sein Herz Gott geöffnet hat, muß er aus »Jakob«, dem natürlichen, menschlichen Einzelwesen, »Israel« werden: der geistige Mensch, der »um Gott ringt« im Kampfe gegen »die Menschen«, d. h. gegen den eigenen, inneren, vielheitlichen Menschen, bis er sein vielfaches Einzelwesen besiegt und übersteigt, bis er zum Allmenschen wird, der alle Vielheit in sich eint und selber eins ist mit der unendlichen Einheit Gottes. Dabei ist es der Eine selbst, der im vielheitlichen Menschen um Sich Selber ringt: »Ein Mann rang mit ihm bis zum Anbruch der Morgenröte« (*ibid.*, 24), und dieser Mann ist der Höchste Mensch, der ewige Gott-Mensch, der im Innersten, Geheimsten, in der »tiefen Nacht«, als Himmelsmensch in den Erdenmenschen herniedersteigt und mit ihm ringt bis zum »Anbruch der Morgenröte«, bis zum Aufgang der göttlichen Sonne im Herzen »Jakobs«, bis zu seiner großen Erleuchtung und Einung mit dem Einen, die ihn zu *Israel* macht. In *Isra-El*, dem Menschen, der um Ihn gerungen und Ihn geistig verwirklich hat, ist *El*, »Gott«, sichtbar, offenbart Er Sich in Seiner Einwohnenden Herrlichkeit, in Seiner erlösenden Gnade. *El* ist der Anrufungsname der *Sephirah Chessed*, der schrankenlosen, einenden »Gnade« Gottes; und gleichzeitig mit dieser Seiner Gnade verkörpert Israel Seine »Heiligkeit« und »Weisheit«. »Rabbi Josse sagt: Gott nannte Israel zuerst ›heilig‹ *(kadosch)*, wie geschrieben steht *(Deuter.* 14, 2): ›Denn du bist ein heiliges *(kadosch)* Volk für *JHWH.*‹ — Hernach nannte Er es ›Heiligkeit‹ *(Kodesch)*, wie es heißt *(Jerem.* 2, 3): ›Heiligkeit *(Kodesch)* ist Israel für *JHWH*, die erste *(Reschith)* Seiner Früchte ...‹ — Welches ist der Unterschied zwischen diesen beiden Ausdrücken (›heilig‹ und ›Heiligkeit‹)? Rabbi Abba sagt: Heiligkeit ist höher als alles (was vom Allerhöchsten, *Kether*, ausströmt, denn sie ist *Reschith*, der ›Anfang‹, Seine ›erste‹ Frucht, Seine erste Ausstrahlung, *Chochmah*, die ewige ›Weisheit‹, das unerschaffene Urlicht); denn wir haben gelernt, daß wenn alles, was ›heilig‹ ist, sich vereint (nämlich alle jenseitigen Ausstrahlungen und diesseitigen Kundgebungen Gottes), man es ›Heiligkeit‹ nennt; all das ist dann an jenem (unendlichen) Orte (jenem ontologischen Urzustande) angesammelt, welcher ›Heiligkeit‹ (oder Weisheit) genannt wird (und welcher der Anfang und das Ende aller göttlichen Ausstrahlungen und Kundgebungen ist, denn oberhalb dieses ontologischen Urquells gibt es nur das in sich ruhende Sein und Über-Sein des Allerhöchsten). – Rabbi Elieser sagt (deshalb): Der Anfang und das Ende aller Dinge sind enthalten in der ›Heiligkeit‹, denn die höchste Weisheit *(Chochmah*, welche dieser Anfang und dieses Ende ist) wird ›Heiligkeit‹ genannt ... *(Sohar, Ha'asinu*, 296 b, 297 a).«

Aber Israel verkörpert nicht nur die *Sephiroth Chochmah* und *Chessed*, die beiden höchsten Anblicke der lichten und gnädigen »rechten Seite« Gottes, sondern auch Sein »Herz«, den zentralen Anblick der einenden »Mittleren Säule«: *Tiphereth*, Seine »Schönheit«, oder *Rachamim*, Sein »Erbarmen«. Denn der Beiname Israels, *Kadosch*, »Heilig«, bezeichnet *Ha-Kadosch baruch Hu*, den »Heiligen, gesegnet sei Er«, der alle *Sephiroth* in Seinem »Herzen« vereint, wie *Chochmah*, die »Weisheit« oder der höchste »Vater«, sie in Seinem »Haupte« eint. Andrerseits enthält *Chochmah* insbesondere alle *Sephi-*

roth der »rechten Seite«, deren »Ausgangspunkt« sie ist, wie *Tiphereth* oder *Kadosch*, der »Allheilige«, besonders diejenigen der »Mittleren Säule« – als ihr »Mittelpunkt« – zusammenfaßt. So ist Israel die kosmische Kundgebung der gnädigen »rechten Seite« und der einenden »Mittleren Säule« Gottes; zudem ist es auch die Verkörperung Seiner »linken Seite«, Seiner Strenge, denn in *Israel* befindet sich neben *El*, dem gnädigen, einenden Gott: *Isra*, der um Ihn ringende Mensch, welcher seine Streitkraft aus der linken, »entgegengesetzten Seite« zieht. *Isra* rührt, wie gesagt, von *saroh* her, von »kämpfen gegen«, »um die Überlegenheit streiten«, »die Oberhand gewinnen«; und davon ist die strenge »linke Seite« Gottes das Urbild, der Urquell und die Urkraft selbst. Wir haben gesehen, daß sie der notwendige Gegensatz und zugleich die Ergänzung Seiner »rechten Seite« ist, daß Gottes Gnade ohne Seine Strenge die Schöpfung nicht verwirklichen, aufrechterhalten und zu Ihm zurückführen kann. Aus der »finstern Leere« Seiner Strenge entsteht die Vielheit, die Endlichkeit des Erschaffenen, die sich als solche dem Einen, Unendlichen entgegensetzt, Ihn »bekämpft«, und »um die Überlegenheit streitet«, und manchmal scheinbar »die Oberhand gewinnt«; aber in Wahrheit ist es der Eine, der im Vielen um Sich Selber ringt und somit den Endsieg über das »Zweite«, Viele, Endliche davonträgt. Und das ist auch, wie wir sahen, der Sinn des heiligen Kampfes Israels, seines innern, »nächtlichen«, geistigen Ringens um den Einen, wo schließlich alles Ihm Entgegengesetzte, die ganze »linke Seite«, dank dem Einfluß der einenden »Mittleren Säule« in Seine »rechte Seite« einbezogen wird. Gottes unvermeidliche Strenge ist damit nicht vernichtet, sondern wird ganz und gar von Seiner Gnade beherrscht in der Einheit der »drei Säulen«, in der Einheit all Seiner sephirotischen Ausströmungen, in Seiner All-Einheit, welche sich in Israel verkörpert.

Wenn der Mensch das *Sch'ma*, Gottes Ruf »gehört« und Ihm sein Herz geöffnet hat, und wenn er *Israel* geworden ist, nämlich der wahre, ganze Mensch, das heilige Gefäß und Ebenbild Gottes auf Erden, wird er über alles Menschliche und Erschaffene hinausgehoben zu Gott selber, zu Seiner sephirotischen Einheit, zur höchsten »Einung, die vollkommen ausgedrückt ist in den drei Worten *JHWH Elohenu JHWH*«, den drei weiteren Gottesnamen des Einheitsbekenntnisses.

»*JHWH Elohenu JHWH.* Diese Drei sind Eins. Wie können drei Namen (und was sie bezeichnen) eins sein? Nur in des Glaubens Wahrnehmung, in des Heiligen Geistes Schau, in des verborgenen Auges Betrachtung.« *(Sohar, Bo* 43 b.) Diese »Drei, die eins sind«, bilden das »Mysterium des Gipfels der Felsen (der allweltlichen Ursachen); es ist die (ewige) Einung des (höchsten) Hauptes, der (allweltlichen) Wurzel und des Pfades (des Einen, der in Seiner Einwohnung bis zur Erde herniedersteigt, um das Vielfache zu Ihm zurückzuführen) ... Um das Geheimnis der Einung zu kennen, ist es unerläßlich, dem Pfad (des Einen) zu folgen.«

Der erste *JHWH* bedeutet im *Sch'ma** das »Höchste Haupt«, d. h. das »Dreifache Haupt«, die höchste Drei-Einheit: *Kether-Chochmah-Binah.* Es ist die Einheit der »Höchsten Krone« oder der in sich ruhenden »Ursache der Ursachen« *(Kether),* des »Höchsten Vaters« oder der tätigen Ursache *(Chochmah)* und der »Höchsten Mutter« oder der empfangenden Ursache *(Binah).* In seiner weiteren, ausgedehnten Bedeutung aber ist der erste *JHWH* die Einheit aller sephirotischen Ursachen, die ganze jenseitige Welt Gottes, die »reine Luft, die sich (ewig) erhebt« als die unendliche Erhabenheit Gottes selbst.

»*Elohenu* (Unser Gott) ist die Wurzel, von der es in der Schrift heißt (*Jesaia,* 11, 1): »Und es wird ein Zweig ausgehen vom Stamme Isais, und ein Sprößling wird aus seiner Wurzel treiben.« Das ist die sechsfache Wurzel der Schöpfung, die Einheit der sechs tätigen »*Sephiroth* des Weltenbaus«: *Chesed-Din-Tiphereth-Nezach-Hod-Jessod.* Diese Wurzel ist der ewige »Sohn«, und dessen »Sprößling« oder Kundgebung ist die Einwohnung des Einen in der ganzen Schöpfung; und diese Seine All-Einwohnung wird zur Allerlösung, zum »Geheimnis der kommenden Welt«, zum »Einen Gott« der Geschöpfe, den sie alle *Elohenu,* »Unser Gott«, nennen werden.

»Der letzte *JHWH* ist der Pfad hienieden«, die letzte *Sephirah, Malchuth,* die göttliche »Tochter« und »Untere Mutter«. Sie empfängt die Einstrahlung der sechs tätigen *Sephiroth* des Weltenbaus und wird zu dessen unmittelbaren Ursache; sie

* Obwohl im *Sch'ma,* wie gesagt, der Name *JHWH* als *Adonai* ausgesprochen wird, steht er als *JHWH* in der Thora und in den Gebetsbüchern und behält seine volle geistige Bedeutung bei.

ist der »Pfad« des Einen, der sich bis zur untersten Ebene des Weltenbaus hinzieht, um alles Irdische zu entfalten, zu erleuchten und zum Einen zurückzuführen. Der »letzte *JHWH*« bedeutet also die Einwohnung des Einen in unserer Welt und insbesondere in Israel; er ist die *Schechinah*, die »Heilige Gemeinde Israels«, sein Mystischer Leib, aus welchem den Kindern Israels alle göttlichen Kundgebungen und erlösenden Gnadenmittel zuströmen. Alle diese Mittel der Einung Israels mit dem Einen sind in der Tat im allerheiligsten Namen *JHWH* angesammelt: Er schenkt dem auserwählten Volk die ganze Fülle und Gegenwart Gottes auf Erden.

Wenn der Mensch die Worte *Sch'ma Israel JHWH Elohenu JHWH* ihrer wahren Bedeutung nach bekennt und bejaht, wenn er sich in ihren geistigen Gehalt versenkt und darauf angesammelt ist »mit ganzem Herzen, mit ganzer Seele und mit seinem ganzen Vermögen«, dann offenbart sich die *Schechinah* in seinem Herzen und vereint ihn mit dem Allerhöchsten. Dann sind alle Anblicke und Stufen der Allwirklichkeit, von der obersten bis zur untersten, »vom Unendlichen bis zum Ende der Schöpfung«, eins in ihm. Dann sind alle Worte, alle Gottesnamen zum letzten Worte des *Sch'ma* geworden, zum Einen Wort, zum Einen Namen, zur Einen Wirklichkeit: zu *Echad*, »Eins« *.

* *Echad* wird *AeCHaD* geschrieben, beginnt also mit *A*, dem ersten Buchstaben des hebräischen Alphabets, Aleph = א . Sein Zahlenwert ist »eins«, und er ist das offenbarte, graphische Sinnbild des »Einen«; er faßt somit auch das ganze Wort *AeCHaD*, »Eins«, in sich zusammen. Im *Aleph* einen sich insbesondere die drei Gottesnamen *JHWH Elohenu JHWH*. »Das Haupt, die Wurzel und der Pfad werden zusammen durch das *Aleph* dargestellt«, sagt der *Sohar*. »Sein oberer Punkt (י) ist das Sinnbild des Hauptes; der mittlere (schräge) Balken (\) bedeutet den Pfad; und der untere Punkt (י) stellt die Wurzel dar.« Wenn der Mensch im *Sch'ma* »wirklich« beim *AeCHaD anlangt*, geht er in *A*, die Einheit ein, welche zu *CH*, zu seinem »Leben« *(Chajim)* wird, sowie zu *D*, zu seinem endgültigen »Wege« *(Derech)*, den er nie mehr verläßt bis er in alle Ewigkeit im Einen ruht. Deshalb muß man im rituellen Aussprechen des *AeCHaD* auf seinem letzten Buchstaben *Daleth* verharren.

In der heiligen Sinnbildlichkeit der sechs Worte des Einheitsbekenntnisses: *Sch'ma Israel JHWH Elohenu JHWH Echad* ist der ganze geistige Weg, die völlige Rückkehr zum Einen, verborgen. Das *Sch'ma* ist somit eines der wesentlichsten Gnadenmittel zu dieser Rückkehr. Hier wird dem gesammelten Geist die einende Kraft des Wortes oder Namens Gottes zum Mittel der Einung; und dieses Mittel ist besonders wertvoll, weil es als Wort durch zeitliches Geschehen nicht zerstört werden kann*, während andere, an sich ebenfalls wesentliche Gnaden- und Einigungsmittel, wie der ursprüngliche Tempeldienst, mit der Vernichtung ihres heiligen Stützpunktes, in diesem Falle des Tempels, selber zunichte wurden.

Aber vom Tempel zu Jerusalem sind nicht nur ein paar Steine, eine Mauer zurückgeblieben, sondern auch seine eigene heilige Sinnbildlichkeit, die ihrerseits den geistigen Weg, die Rückkehr zum Einen beschreibt; und wenn diese Sinnbildlichkeit auch keine rituelle Bedeutung mehr hat, kann sie heute noch als beschaulicher Stützpunkt zur inneren Einung mit dem Einen dienen. Die Erinnerung an den Tempel ist die Erinnerung an das Herz Israels, worin Gott wohnte, wie Er in Seinem Wort, Seinem Namen, im Bekenntnis Seiner Einheit, im Gebete wohnt; es ist die Erinnerung an das wahre Israel, das einging in das Haus Gottes, um darin Ich und Welt zu opfern, um sich vor Seiner Wahren Gegenwart niederzuwerfen, sich von ihrem Verzeihen, ihrem Segen, ihrem Lichte durchdringen zu lassen und sich in ihr mit dem Einen zu vereinen.

Der Tempel zu Jerusalem hatte dieselbe Grundbedeutung wie die Stiftshütte, sein bewegliches Vorbild. Er war Gottes »Wohnung« *(Mischkan)* oder die heilige Stätte Seiner »Einwohnung« *(Schechinah)* inmitten Israels. »Und Ich werde wohnen *(we-schochanti)* inmitten der Kinder Israels und

* Auch der Name *JHWH*, dessen Aussprechen Israel vor mehr als zweitausend Jahren untersagt wurde, ist nicht »zerstört«, sondern von Gott »zurückgezogen« worden bis zur Zeit der letzten geistigen Erlösung Seines Volkes. Inzwischen hat Er Israel – wie wir es sehen werden – die »erste Hälfte« Seines allerheiligsten Namens und andere Namen zur Einung mit Ihm gelassen.

werde ihr Gott sein. Und sie sollen erkennen, daß Ich *JHWH*, ihr Gott bin, der Ich sie aus dem Lande Ägypten herausgeführt habe, um in ihrer Mitte zu wohnen, Ich *JHWH*, ihr Gott (*Exodus* 29, 45—46).« Gott wollte im »Heiligtum« (*Mikdasch*) wohnen, um darin erkannt zu werden; Seine Gegenwart sollte darin erscheinen, reden, befehlen: »Ich werde dir daselbst erscheinen und vom Sühnedeckel herab, zwischen den beiden Cherubim, die auf der Bundeslade sind, alles mit dir reden, was Ich dir anbefehlen will für die Kinder Israels (*ibid.* 25, 22).« Diese Worte waren an Mose gerichtet, galten aber nicht nur für das Allerheiligste des Stiftzeltes, sondern auch für dasjenige des Tempels, das Salomo »Orakel« (*D'bir*) nannte; denn hier offenbarte sich Gottes »Wort« oder »Befehl« (*Dibrah*) und damit die »prophetische Botschaft« (*Dibber*).

Mose hatte das Stiftszelt für Gottes »Einwohnung«, die *Schechinah* errichtet, Salomo den Tempel für Gottes »Namen« (*Schem*); doch war ihrer beider Werk im Grunde eins: Denn Gott ist wirklich gegenwärtig in Seinem Namen, dieser ist nichts anderes als Seine Einwohnung. Die allerheiligte Handlung des Hohepriesters bestand in der Anrufung des Namens Gottes: Er rief Ihn an, und die *Schechinah* offenbarte sich. Gott selber sprach von der Einwohnung Seines Namens im Tempel zu Jerusalem: »Seit dem Tage, da Ich mein Volk aus dem Lande Ägypten herausgeführt, habe ich keine Stadt inmitten aller Stämme Israels erwählt, um ein Haus zu bauen, daß Mein Name daselbst wäre, und habe auch keinen Mann erwählt, daß er Fürst wäre über Mein Volk Israel. Aber Jerusalem habe Ich erwählt, daß Mein Name daselbst sei, und David habe Ich erwählt, daß er über Mein Volk Israel sei (2. *Chron.* 6, 5–6).« Und Salomo, der diese Worte Gottes überlieferte, fügte hinzu: »Es sprach *JHWH* zu meinem Vater David: Daß du beabsichtigt hast, Meinem Namen ein Haus zu bauen, war eine gute Absicht. Aber nicht du sollst das Haus bauen, sondern dein Sohn, der aus deinen Lenden kommt, soll Meinem Namen das Haus bauen (*ibid.* 8—9).« Daß Gott Selber darin wohnte, geht unter anderem aus folgender, den Tempel betreffenden Schriftstelle hervor: »Ich werde dir gegenüber Mein Wort erfüllen, daß Ich David, deinem Vater gesagt habe: Ich werde wohnen inmitten der Kinder Israels und werde Mein Volk Israel nicht verlassen (1 *Könige* 6, 12–13).«

Das Stiftszelt hatte der Gegenwart, dem Namen Gottes keinen bleibenden Ruheort geboten, denn es war im Bilde Seines himmlischen »Wagens« *(Merkabah)* errichtet, darin Er Sein Volk durch die Wüste bis zur festen »Mitte der Welt«, Jerusalem, geleiten wollte. Die mündliche Überlieferung berichtet, daß in der Wüste die Träger der Bundeslade von dieser auf wunderbare Weise wie von einem Wagen getragen wurden: Nicht nur verspürten sie keine Last, sondern schwebten gleich Engeln dahin, vom Lichte der heiligen Lade durchdrungen und zu prophetischer Schau erhoben ... Als Gottes »Wagen« stillstand, war er Sein »Thron«; das eigentliche, irdische Abbild des Thrones aber, die feste Stätte Gottes hienieden war nicht das Stiftszelt, sondern der Tempel; deshalb wird dieser allein Gottes »Haus« *(Beth)* genannt oder Sein »Unterer Thron«. An sich sind Sein Wagen und Sein Thron ein- und dieselbe allweltliche Mitte; aber der Tempel allein »festigt« diese hienieden: In ihm befindet sich – gemäß dem Talmud (*Joma* 54b) – der »Grundstein« *(Eben Schethijah)*, um den herum die Erde erschaffen wurde und auf dem die ganze Welt ruht. Deshalb sagt auch die Kabbala (*Sohar: Terumah* 157a), daß das Heilige Land die Mitte der Welt sei, Jerusalem die Mitte des Heiligen Landes und das Allerheiligste die Mitte Jerusalems: Auf diesen Mittelpunkt strömte alles Gute und alle Nahrung von Oben hernieder, um an die ganze Welt verteilt zu werden.

Gottes Gegenwart Selber stieg in Seine irdische Wohnung herab und erschien, redete, erhörte, verzieh und segnete darin, damit Israel und die ganze Menschheit sich zu Ihm erhebe. »Wenn auch ein Fremder, der nicht von Deinem Volke Israel ist, herkommt aus fernen Landen, um Deines großen Namens, Deiner mächtigen Hand und Deines ausgestreckten Armes willen, und betet vor diesem Hause: So wolltest Du hören vom Himmel, vom Sitze Deiner Wohnung, und alles tun, worum er Dich anruft, auf das alle Völker der Erde Deinen Namen erkennen und Dich fürchten wie Dein Volk Israel und innewerden, daß über dieses Haus, das ich gebaut habe, Dein Name angerufen ward«, so betete Salomo bei der Einweihung des Tempels (vgl. *Chron.* 6, 32–33). Das auserwählte Volk war Vermittler zwischen allen Völkern und dem Weltenherrn, wie der Hohepriester Vermittler zwischen Ihm und Seinem Volke war. Ganz Israel war ein »Reich von Priestern«: Seine

Sendung bestand darin, »heilig zu sein« im Ebenbilde des heiligen Gottes und dadurch die ganze Welt zu heiligen, in der Befolgung der Gebote, in der inneren Reinigung und der Vergeistigung, in der Hingabe der Herzen, wovon die Opfer und die Gebote im Tempel nur der sichtbare Ausdruck waren; denn ohne die innere Umkehr wurde das im Heiligtum Dargebrachte von der *Schechinah* nicht angenommen. Die mündliche Überlieferung beschreibt die klaren Zeichen des göttlichen Erhörens oder Zornes im Tempel; von der allerheiligsten Mitte gingen nicht nur Gnadenlicht und Segen, sondern auch Blitz und Strafe aus.

Israel wurde auserkoren, sich mit der Einwohnung Gottes zu vermählen und dadurch alles Untere mit dem Oberen, »die *Schechinah* mit dem Heiligen, gesegnet sei Er, zu vereinen.« In dieser Einung der Gegenwart Gottes – und alles Daseins in ihr – mit Seiner unendlichen Erhabenheit bestand das allerheiligste Mysterium der »Mitte der Welt«. Dieses Mysterium – auch die »Einung des Namens« genannt, der zugleich das verborgene Wesen und die allweltliche Kundgebung Gottes in sich schließt – ward zuerst in der Stiftshütte durch die Vermittlung Moses und Ahrons vollbracht und dann durch die Nachkommen des Hohepriesters im ersten und im zweiten Tempel. Nach deren Zerstörung »zog die *Schechinah* mit Israel in die Verbannung«; Gott zerbrach beide Tempel, wie Er die beiden ersten Gesetzestafeln durch Moses Hände zerbrochen hatte, wegen der Sünden Israels: Er strafte Sein Volk sehr hart, aber er verließ es nicht, und überall, wo es fortfuhr, Seinen Namen zu verherrlichen, leuchteten die »zerstreuten Funken der *Schechinah«* hell auf und führten die Erleuchteten zur Ursonne zurück. Jedoch sollte Israel bis zu der von den Propheten angezeigten messianischen Wiedererrichtung des Tempels keine diesem ähnliche, sichtbare heilige Mitte mehr besitzen.

Obwohl der Tempel das feste Haus Gottes oder die feste Mitte der Welt darstellte, war er selber nur erst eine *praefiguratio* und noch nicht die endgültige Herabkunft des himmlischen Thrones, Heiligtums oder Jerusalems auf Erden: Dieses »wird nicht von Menschenhand, sondern von Gott selber errichtet werden« als die unzerstörbare Mitte des kommenden messianischen Reiches. Das salomonische, vorweggenommene Abbild dieser göttlichen Mitte war als solches zerstörbar, und doch nicht vollends; denn ein unsichtbarer geistiger »Fluß« war in ihm kristallisiert und ging nach allen Himmelsrichtungen aus und schwingt immer noch weiter bis zur Erreichung seines Zieles: Das ist »der aus dem höchsten Eden strömende Fluß des *Jobels«*, der allweltlichen, messianischen Erlösung.

Die aus dem Jobelfluß kristallisierten geistigen Steine des Tempels sind nie zerstört worden; sie sind unzerstörbar und harren ihres letzten Gebrauches. Deshalb heißt es in der Kabbala (*Sohar: P'kude* 240b), man solle keinen Augenblick wähnen, die zum Fundament Zions und Jerusalems dienenden Steine seien in die Hände der fremden Völker gefallen. In Wirklichkeit sind sie alle vom Heiligen, gesegnet sei Er, verborgen und aufbewahrt worden, ohne daß auch nur einer fehlte; und wenn Er Jerusalem endgültig wiederaufrichten wird, dann werden diese Grundsteine an ihren ursprünglichen Platz zurückkehren, »umgeben von Saphiren«. Diese sind die Steine des Oberen Thrones, die im himmlischen Jerusalem das aus Gott strömende Urlicht widerstrahlen; denn das Vorbild des irdischen Heiligtums befindet sich im Himmel und das ewige Urbild des himmlischen Vorbildes in Gott Selber. »Sie sollen Mir ein Heiligtum machen, und Ich werde in ihrer Mitte wohnen. Ganz so wie Ich dir das Vorbild der Wohnung und das Vorbild all ihrer Geräte zeigen werde, so sollt ihr es machen (*Exod.* 25, 8–9).« Dieses Vorbild oder Urbild des irdischen Heiligtums hat, wie gesagt – gemäß der Kabbala (*Sohar: Terumah* 159a) –, zwei übereinanderliegende Anblicke: einen himmlischen und einen göttlichen. Gott offenbarte dem Mose in der Schau des himmlischen Stiftzeltes und seiner Gegenstände zugleich die überförmlichen, ewigen Urbilder Seiner irdischen Wohnung, welche in den zehn *Sephiroth* oder zusammenfassenden »Aufzählungen« Seiner unendlichen Eigenschaften beruhen. Er ließ Mose dem »Dienste« des Himmelsmenschen und Engelfürsten *Metatron* beiwohnen; dieser ist Herr über das himmlische Stiftszelt, darin das Opfermysterium vom Erzengel Michael als »Hohepriester« vollbracht wird. Darüber aber, verborgen in Gottes Wirklichkeit selbst, befindet sich noch ein anderes »Stiftszelt«, dessen »Hohepriester« das »Urlicht« ist.

Diese drei übereinandergestuften Anblicke der allweltlichen Wohnung Gottes haben ihr Abbild hienieden in der Dreiteilung des Heiligtums: im »göttlichen« Allerheiligsten, im »himmlischen« Heiligen und im »irdischen« Vorhof – wobei die Vorhalle des Tempels das »irdische Paradies« versinnbildlicht. Hier auf Erden wohnt Gott im Dunkel des Allerheiligsten, denn auch »oben« ruht Sein unbedingtes Wesen in der ewigen Verborgenheit, daraus sich Sein lichtes Sein und dessen Einwohnung offenbaren. Das Licht Seiner Einwohnung strahlt vom Allerheiligsten ins Heilige und erscheint über dem siebenarmigen Leuchter, wie oben Gott aus Seiner Unendlichkeit herabsteigt, um als Weltenherr über den sieben Himmeln zu thronen im Strahlenkreuz der sieben *Sephiroth* des Weltenbaus, der sieben allbestimmenden und allerleuchtenden Anblicke Seines Antlitzes. Der Vorhof endlich dient, wie die ganze Erde, als ständiger Ausgangspunkt für des Menschen Rückkehr zu Gott: Es ist der »Schemel Seiner Füße«, zu denen der Mensch sich in Furcht hinwerfen muß und vor denen der Altar, darauf alles Leibliche dargebracht wird, errichtet ist, sowie das Wasserbecken, darin alle Seelen sich reinigen, um vor Ihm zu erscheinen. »Wehe der Seele, die sich nicht reinigt: Sie wird im ›Feuerfluß‹ *(Nahar di-Nur)* gereinigt werden!«

»So spricht *JHWH:* Der Himmel ist Mein Thron und die Erde Meiner Füße Schemel. Was ist es denn für ein Haus, das ihr Mir bauen wollt? Oder welches ist die Stätte, da Ich ruhen soll (*Jesaia* 66, 1)?« Gott wohnt im Unermeßlichen, Er ist allgegenwärtig, und gerade deshalb befindet Er Sich auch im kleinsten Raume, wie Er es gemäß der mündlichen Überlieferung selber sagte: »Wenn Ich will, kann Ich in einem Raume zwischen zwanzig Brettern im Norden und im Süden und acht Brettern im Westen Wohnung nehmen. Mehr noch, Ich kann herabsteigen und Meine *Schechinah* in ein Ellenviereck einschränken *(Exodus R.* 34, 1).« Seine unendliche Gegenwart ruht im Allerheiligsten, Seine gewaltige Himmelswelt im Heiligen und die ganze, innere Wirklichkeit des körperlichen Alls im Vorhofe Seiner irdischen Wohnung.

Hier, im *Vorhofe* also wird das Irdische auf dem *ehernen Altar* geopfert* und reinigt sich die Leibseele, *Nephesch,* im

* Das tägliche – morgendliche und abendliche – Tier- oder Brandopfer war von einem Speiseopfer und einem Trankopfer begleitet, was wie alle Riten des Tempels zur Einbeziehung der Strenge in die Gnade Gottes dienen sollte. Diese Einbeziehung Seiner »linken« in Seine

Wasser des *Priesterbeckens.* Dann erst darf die Seele, geläutert, ins *Heilige* eingehn und wird, vom Geiste durchdrungen und erfüllt, zur Geistseele, *Ruach;* ihr offenbart sich der *siebenarmige Leuchter,* das heilige Antlitz Gottes in Seinen sieben allweltlichen Eigenschaften, mit denen sie bekleidet wird. Dann erstrahlt die Seele selber im siebenfachen göttlichen Lichte und wird zum *Schaubrot* für alle Wesen: Der Mensch ist ganz geläutert, erleuchtet, vergeistigt, geheiligt und gibt das empfangene Licht des Lebens und des Heils all denen weiter, die es ernsthaft begehren. Eins mit der ganzen Schöpfung Gottes, steigt seine heilige Seele, *Neschamah,* wie *Weihrauch* vom *goldenen Altar* seines Herzens auf und dringt durch den *innersten Vorhang* seines Wesens in dessen *Allerheiligstes* ein. Hier findet die Seele über der *heiligen Lade* ihrer Gottverbundenheit den erlösenden *Deckel der Versöhnung* aller Zweiheit: Die *beiden Cherubim* sind vereint in der *Gegenwart des Einen,* darin die Seele ihr ewiges Leben, ihre eigene Einheit mit Ihm erkennt; nunmehr heißt sie die ewig »Lebendige« *(Chajah),* die »Eine und Einzige« *(Jechidah).* Der Glaube Israels ist verwirklicht: *Echad,* »Eins«.

Der Tempel ward zerstört, nicht aber der in ihm verborgene Weg der Reinigung, Erleuchtung und Einung und auch nicht der Name Dessen, »Der all denen nahe ist, die Ihn anrufen in Wahrheit«. Obwohl das Aussprechen des Namens *JHWH* Israel untersagt ward, blieb ihm dennoch ein Zugang dazu durch die erlaubte Anrufung seiner »ersten Hälfte«, *JH (JaH),* und durch andere Gottesnamen, die das Tetragrammaton ersetzen. Die Verwirklichung des geistigen Weges in der erlösenden Anrufung des Höchsten kann indessen nicht ohne die wahre innere Umkehr geschehen. Der Weg beginnt mit der Umkehr, ist ständige Umkehr, Rückkehr zu Gott; das ganze Werk des Geistes hängt an der Umkehr, weshalb die Meister Israels lehren: »Woher kommt es, daß, wenn einer umkehrt, es ihm angerechnet wird, wie wenn er nach Jerusalem hinaufgezogen wäre, den Tempel wiedererbaut, einen Altar errich-

---

»rechte Seite« sollte nicht nur in Furcht, sondern auch in Freude geschehen; und die Freude wurde besonders durch das Trinken des Weines, das Atmen des Weihrauchs und den Gesang der Priester erzeugt. Zur Einbeziehung der Strenge in die Gnade muß nicht nur die erstere, sondern auch die letztere vergegenwärtigt werden; die heilige Freude ist die Gegenwart der Gnade.

tet und alle im Gesetz aufgezählten Opfer dargebracht hätte? Aus folgender Stelle (*Ps.* 51, 19): ›Die Opfer, die Gott wohlgefallen, das ist ein zerbrochener Geist ...‹ (*Levit. R.* 7, 2).«

Was am Geiste zerbrechen muß, ist das Nichtige, Falsche, Ungöttliche, das ihm nicht eigen ist, sondern ihm anhaftet wie eine finstere »Schale« (*K'lippah*). Wenn diese zerbricht, richtet sich der Geist wieder auf in seinem ursprünglichen Wesen, das ganz erfüllt ist von Gott: Der ganze Mensch richtet sich wieder auf als eine Wohnung, ein Tempel Gottes, daraus die Welt Licht und Segen schöpft und Kraft zur Umkehr, zur Rückkehr zum Einen.

VOM GROSSEN NAMEN GOTTES

Denn vom Aufgang der Sonne bis zum Niedergang ist Mein Name groß unter den Völkern, und an allen Orten läßt man Weihrauch aufsteigen vor Meinem Namen . . . Maleachi 1, 11

Das verlorene Wort

Gott hat Israel Gnadenmittel gegeben zur Einung mit Ihm: die Thora, Seine Offenbarung und die damit verbundene Gesetzestreue und geistige Verwirklichung der schriftlichen und der mündlichen Lehre, und was die letztere betrifft, insbesondere die einweihungsmäßige Vertiefung in die Geheimnisse der Innenlehre, der Kabbala; diese selber ist reich an Einungsmitteln, worunter hier namentlich der kontemplative »Weg der *Sephiroth*« *(Derech ha-Sephiroth)* und derjenige der Anrufung Gottes, der »Weg der Gottesnamen« *(Derech ha-Schemoth)* erwähnt seien. Ob es sich nun aber um den exoterischen oder esoterischen Weg, um den einfachen Gläubigen oder den Kabbalisten handle, muß der Mensch immer wieder zu jenem allgemeingültigen Gnadenmittel greifen, das die *Teschubah*, die wahre innere Umkehr zu Gott ist, das wahre Opfer des Ichs im Herzen – wie früher auch im Stiftszelt und im Tempel; und jeder Jude muß seine ständige Rückkehr zum Einen täglich im rituellen und geistigen Einheitsbekenntnis besiegeln.

Das Einheitsbekenntnis vereint mehrere Gottesnamen in sich, und ihre geistige Einung, d. h. die ihres wirklichen, göttlichen Gehaltes führt zur Einung des Menschen und des Alls mit dem Einen. Dasselbe Ziel kann erreicht werden durch die (allen einweihungsmäßigen Vorschriften Rechnung tragende) Anrufung eines einzelnen Gottesnamens, was früher vor allem für Gottes »ausdrücklichen Namen« *(Schem ha-mephorasch)*: *JHWH* galt; in der geistigen Einung seiner vier heiligen Buchstaben, die alle Wirklichkeiten zusammenfassen, bestand die »Einung des Namens«, die Einung der Allwirklichkeit, die Verwirklichung der All-Einheit im Herzen des Menschen. Aber ähnlich wie der Tempel – und doch verschieden von ihm – wurde dieses Einungsmittel Israel entzogen; um seiner ursprünglichen Wirkungsweise zu begegnen, muß man wohl bis zum Stiftszelt Moses hinaufsteigen, zur höchsten geistigen Blütezeit Israels, die sich immerhin zu Beginn des ersten Tempels erneuerte: Da strahlte der »Name« Gottes im goldenen Heiligtum Salomos als Einwohnende Herrlichkeit wieder voll auf und erleuchtete das auserwählte Volk samt der es umgebenden Welt. Aber nach Salomo zerfiel Israel und erlitt schließlich die Verbannung in Babylonien, während das herrliche Gotteshaus zerstört wurde; das ist auch die Geschichte der inneren, geistigen Wirklichkeit Israels, des »Gottesnamens«, der in seiner Mitte gewohnt hatte und dessen Licht im zweiten Tempel nur noch in »vermindertem Maße« weiter strahlte. Etwas mehr als zweihundert Jahre nach dessen Errichtung – im dritten Jahrhundert vor der christlichen Zeitrechnung – nahm mit dem Tode des großen geistigen Hohepriesters Simon dem Gerechten auch die Anrufung des Namens *JHWH* im Heiligtum ein Ende.

Nicht nur aus der durch die Überlieferung bestätigten »Verminderung des Lichtes« während des zweiten Tempels, sondern auch aus der götzendienerischen Schändung des ersten salomonischen Gotteshauses durch Israel kann man schließen, daß der allerheiligste »Name« sich seit langem mehr und mehr dem Volke entzogen hatte und schließlich nur noch den Hohepriestern sowie der wirklichen geistigen Auslese überlassen blieb. An der Spitze dieser Auserwählten standen die letzten jüdischen Propheten und nach diesen die hundertzwanzig hervorragenden, frommen und gesetzeskundigen »Männer der Großen Versammlung«, von denen der erwähnte Hohepriester Simon der Gerechte einer der letzten war (gest. gegen 270 v. Chr). Wenn aber auch mit diesem die Anrufung des Namens *JHWH* im Tempel zu Ende ging – nachdem sie der Masse schon längst entzogen war –, beweist nichts, daß dieser Name nicht insgeheim durch die oder den – bekannten oder unbekannten – Führer der geistigen Auslese jeden Geschlechtes weiter angerufen wurde in Übereinstimmung mit dem an Mose gerichteten Wort Gottes (*Exodus* 3, 15): »Also sollst du zu den Kindern Israels reden: *JHWH*, der Gott eurer

Väter, der Gott Abrahams, der Gott Isaaks und der Gott Jakobs hat mich zu euch gesandt. Das ist Mein Name ewiglich, und das ist Mein Gedenken (*sichri:* die Anrufung Meiner Selbst) für und für (*ledor dor:* von Geschlecht zu Geschlecht).« Von einem Geschlecht zum andern wurden die »Geheimnisse der Thora«, die Mysterien der Eigenschaften und Namen Gottes durch die großen geistigen Meister der Kabbala verwirklicht und durch Einweihung überliefert; und während das jüdische Volk immer wieder furchtbar geprüft oder gestraft wurde und fast zugrunde ging, pochte insgeheim sein geistiges »Herz« weiter in der ununterbrochenen Vergegenwärtigung des »Namens«, welcher der Lebendige Gott selber ist, der »Lebensquell« Israels, ohne den es nicht bestehen kann. Das scheinbar »verlorene Wort«, dieses ehemalige Hauptmittel zur Einung Israels mit dem Einen, ist auf wunderbare Weise nicht nur als Einwohnende Herrlichkeit Gottes, als *Schechinah,* in der geheimen geistigen Mitte des Volkes, sondern auch lehrbar und beschaulich in den kabbalistischen Schulen gegenwärtig geblieben. Und Gott hat Seinen Namen »teilweise« sogar dem Volke zur Anrufung überlassen, wie wir es im folgenden näher sehen werden; deshalb ist heute noch der Name *JHWH* oder das, was von ihm übrig geblieben, von höchster geistiger Bedeutung für Israel — und bildet deshalb auch das »letzte Wort« des vorliegenden Buches.

JHWH wird nicht nur der »ausdrückliche Name« Gottes, sondern auch Sein »vollständiger Name« oder die »Zusammenfassung aller Zusammenfassungen« genannt, weil jeder seiner Buchstaben einen der vier grundlegenden Anblicke, eine der vier Urstufen der Allwirklichkeit versinnbildlicht und offenbart; ebenso weil er alle andern Gottesnamen in sich zusammenfaßt. Ferner nennt man ihn den »einzigen Namen«, nicht nur weil er dem »einzigen Volke« vorbehalten ist, sondern vielmehr auch seiner unvergleichlichen geistigen Wirkungskraft wegen, welche grundsätzlich die unmittelbare Vergegenwärtigung der *Schechinah* hervorruft. Es war gerade dieses unmittelbare Hervorquellen der schrankenlosen und deshalb auch »furchtbaren« Gnade Gottes aus Seinem Namen *JHWH,* das die geistige Obrigkeit Israels veranlaßte, dessen Anrufung, ja sein gewöhnliches Aussprechen dem geistig gesunkenen Volke zu untersagen. In seinem »Führer der Verirrten« sagt darüber Rabbi Mosche ben Maimon (Maimonides, 1135–1206): »Es ward uns der Priestersegen vorgeschrieben, darin der Name des Ewigen *(JHWH)* ursprünglich so ausgesprochen wurde wie er geschrieben steht (und nicht in Form eines andern, ihn ersetztenden Gottesnamens, wie es später der Fall war, wo man *JHWH* als *Adonai* aussprechen mußte), und das ist der ›ausdrückliche Name‹. Nicht jeder wußte, wie er ausgesprochen und durch welchen Selbstlaut jeder seiner Buchstaben (oder Mitlaute) vokalisiert werden sollte, oder auch ob einer seiner Buchstaben, bei dem die Verdoppelung möglich ist, tatsächlich verdoppelt werden mußte; die Gelehrten überlieferten es einander, nämlich die Art und Weise, diesen Namen auszusprechen, und lehrten es niemanden außer ihren vorzüglichsten Schülern, einmal in der Woche ... Man besaß auch einen Namen, der aus zwölf Buchstaben zusammengesetzt und geringer an Heiligkeit war als der vierbuchstabige Name; mich dünkt es am wahrscheinlichsten, daß es sich nicht um einen einzigen Namen, sondern um zwei oder drei handelte, die vereint zwölf Buchstaben hatten (wie z. B. der achtbuchstabige *JAHDVNHI*, der eine Verflechtung der beiden Namen *JHVH* und *ADoNaI* ist). Dieser (zwölfbuchstabige) Name ersetzte jedesmal den vierbuchstabigen Namen, wenn der letztere in der Vorlesung (der Thora oder im Gebete) vorkam, wie wir ihn heute durch denjenigen ersetzen, der mit (den Buchstaben) *Aleph, Daleth* beginnt (d. h. *ADoNaI*, Mein Herr) ... Es war nicht untersagt, ihn zu lehren, und er wurde keinem Menschen des (überlieferten) Wissens geheimgehalten, sondern im Gegenteil jedem übermittelt, der ihn kennenlernen wollte. Dem war nicht so in bezug auf den vierbuchstabigen Namen; denn die, die ihn kannten, lehrten ihn nur ihren Söhnen und ihren Schülern einmal in der Woche. Nachdem aber lose Menschen, die diesen zwölfbuchstabigen Namen gelernt hatten, zufolgedessen Irrlehren verbreiteten – wie es bei jedem unzulänglichen Menschen in einer Sache vorkommt, die nicht dem ursprünglichen Bild entspricht, das er sich von ihr gemacht hat – wurde auch dieser Name verborgen, und man lehrte ihn nur noch den Frömmsten unter den Priestern, damit sie durch ihn das Volk im Tempel segneten. Desgleichen hatte man wegen der Verderbtheit der Menschen schon vorher aufgehört, den *Schem ha-mephorasch (JHWH)* sogar im Tempel auszusprechen:

›Nach dem Tode Simons des Gerechten – sagen die Meister – hörten seine Brüder, die Priester auf, durch den Namen *(JHWH)* zu segnen und erteilten den Segen durch jenen zwölfbuchstabigen Namen ... und ließen ihn (sogar während des Segens) durch die (liturgischen) Gesänge der (andern) Priester, ihrer Brüder, übertönen.‹ «

Aber wie gesagt, scheint trotzdem, sogar nach der Zerstörung des zweiten Tempels, die Anrufung des »ausdrücklichen Namens« die allerheiligste Aufgabe gewisser Eingeweihter geblieben zu sein, welche die geistigen Pole der esoterischen »Kette der Überlieferung« *(Schalscheleth ha-Kabbalah)* bildeten und immer noch bilden. Diese hat in der Tat zur Aufgabe, die »Geheimnisse der Thora« ununterbrochen, zu allen Zeiten, durch Einweihung zu überliefern, und unter diesen Geheimnissen befindet sich die Anrufung der Gottesnamen. Aber selbst unter den Eingeweihten wird es wohl nur äußerst wenige geben, die das allerhöchste Amt innehaben, insgeheim den »vollständigen Namen« anzurufen; und außer diesen gibt es auch wohl niemanden, der weiß, wie *JHWH* angerufen wird. Die kabbalistische Literatur enthält zwar alle möglichen Umstellungen und Vokalisierungen der »vier Buchstaben«; auch findet man den Namen *JHWH* in der Form von *»JeHoWaH«* in den jüdischen Gebetbüchern, während er von den Nichtjuden oft als *»Jahwe« (JaHWeH)* wiedergegeben wird. Aber außer einigen Eingeweihten gibt es, wie gesagt, grundsätzlich niemanden, der weiß, wie die Anrufung dieses Namens vorzunehmen ist: Dieses Wissen setzt notwendigerweise eine entsprechende Einweihung voraus, und diese geschieht im Hinblick auf die tatsächliche Anrufung des Namens, die ihrer unmittelbaren Wirkung wegen für alle Unberufenen äußerst gefährlich ist.

Im übrigen kann das heutige Nichtwissen um das wirkungskräftige Aussprechen des »ausdrücklichen Namens« kaum die Folge eines rein menschlichen Entscheides sein; das wesentliche »Wort« der ganzen jüdischen Überlieferung – oder die Art und Weise es auszusprechen – hätte eines bloß menschlichen Verbotes wegen wohl kaum in Vergessenheit geraten können. Dieses Verbot ist in seinem unbedingten, unantastbaren Charakter seit mehr als zweitausend Jahren so sehr vom jüdischen Volke geachtet worden und hat dabei für dieses so tiefgreifende Folgen gehabt, daß wohl kein Zweifel daran bestehen kann, Gott Selber habe Seinen Namen der Masse Israels entzogen. Dieses höhere Eingreifen in das Geschick des auserwählten Volkes drückt aber gewiß nicht nur Gottes Strenge aus, sondern auch Seine Gnade: Er weiß, wie zerbrechlich die menschlichen Gefäße der Endzeit sind und daß sie ihrer Gottferne wegen das geistige Gewicht Seines unmittelbaren Herabstieges in der Anrufung Seines Namens nicht ertragen würden. Deshalb kann der »vollständige Name« als solcher zu unserer Zeit – die alle Merkmale der von der Überlieferung geschilderten »Endzeit« trägt – nicht das eigentliche Mittel zur Einung mit Gott sein. Andrerseits kann er aber auch nicht völlig ausgeschieden worden sein, denn Gott Selber hat ihn dem Mose als Seinen »ewigen Namen« gegeben, der sich auf der zeitlichen Ebene als die »Erinnerung« und Anrufung *JHWH's* »für und für«, »von Geschlecht zu Geschlecht« bis ans Ende der Welt kundgeben muß. Wenn diese ununterbrochene Anrufung insgeheim in der geistigen Mitte Israels geschieht, so muß gleichzeitig auch das Volksganze in einem gewissen Maße daran teilhaben können, und zwar nicht nur durch »Ersatznamen«, sondern auch durch eine tatsächliche Teilnahme an der Anrufung des »vollständigen Namens«.

Deshalb soll im folgenden nicht auf Ersatznamen eingegangen werden, wie *Adonai,* der wesentlich für den exoterisch-rituellen Gebrauch bestimmt ist, d. h. vor allem zum Seelenheil des menschlichen Einzelwesens eingesetzt wurde. In der Tat weist der Name *Adonai,* »Mein Herr«, auf das menschliche »Ich« hin, das ihn ausspricht und in ihm seinen Schöpfer und Gebieter bejaht. Es ist ein Name der untersten göttlichen Eigenschaft oder *Sephirah, Malchuth,* der *Schechinah* oder Wahren Gegenwart Gottes, in ihrem mütterlichen, sanften, allen Schranken des erschaffenen Einzelwesens Rechnung tragenden Anblick. In dieser Eigenschaft bedeutet Sie aber insofern auch die göttliche Strenge, als Sie den Menschen in seinem Einzelwesen beläßt; Sie schenkt diesem als solchem das Seelenheil, indem Sie es im Jenseits zu einem paradiesischen Leben im Göttlichen führt. Sie läßt aber das Einzelwesen auf dieser Vorstufe zur reinen Wahrheit und zur vollkommenen Einung mit dem Alleinwirklichen stehen, und andere göttliche Eigenschaften, andere Namen Gottes sind dazu bestimmt, den Menschen über seine Einzelseele hinauszuführen, ihn geistig in sein eigenes Allwesen zu verwandeln, das eins ist mit dem Einen. Von einem dieser Namen soll hier ausführlich gesprochen werden, und zwar von demjenigen, der nicht nur auf der exoterischen Ebene, sondern vor allem auch im esoterischen Bereich das »verlorene Wort« ersetzt, und es nicht nur ersetzt, sondern darüber hinaus dem Juden heute noch jene tatsächliche Teilnahme an der Anrufung des »vollständigen Namens« erlaubt, von der vorhin die Rede war. Deshalb wird dieser Name – unter anderen Gründen – »der große Name« Gottes genannt; es ist nicht Sein »vollständiger Name« *JHWH* (יהוה), und ist dieser doch, insofern er mit seinen beiden – hebräisch von rechts nach links geschriebenen – Buchstaben dessen »erste Hälfte« und auch dessen »Zusammenfassung«, seinen »Anfang« und sein »Ende« darstellt, nämlich: *JH* (יה) oder vokalisiert: *JaH* (יָה), wobei das »a« ausgedehnt und das »h« mit Nachdruck auszusprechen ist.

JHWH und JaH

Der berühmte Gaon Saadja von Fayyum schrieb im Jahre 931 in seinem Kommentar zum kabbalistischen »Buch der Formung« *(Sepher Jezirah)*: »Wenn es heißt: ›*JaH* hat zwei Buchstaben‹, so bedeutet das, daß der Name *JaH* die Hälfte des Namens *JHWH* ist. Die ›Hälfte‹ wurde an jedem Ort und zu jeder Zeit ausgesprochen, das ›Ganze‹ aber nur im Heiligtum und zu einer bestimmten Zeit, im Augenblick der Segnung Israels.« Und im Talmud heißt es: »Seit der Zerstörung des Tempels genügt es der Welt, nur zwei Buchstaben zu gebrauchen (um sich mit Gott in der Anrufung Seines Namens zu vereinen, nämlich die beiden ersten Buchstaben Seines ›vollständigen Namen‹ *JHWH*, welche Seinen ›großen Namen‹ *JaH* bilden) *(Erubin* 18 b).« In diesen beiden Aussagen ist das ganze Mysterium des Namens *JaH* angedeutet, sowohl seine metaphysische als auch seine geschichtliche Bedeutung. Um die letztere voll und ganz zu verstehen, ist es angezeigt, zuerst die innere, überzeitliche Wirklichkeit des »großen Namens« zu betrachten, die in derjenigen des Namens *JHWH* beruht, wovon *JaH*, wie gesagt, die »erste Hälfte« sowie der »Anfang« und das »Ende« und somit die »Zusammenfassung« ist.

Dem Wortstamm nach rühren diese beiden Namen vom Zeitwort »sein« her, bilden aber nicht wie der Gottesname *Ehjeh,* »Ich bin«, gebräuchliche Sprachformen davon. Und gerade hier beginnt ihr Mysterium. Der Name *JHWH* erscheint wie eine Verbindung, Umstellung und Zusammenfassung der drei Zeitformen des Verbes »sein« (in der männlichen 3. Person Singular): *HaJaH* (»er war«), *HoWEH* (»er ist«), *JiHJeH* (»er wird sein«). Der Name *JaH* ist seinerseits wie eine äußerst konzentrierte Zusammenfassung der Buchstaben, welche die beiden Formen der Vergangenheit und Zukunft bilden: *HaJaH* (»er war«) und *JiHJeH* (»er wird sein«). Im Lichte dieser Buchstabenlogik offenbart sich *JHWH* als das ewige Sein oder Wesen in allen Seinen Anblicken und *JaH* insbesondere als der Ursprung und das Ziel allen Daseins. Nun könnte man sich fragen, warum Gott Seinem Volke nicht ein Wort wie das sprachlich klare *Ehjeh,* »Ich bin«, als wesentlichen Anrufungsnamen gegeben hat. Die Antwort darauf wird aus den Erklärungen der folgenden Seiten wohl genügend hervorgehen; immerhin sei hier schon erwähnt, daß im Namen *Ehjeh* – obwohl dessen Aussprechen dem Menschen erlaubt wurde – vor allem Gott es ist, der Sein eigenes Sein bejaht, während die Namen *JHWH* und *JaH* auf Gott in der dritten Person hinweisen: Hier ist es der Mensch, der das ewige, göttliche Wesen bejaht: »Er war, Er ist und Er wird sein *(HaJaH HoWeH WeJiHJeH).*«

JHWH und *JaH* bezeichnen unmittelbar das reine göttliche Sein oder Wesen als solches und nicht diese oder jene Seiner Eigenschaften, die sich der Schöpfung gegenüber auswirken, wie *Adonai,* »Mein Herr« (die Eigenschaft des Gebieters), *Rachum,* der »Barmherzige«, *Chanun,* der »Gnädige«, *Melech,* der »König«, *Dajan,* der »Richter«, *Zaddik,* der »Gerechte«, usw. Aber wie das Sein oder Wesen Gottes alle Seine Eigenschaften in sich birgt, so enthalten auch Seine Namen *JHWH* und *JaH* alle Seine Eigenschaftsnamen. Und da das göttliche Sein oder Wesen an sich über allen Vergleichen mit dem erschaffenen Dasein erhaben ist, gehen hier alle Worte ins Wortlose ein, und übersteigen die Namen *JHWH* und *JaH* alle gewöhnlichen sprachlichen Formen des Zeitwortes »sein«, um den Menschen so unmittelbar als möglich mit dem namenlosen, höchsten Mysterium zu verbinden. Das ist der tiefe Grund, aus welchem diese beiden Namen sich sowohl von *Adonai* als auch von *El,* »Gott«, oder von den verschiedenen daraus abgeleiteten Namen wie *Elohai, Elohenu, Elohim,* unterscheiden und überhaupt von allen Eigenschaftsnamen Gottes. Der geistige Wert von *JHWH* und *JaH* liegt also nicht, wie bei diesen anderen Namen, in irgendeinem sprachlich vernunftmäßigen Begriff, und sei es derjenige von »Gott« oder vom »Sein«. Das Sein findet man etymologisch wohl in *JHWH* und *JaH,* aber es tritt sprachlich nicht unmittelbar zum Vorschein, sondern bleibt wie in seinem eigenen Geheimnis verborgen. Hier hat sich die heilige Sinnbildlichkeit gleichsam vom Worte in jeden seiner Buchstaben verlegt, und es sind nun die Buchstaben selber, samt ihren Selbstlauten und Zeichen der Aussprache, die zu Sinnbildern und Offenbarungsmitteln der von ihnen genannten Wirklichkeit werden. Jeder Selbstlaut und Mitlaut sowie jedes Sprachzeichen des hebräischen Alphabets gehören zum Mysterium der heiligen, offenbarten Sprache; sie sind die sprachlichen Kundgebungen der ewigen Urbilder aller Dinge, der Anblicke des göttlichen Seins. Der erkenntnis- und einungsmäßige Zugang zu diesen Mysterien wird durch die heilige »Wissenschaft der Buchstaben« ermöglicht, die gleichzeitig diejenige der »Zahlzeichen« ist, da jeder der 22 Buchstaben (oder Mitlaute) des hebräischen Alphabets eine bestimmte Zahl bedeutet.

Diese 22 Zahlen oder Buchstaben gehen, samt den Selbstlauten, aus den göttlichen »Urzahlen« oder *Sephiroth* hervor, die gleichsam durch 22 »Lichtkanäle« miteinander verbunden sind. Die zehn *Sephiroth* sind die höchsten, unbewegten Ursachen aller Dinge, und durch ihre 22 »Kanäle« oder ewigen Wechselbeziehungen werden sie zu bewegten Urbildern, daraus alle Formen der Schöpfung, die Zusammensetzung jeden Geschöpfes und aller Wesen eigene Wechselbeziehungen hervorgehen.

Aus zehn »Urworten« hat Gott die Welt erschaffen, und mit der endlos vielfachen Umstellung der 22 »Urbuchstaben« bewegt Er alles in der Welt von Ihm zu Ihm und offenbart Er den unendlichen Reichtum Seiner Weisheit und Allwirklichkeit. Je nach der Form, der Aussprache und dem Zahlenwert eines Buchstaben versinnbildlicht derselbe dieses oder jenes göttliche Urbild oder mehrere zugleich, und je nachdem ein Buchstabe vokalisiert ist und da oder dort steht im Verein mit andern Buchstaben, offenbart er sein Urbild in dieser oder jener »Beziehung«. So besitzt und verkündet jeder Buchstabe »seine Wahrheit«, ehe noch das Wort, das mehrere Buchstaben, mehrere »Wahrheiten« enthält, seine eigene »zusammenfassende Wahrheit« mitteilt, was in der Folge auch vom Satze in bezug auf die ihn bildenden Worte und von einer Anzahl von Sätzen, die denselben Gegenstand behandeln, in Hinsicht auf einen einzelnen Satz davon gesagt werden kann. Aber hier geht es vor allem darum, zu zeigen, daß in der heiligen Sprache ein einzelner Buchstabe oder Mitlaut eine ganze Wahrheit ausdrückt, was auch für die Selbstlaute gilt; diese offenbarten sich vor der in Silben gegliederten Sprache der Mitlaute, als unmittelbare Kundgebungen des aus der Wahren Gegenwart der sephirotischen Einheit hervorbrechenden Urtones, der »Stimme« des schaffenden, erleuchtenden und erlösenden Gottes. Die Stimme Gottes ist die Ursprache selbst; und jeder Laut der Natur, jeder Donnerschlag, das Brausen des Windes und Rauschen des Wassers, der Vogelschrei, das Tiergebrüll, all das sind Kundgebungen der Ursprache, des Urtones, der Gottesstimme, die sich auch im Menschen zuerst durch die Selbstlaute und dann durch die in Silben gegliederten und von Selbstlauten gestützten Mitlaute kundgab, wobei ein jeder der letzteren, wie gesagt, eine ganze Wahrheit offenbarte*.

Die Namen *JHWH* und *JaH* sind Worte der Ursprache. Jeder ihrer Buchstaben und Laute offenbart eine göttliche Wahrheit; und die Reihenfolge ihrer Buchstaben enthüllt die ewigen Beziehungen zwischen diesen göttlichen Wahrheiten. Die vier Buchstaben von *JHWH* fassen alle Wirklichkeiten zusammen: die zehn *Sephiroth*, welche sowohl die Uranblicke des göttlichen Seins als auch des Ewigen Höchsten Menschen sind; die vier Welten, von der göttlichen bis zur irdischen; die allweltliche Einwohnung Gottes, samt der Schöpfung in ihr. Die beiden Buchstaben von *JaH* bergen vor allem die Jenseitigkeit Gottes: zuerst die höchste Drei-Einheit; dann alle zehn *Sephiroth*; dann die »jenseitige Einwohnung«, d.h. die göttliche Einwohnung insofern sie als »Himmel der Him-

---

* Auch der menschliche »Schrei des Herzens« ist eine Kundgebung der Ursprache, des Urtones, der inneren Stimme, der Stimme Gottes selbst. Deshalb sieht die Kabbala in diesem Schrei eine der höchsten und wirksamsten Formen der Anrufung Gottes.

mel« über der Schöpfung ruht, ohne wie *JHWH* unmittelbar auf all deren Ebenen wirksam zu sein bis zur blitzhaften Offenbarung im Menschen. Von *JaH* gilt das Schriftwort: »Aus der Ferne ist mir der Herr erschienen«; diese »Ferne« ist die »Oberfläche der Wasser«, die höchste Ebene der Schöpfung, von wo aus *JaH* sich durch Seinen »Selbstlaut« *a*, durch Seine »leuchtende Stimme« oder den allerschaffenden, allerleuchtenden und allerlösenden Urton kundgibt. Dieser Urton, dieses Urlicht dringt langsam durch alle Daseinsebenen hindurch bis ins Herz des Erdenmenschen, während die schrankenlose Gnade *JHWH's* als mächtiger Lichtquell aus Seiner ständigen Einwohnung im Herzen selbst unmittelbar hervorbricht. Der Name *JHWH* ist derjenige der blitzhaften Einung, der Name *JaH* derjenige der allmählichen Einung.

Der Urton ward zum sprachlichen Laut und dieser zum ideographischen Zeichen, zum sinnbildlichen, heiligen Buchstaben, der in kürzesten und jenseits der üblichen Sprachformen stehenden Namen wie *JaH* und *JHWH* unendliche Wirklichkeiten, ja die ganze, göttliche Allwirklichkeit zusammenfassend offenbart. Sofern die Anrufung dieser Gottesnamen dem Menschen erlaubt ist, ermöglicht sie ihm, mit der Hilfe von Oben alle scheinbaren Widersprüche des Daseins, alle zweiheitlichen Anblicke der Wirklichkeit, alle vielheitlichen Eigenschaften, Gleichnisse, Bilder und Formen unmittelbar in ihr einziges göttliches Wesen, in ihre Ur-Einheit *(JaH)* oder All-Einheit *(JHWH)* einzubeziehen; und in dieser Einung wird der Mensch selber eins mit dem Einen. Das will nicht heißen, daß Gottesnamen, die als ausdrückliche Vernunftbegriffe in den Bereich der üblichen Sprachformen fallen, wie *Ehjeh, El* oder *Adonai*, nicht zum selben Ziele führen, — daß ihre Selbstlaute und Mitlaute nicht ihrerseits sinnbildliche Kundgebungen der Stimme und des Wortes Gottes sind und als solche grundsätzlich nicht dieselbe Wirkungskraft besitzen wie die »vier Buchstaben« oder die »zwei«, die darin enthalten sind. Der Unterschied zwischen diesen »vernünftigen« und den beiden »übervernünftigen« Namen besteht darin, daß die Wirkung der letzteren im Menschen grundsätzlich unmittelbarer und umfassender ist als die der ersteren: Deren Wirkung geht ihrer Form entsprechend von der vernünftigen Bedeutung des Wortes aus und nicht – oder nur *implicite* – von der Sinnbildlichkeit eines jeden seiner Buchstaben, während die Wirkung der Namen *JaH* und *JHWH* unmittelbar vom Sinn der Buchstaben ausgeht, ohne selbstverständlich den des Wortes auszuschließen, der das reine göttliche Sein oder Allwesen ist. In diesem Falle also ist die *Kawwanah* oder geistige »Absicht« des Anrufenden auf die Sinnbildlichkeit jedes einzelnen Buchstabens gerichtet, wobei die gedankliche Tätigkeit seiner Vernunft unmittelbar in diejenige seines reinen, übergedanklichen und übervernünftigen Geistes einmündet; dieser ist auf die im Buchstaben verborgene, unendliche, göttliche Wirklichkeit angesammelt und eint sich mit ihr, und das ganze Wesen des Menschen sammelt sich in dieser Sammlung seines Geistes und eint sich in dieser Einung mit dem Einen. Hier ist der Gottesname von vornherein seiner vermittelnden, vernunftmäßigen Wortschale ledig, darin der menschliche Gedanke, und somit auch das denkende Ich, im allgemeinen befangen bleibt – es sei denn, der göttliche Geist erbarme sich seiner und erlöse es daraus. Bei den Namen *JaH* und *JHWH* ist diese Schale der wörtlichen und vergleichenden Bedeutung, von der sich das menschliche Denken unersättlich nährt, *a priori* zerbrochen, und der rein geistige, durch den Einzelbuchstaben versinnbildlichte Kern befreit. Hier nährt sich der Mensch nicht mehr von der unterscheidenden Vernunft, sondern vom einenden Geiste. Aber gerade weil diese einenden Gottesnamen von ihrer vernunftmäßigen, gedanklichen Hülle weitgehend befreit sind, können sie ohne eine besondere offenbarte Lehre nicht voll und ganz begriffen werden. Diese Lehre ist die der *Sephiroth,* in Verbindung mit derjenigen der heiligen Sinnbildlichkeit der offenbarten Buchstaben, Worte und Namen; hier eint sich der kontemplative »Weg der *Sephiroth*« mit dem »Weg der Namen«, der Anrufung Gottes.

Die Bedeutung der »Vier Buchstaben«

Alle *Sephiroth* sind in den vier Buchstaben *JHWH* zusammengefaßt, aber auch in *JaH,* insofern diese beiden Buchstaben ihrerseits *JHWH* zusammenfassen; wer diese Namen anruft, ruft alle *Sephiroth,* ruft ihre Einheit an, die der Eine selber ist. Jede einzelne *Sephirah* oder Eigenschaft des Einen kann ihrerseits durch ihren Eigennamen angerufen werden. Zudem hat jede einen besonderen, ihr entsprechenden – aus der Heiligen Schrift stammenden — göttlichen Anrufungsnamen; diese letzteren Namen haben eine ganz besonders starke Wirkung, und *JHWH* und *JaH* gehören zu ihnen als die allerwirksamsten Gnadenmittel zur Einung mit Gott.

Ehjeh, »Ich bin«, ist der göttliche Name *Kethers*, des Allerhöchsten, der in Sich Selber ruht und Sich Selber bejaht. *JaH* ist der Name *Chochmahs,* der ewigen »Weisheit«, der ersten Ausstrahlung *Kethers*, der Name des höchsten, allbarmherzigen »Vaters«; es ist der Name des göttlichen Seins, sofern dieses die Urbilder aller Dinge in einem einzigen, unterschiedslosen Urlicht in Seine eigene Empfänglichkeit, *Binah,* die »Höchste Mutter«, wie in einen Spiegel einstrahlt, woraus alles Licht wieder in seinen Ursprung zurückgeworfen wird, so daß alles ewig sich mit *JaH* und in *JaH* mit dem Allerhöchsten vereint. *JeHoWiH* – oder *JHWH* mit Selbstlauten versehen wie *AeLoHiM,* »Götter« – ist der Name von *Binah,* der ewigen »Vernunft«, sofern sie das empfangene Urlicht gleichsam durch Strahlenbrechung vielheitlich nach unten wirft, d. h. sofern *JHWH,* der Allwirkliche, Sich durch sie hindurch in unterschiedlichen Ausstrahlungen oder »Göttern« kundgibt. *El,* »Gott«, oder *Elohai,* »Mein Gott«, ist der Name der gnädigen Ausstrahlung, der Name der *Sephirah Chessed,* die sich jedem Geschöpf als der ihm »eigene und gnadenreiche Gott« offenbart. *Elohim,* »Gott« (wörtlich: »Götter«), ist der Name des Einen in Seiner unterscheidenden, alles beurteilenden Strenge, der Name der *Sephirah Din,* des göttlichen »Gerichtes«. *JHWH* ist der Name des alles einenden, göttlichen »Herzens«, der zentralen *Sephirah, Tiphereth* oder *Rachamim,* der »Schönheit« oder »Allbarmherzigkeit« Gottes. Diese ist auch Seine »Allwissenheit«, *Da'ath,* der »Sohn« *Chochmahs*, der höchsten »Weisheit« oder des »Vaters«, und *Binahs*, der ewigen »Vernunft« oder der »Mutter«; *JHWH,* der »Sohn«, das »Herz« Gottes eint alle Seine jenseitigen Anblicke in der ersten Hälfte oder den beiden ersten Buchstaben Seines Namens, *JH* (=*JaH*), und alle Seine einwohnenden Anblicke in der zweiten Hälfte, den beiden letzten Buchstaben *WH*; auch eint er die gnädige »rechte Seite« Gottes und Seine strenge »linke Seite« in der »Mittleren Säule«: In *JHWH* sind alle *Sephiroth,* alle Wirklichkeiten in ihrer allerheiligsten Mitte geeint. *JHWH Zebaoth*, »*JHWH* der Heerscharen«, ist der Name des gnädigen Anblickes der göttlichen Allmacht, der Ursache aller bejahenden, einenden kosmischen Kräfte, der Name der *Sephirah Nezach*, des »Sieges« des Einen inmitten aller erschaffenen Vielheit. *Elohim Zebaoth*, der »Gott (oder die ›Götter‹) der Heerscharen«, ist der Name des strengen Anblicks der göttlichen Allmacht, der Ursache aller richtenden kosmischen Kräfte, der Name der *Sephirah Hod*, der »Majestät« des Einen, die alle Verneinung Ihm gegenüber verneint. *El Chaj*, der »lebendige Gott«, oder *Schaddai*, der »Allmächtige«, der Seinen gnädigen und Seinen strengen Anblick in sich zum Ausgleich bringt, ist der Name der *Sephirah Jessod* oder *Zedek*, die unendlich harmonische »Grundlage« oder vollkommene »Gerechtigkeit«, aus welcher heraus sich alles schöpferische, offenbarende und erlösende Wirken Gottes kundgibt. Und *Adonai*, »Mein Herr«, ist der Name der *Sephirah Malchuth*, des »Reiches« Gottes, Seiner schöpferischen Empfänglichkeit, darein sich alle Seine sephirotischen Ausstrahlungen ergießen und daraus sie sich auf der kosmischen Ebene auswirken; es ist der Name der »Unteren Mutter« oder der die Schöpfung unmittelbar gebärenden und beherrschenden Ursache, der Name der *Schechinah* oder Einwohnung Gottes, die »sich um die Geschöpfe bekümmert wie eine Mutter um ihre Kinder.«

Somit bedeutet – unter den göttlichen Anrufungsnamen der *Sephiroth* — *JaH* der Name *Chochmahs*, der höchstens »Weisheit«, des »barmherzigen Vaters«, der alles, was Er ausstrahlt, alle Wesen, Welten und Dinge, in Seiner Jenseitigkeit ewig mit Sich Selber eint, mit Seinem Urwesen, *Kether*; während *JHWH* der Name *Tiphereths* ist, der unendlichen »Schönheit«, des »barmherzigen Sohnes«, der alle Strenge mit der Gnade und alles Untere mit dem Oberen, alle Einwohnung, samt der Schöpfung, mit der Jenseitigkeit Gottes eint. Alle Wesen, Welten und Dinge kehren durch den mit der »Unteren Mutter« vereinten »Sohn« – durch die beiden Buchstaben der zweiten, »einwohnenden Hälfte« *JHWH*'s: *WH* – zu dem mit der »Oberen Mutter« vereinten »Vater« und ihrer beider höchsten Einheit, *Kether*, zurück — oder zur höchsten Drei-Einheit, die im ausgedehnten Sinne durch die »erste Hälfte« *JHWH*'s: *JaH* versinnbildlicht wird. Das geht noch deutlicher aus der folgenden, allumfassenden Sinnbildlichkeit des Namens *JHWH* (יהוה) hervor, der in seinen vier Buchstaben sämtliche *Sephiroth,* die Allwirklichkeit selber birgt.

Schon in seinem ersten Buchstaben – und somit auch in demjenigen von *JaH* — *J* (*Jod*= י) sind alle zehn *Sephiroth* enthalten. Er hat den Zahlenwert zehn und versinnbildlicht die Einheit der zehn *Sephiroth* als göttlichen »Urpunkt«, als ewigen Ursprung und höchstes Ziel alles Erschaffenen.

Das *Jod* oder der Urpunkt, darin alle *Sephiroth* verborgen sind, entfaltet und offenbart all dieses Verborgene zuerst *in divinis,* als ontologische »Welt der Ausstrahlung« Gottes, und diese höchste Entfaltung wird durch alle vier Buchstaben des Namens *JHWH* versinnbildlicht. Sofern dieser nunmehr alle zehn *Sephiroth* darstellt, bedeutet das *Jod* deren eigenen inneren Ausgangspunkt, die Einheit der beiden höchsten *Sephiroth, Kether* und *Chochmah.* Die feine, obere Spitze oder »Krone« des *Jod* (י) ist das Sinnbild *Kethers,* der höchsten »Krone« oder Wirklichkeit; es ist die »Wurzel« des Seins im Über-Sein oder »Nichts« *(Ain)* — seinerseits versinnbildlicht durch die »Leere«, darin sich die obere Spitze des *Jod* verliert. Und von dieser ins Nicht-mehr-Erkennbare hineinragenden »höchsten Krone« *(Kether eljon)* entspringt die erste erkenntnismäßige und tätige Ausstrahlung, *Chochmah,* der »Vater«, der durch den dicken Balken des *Jod* versinnbildlicht wird; dieser läuft nach unten hin ebenfalls in eine feine Spitze aus, die das göttliche Sein bedeutet, sofern es zur Schöpfung gekehrt ist. Und das ist die Wurzel *Binahs,* der »Oberen Mutter« des Erschaffenen, im *Jod* von *Kether-Chochmah,* so daß dieser Buchstabe schließlich auch zum Sinnbild der höchsten Drei-Einheit wird.

Wenn aber *Binah* sich aus ihrer Wurzel heraus entfaltet, wird sie zu einem besonderen Buchstaben, nämlich zum ersten oder »oberen *He*« (H = ה) *JHWH's;* dann bildet die »Obere Mutter«, die Selbstempfänglichkeit des göttlichen Seins, mit dem *Jod* des »Vaters« und seiner »Krone«, die »jenseitige Hälfte« *JHWH's,* den Namen *JaH* (יה), der somit nicht nur *Chochmah,* sondern auch die ganze, voll entfaltete, höchste Drei-Einheit: *Kether-Chochmah-Binah* bedeutet.

Gemäß dem *Sohar* geht aus der Einung des »Vaters«, *Chochmah,* oder des *Jod,* und der »Mutter«, *Binah,* oder des *He,*

– also aus dem Namen *JaH* – der »Sohn« hervor, der durch den dritten Buchstaben *JHWH*'s, das *Waw* (W = ו versinnbildlicht wird. Dieser Buchstabe hat den Zahlenwert sechs; er verbirgt und offenbart die sechs tätigen *Sephiroth* des Weltenbaus: *Chessed-Din-Tiphereth-Nezach-Hod-Jessod,* die in der Tat vom »Sohn« zusammengefaßt werden. Zudem empfängt der »Sohn« als *Da'ath,* oder »Allwissenheit«, alles, was an »Weisheit« *(Chochmah)* und »Vernunft« *(Binah)* aus *Kether* fließt; so eint er in sich die drei höchsten *Sephiroth* sowie die sechs vorerwähnten, und »übermittelt diese (ganze sephirotische) Erbschaft der Tochter«.

Die »Tochter« ist die letzte *Sephirah, Malchuth,* die *Schechinah,* die »Untere Mutter«, das »untere« oder »letzte *He*«, der »Endbuchstabe« *H* (ה) von *JHWH.* In ihr wird die unendliche Leere der göttlichen Selbstempfänglichkeit zum unerschaffenen, allgebärenden Urstoff, und dieser »wird vom Sohn genährt«, vom Urlicht; und das Urlicht bringt aus dem Urstoff alles Geschöpfliche hervor – durch diesen hindurch wird alles erleuchtet und wird auch alles zu seinem Ursprung zurückgebracht. Und das geschieht, wenn *JHWH* sein »letztes He« ausspricht.

JHWH's vier Buchstaben bilden die »göttliche Familie«: den »Vater« *(J),* die »Mutter *(H),* den »Sohn« *(W)* und die »Tochter« *(H).* Dabei sind der »Vater« und die »Mutter« unzertrennlich und ebenso der »Sohn« und die »Tochter« – oder die »Untere Mutter« –: Das Urlicht, der allweltliche Geist des *Waw* könnte sich in seiner blendenden Ausstrahlung auf der kosmischen Ebene nicht kundgeben ohne die empfangende, gebärende und schützende Urhülle, den unerschaffenen Urstoff des »Unteren *He*«. Die Entsprechung zwischen der ersten und der zweiten Hälfte des Namens *JHWH* erscheint auch darin, daß das *Jod* (י), der »Vater«, die tätige ontologische Ursache, sich der Schöpfung gegenüber durch den »Sohn«, das *Waw* (ו), die tätige kosmologische Ursache kundgibt, und in der Tat ist der Buchstabe *Waw* wie eine »Verlängerung« des *Jod,* wie seine »Herabkunft«. Was die beiden *He* (ה) anbetrifft, so sind sie ein- und derselbe Buchstabe an zwei verschiedenen Standorten, ein- und dieselbe göttliche Wirklichkeit in zwei verschiedenen Anblicken oder auf zwei verschiedenen Urstufen. Das erste oder »obere *He*« ist die »Obere Mutter«, die göttliche Selbstempfänglichkeit an sich, da wo Gott Sich in Sich Selber offenbart und empfängt, jenseits aller Schöpfertat; das zweite oder »untere *He*« ist die »Untere Mutter«, die Selbstempfänglichkeit Gottes, darin Er Seine Schöpfung zeugt und daraus alles Erschaffene hervorgeht. Im übrigen hat das *He* den Zahlenwert fünf; beide *He, Binah* und *Malchuth,* zusammen haben also den Zahlenwert zehn: Sie sind die unteilbare zehnfältige Einheit der *Sephiroth* in ihrer höchsten und ihrer einwohnenden Selbstempfänglichkeit. Ferner haben wir gesehen, daß der Name *JHWH* auch den göttlichen »Urmenschen« *(Adam kadmon)* darstellt. Dieser besteht aus den zehn *Sephiroth,* davon jede eines seiner »Glieder« oder »Organe« ist, wie alle *Sephiroth* auch in den »vier Buchstaben« enthalten sind. Diese innere, sephirotische Einheit des menschlichen Urbildes und der Form des Namens kommt besonders deutlich zum Ausdruck in der senkrechten Schreibweise der vier Buchstaben, wo diese zum Sinnbild des Menschen werden. *Adam kadmon* ist die »ausdrücklichste« Offenbarung des »ausdrücklichen Namens«; wir sahen, daß, wenn die vier Buchstaben *JHWH* voll ausgeschrieben werden: *JVD HA WAW HA,* sie denselben Zahlenwert haben wie der Name *ADaM,* nämlich 45.

Wenn nun der Name *JHWH* sich aus dieser seiner ontologischen Wirklichkeit heraus entfaltet, wird sie zum »Urpunkt« (י) seiner allweltlichen Ausstrahlung. Mit anderen Worten: der jenseitige *JHWH* oder die ontologische »Welt der Ausstrahlung« der zehn *Sephiroth* erscheint dem Erschaffenen gegenüber als das *Jod* von *JHWH,* während die »jenseitige Einwohnung« oder ihre rein geistige, urbildliche »Welt der Schöpfung« zum ersten oder »oberen *He*« wird. Aus dieser noch unerschaffenen Welt der *Schechinah* offenbart sich *Metatron,* indem er sich in die erschaffene Form des Himmelsmenschen einhüllt, der innerhalb der Schöpfung – und insbesondere im Himmel oder in der feinstofflichen »Welt der Formung« aller Geschöpfe – den »Sohn«, das *Waw,* kundgibt. Und schließlich steigt *JHWH* bis zur Erde hernieder als »diesseitige Einwohnung«, als Einwohnende Herrlichkeit inmitten der irdischen »Welt des Tuns«, als Wahre Gegenwart in unserer allerheiligsten Mitte, als letztes, »unteres *He*«, das sich im Herzen aller Erdenwesen verbirgt, um sich darin zu offenbaren. Das ist der Name *JHWH* in seiner allweltlichen Entfaltung.

Seitdem der »vollständige Name« der Mehrheit des jüdischen Volkes entzogen worden ist, hat diese vor allem die drei folgenden Namen zur Gottesanbetung benützt, die zusammen die »vier Buchstaben« ersetzen: *Adonai, Elohenu* und *Jah*. *Jah* ersetzt die erste Hälfte von *JHWH*, welche die drei höchsten *Sephiroth* bezeichnet. *Elohenu*, »Unser Gott«, der von *Eloha* oder von *El* oder *Elohai*, dem Namen der ersten sechs tätigen *Sephiroth* des Weltenbaus abgeleitet ist, ersetzt das *Waw*; und *Adonai*, der Name *Malchuths* oder der *Schechinah*, ersetzt das letzte oder »untere *He*«. *Adonai* bezeichnet in seiner kosmischen Kundgebung die mütterliche Gegenwart Gottes auf Erden, die Seine treuen Diener bis ins himmlische Paradies führt. *Elohenu* — im Zusammenhang mit dem *Sch'ma* oder *credo* schon erklärt — bedeutet auf der kosmischen Ebene vor allem die in der ganzen überirdischen Schöpfung einwohnende Herrlichkeit Gottes, Seine Gegenwart im Himmel und auch in der kommenden Welt. So sind *Adonai* und *Elohenu* wesentlich die Namen der irdischen und himmlischen Gegenwart Gottes, während *Jah* derjenige Seiner völlig »jenseitigen Einwohnung« ist, die alles Erschaffene übersteigt und das irdisch-himmlische oder leiblich-seelische Einzelwesen des Menschen in sein rein geistiges, unerschaffenes Allwesen verwandelt bis zu dessen höchstem Anblick, dem sephirotischen Gott-Menschen, dessen »dreifaches Haupt«, *Kether-Chochmah-Binah*, selber *Jah* heißt.

Dank der in den Namen *Adonai* und *Elohenu* gegenwärtigen Gottheit kann der Jude das ewige Seelenheil seines Einzelwesens verwirklichen, also das Ziel der ganzen exoterischen Religion, während *Jah* ihn aus seinem Einzelstande und aller Erschaffenheit befreit und von einer geistigen Stufe zur andern führt bis zum Ziel aller Esoterik, d. h. der ganzen Kabbala: zum ewigen *Jobel* oder »Jubeljahr« der höchsten »Befreiung« *(Ge'ullah)* im Alleinwirklichen. *Jah* ist seiner metaphysischen Bedeutung nach der Name des Anfangs von allem, was ist, und auch des Endes, des Eingehens aller Dinge in ihren Ursprung. Das kommt auf der zeitlichen Ebene in der Geschichte Israels zum Ausdruck. In der Tat bildet dieser Name nicht nur in der Endzeit, anstelle des Tetragrammaton das wesentliche Einungsmittel des jüdischen Volkes mit Gott, sondern wirkte auch zur Zeit der Erzväter gleichsam als Vorläufer und Wegbahner des vierbuchstabigen Namens, dessen volle Offenbarung auf dem Sinai geschah. Die Heilige Schrift verknüpft Jakob geistig mit dem Namen *Jah,* während sie *JHWH* den »Namen Israels« nennt — in dem Maße, wie Israel seinerseits mit *JHWH* eins ist, wie es »Sein Teil« selber ist. In den Psalmen (135, 3–4) heißt es: »Lobet *Jah,* denn Er ist gut! Lobsinget dem Namen *JHWH's,* denn Er ist lieblich! Denn Jakob ward für *Jah* erwählt, Israel zu Seinem Eigentum«, nämlich zu demjenigen *JHWH*'s, gemäß *Deuter.* 32, 9: »Denn der Teil *JHWH*'s ist Sein Volk . . .« Und Jesaia (44, 5) unterscheidet ausdrücklich zwischen dem »Namen Jakobs« und dem »Namen Israels«: » . . . dieser wird beim Namen Jakobs anrufen, und jener wird sich mit seiner Hand *JHWH* verschreiben und den Namen Israels annehmen.«

Das will nicht heißen, daß der Name *JHWH* Jakob oder den beiden andern Erzvätern unbekannt war, sondern daß ihre Sendung vor allem darin bestand, die erste oder »obere«, jenseitige Hälfte dieses Namens : *JaH,* den Einzigen und »Höchsten Gott« *(El eljon)* zu verwirklichen und der Welt zu offenbaren. Aber in der Sendung Jakobs gab es schließlich eine ausgesprochene Wendung von der Jenseitigkeit zur Einwohnung *JHWH*'s hin, und diese Wendung vollzog sich zu Peniel, im nächtlichen Ringen des Erzvaters mit dem göttlichen »Manne«, der ihm nach bestandenem, siegreichen Kampf den Namen *Israel* gab und ihm damit auch den »unteren Teil« des Namens *JHWH* schenkte; »denn der (untere) Teil *JHWH*'s ist sein Volk«, wie es in der vorerwähnten Schriftstelle heißt. Aber »Jakob« war noch nicht das »Volk Israel«; er war sein eigentlicher Erzvater, seine Wurzel, aus der es sich gleichsam mit dem Namen *JHWH* zusammen durch Höhen und Tiefen hindurch entwickelte bis zu seiner vollen Entfaltung unter Mose, nachdem *JHWH* sich in all Seiner Macht und Herrlichkeit auf dem Sinai offenbart hatte. In der Tat können die großen geschichtlichen Kreisläufe Israels folgendermaßen eingeteilt werden: sein »patriarchalisches« Zeitalter, von Sem, dem ersten der drei Söhne Noahs, an bis zum entscheidenden Kampf und Sieg Jakobs zu Peniel – das ist die erste Zeit *Jah*'s; dann das Zeitalter der »völkischen Entwicklung« Israels bis zu Mose, zur großen Gottesoffenbarung auf dem Sinai – das ist auch die Zeit der »Entwicklung« des Namens *Jah* zu *JHWH*; hernach das Zeitalter des eigentlichen, priesterlichen – mit dem Opferdienst und der Anrufung *JHWH's* verbundenen »Israels«- eine Zeitspanne, die sich vom Stiftszelt Moses bis zur Zerstörung des ersten Tempels hinzog und in einem ausgedehnten Sinne auch bis zum Ende des zweiten Tempels, wo die *Schechinah* jedoch nur noch »in verminderter Stärke und beschränkter Weise« strahlte; und mit der Zerstörung des zweiten Heiligtums begann die »Endzeit«, wo der priesterliche Opfer- und Anrufungsdienst nicht mehr besteht und wo »es der Welt genügt, nur noch zwei Buchstaben *(JaH)* zu benützen«, wie zur vormosaischen Zeit, die in »Jakob« ihren Inbegriff hat.

»Jakob ward für *Jah* erwählt«, damit er sich wie seine Väter geistig bis zum Alleinigen und Höchsten Gott erhebe, mit Ihm eins werde und Ihn der Welt offenbare. Aber zu Peniel geschah jener tiefgreifende Wechsel im geistigen Schicksal des Erzvaters, das zum Geschicke des aus ihm hervorgehenden Volkes werden sollte: »Du sollst nicht mehr Jakob heißen, sondern Israel, denn du hast mit Gott und mit den Menschen gerungen und hast gesiegt.« Das will unter anderem besagen: Nachdem Jakob um Gott gerungen hatte bis zum »Sieg«, bis zur höchsten Einung mit Ihm, bis zum Eingehen in Seine Jenseitigkeit, *JaH*, siegte er auch über die im Allmenschen zusammengefaßte Kundgebung des Höchsten, über den göttlichen »Mann« oder »Menschen«; er verwirklichte die erlösende Herabkunft Gottes in die Menschheit, Seinen »Sohn«, den »Buchstaben *Waw*« (ו), der eins ist mit Seiner Einwohnung auf Erden, mit der »Unteren Mutter«, dem »Unteren He«: ה . »Wenn das *Waw* – so sagt der *Sohar* – geheimnisvoll aus dem *Jod-He:* יה *(JaH)* hervortritt, erlangt Israel seinen kostbaren Besitz«, seinen *corpus mysticum*, die mit dem »Sohn« *(W)* vereinte *Schechinah (H)* auf Erden, und damit den »vollständigen Namen«: *JHWH* (יהוה). So gab Jakob dem semitischen Stamm, dem er angehörte, mit dem Volksnamen *Israel* den Gottesnamen *JHWH* und schenkte ihm nicht nur den Mystischen Leib, die »Heilige Gemeinde Israels«, sondern auch die Ausbreitung in zwölf Stämme, die das ganze »auserwählte Volk« bilden sollten. All dieser geistige und irdische Reichtum strömte vom *Jod-He (JaH)* durch das *Waw-He (WH)* herab: Er brach aus der Fülle des herabgestiegenen Urlichtes oder »Sohnes« *(W)* hervor und aus der

Leere der »Unteren Mutter« *(H)*, aus ihrer Empfängnis des lichten »Sohnes«, dank deren sie den Mystischen Leib Israels gebar. Dieser besteht somit aus dem *Waw*, das sein Urlicht ist, und aus dem »Unteren *He*«, das seinen Urstoff bildet; deshalb ist der untere »Teil *JHWH's* Sein Volk«: Israel ist Seine »Hälfte« oder »Gemahlin« auf Erden.

»Israel ward zum Eigentum *JHWH's*«, wie *JHWH* gleichzeitig zu »Israels kostbarem Besitz wurde«. Die »Einung des Heiligen, gesegnet sei Er, mit Seiner *Schechinah«*, die Einung der Jenseitigkeit Gottes *(JaH)* mit Seiner Einwohnung und deren Gefäß, Israel *(WH)*, war verwirklicht. Von nun an sollte die *Schechinah* mit Israel wandeln bis zur allerheiligsten Mitte der Welt, um sich dort in ihrem irdischen »Hause«, auf ihrem »Unteren Throne« über dem »Grundstein« unseres Alls niederzulassen. Der Allerhöchste, *JaH*, war herabgestiegen und zu *JHWH* geworden, um im Stiftszelt Moses und schließlich im Tempel zu Jerusalem »inmitten der Kinder Israels zu wohnen«. Mit dem Herabstieg des *Waw* im nächtlichen Kampfe Jakobs wurden Israel alle geistigen Lichter, alle heiligen Wissenschaften geschenkt, die es zur Einung mit dem »Unteren *He*«, mit der *Schechinah* führen sollten; das nicht nur, um durch die *Schechinah* mit dem Heiligen, gesegnet sei Er, vereint zu werden, sondern auch um *Malchuth*, Sein »Reich«, auf Erden zu verwirklichen. Zu diesem Zwecke mußte Jakob, dessen bisherige Sendung darin bestanden hatte, den geistigen Aufstieg zum Allerhöchsten zu offenbaren, fürderhin auch die herabsteigenden »Wawe« oder »Geheimnisse des Glaubens«, die Mysterien der Einwohnung Gottes auf Erden lehren. Diese von Geschlecht zu Geschlecht überlieferten Mysterien schienen während der Knechtschaft der Kinder Israels in Ägypten verlorengegangen zu sein, auferstanden aber in ihrer höchsten, bisher nie erreichten Entfaltung auf dem Berge Sinai; hier stieg das *Waw* in seiner ganzen Fülle hernieder und offenbarte dem Mose die ganze Einwohnende Herrlichkeit Gottes auf Erden, Sein ganzes »Reich« hienieden, Sein »Unteres *He*«. Israel aber betete das goldene Kalb an und »wurde der ersten Tafeln der Thora, die vom Baume des Lebens stammten, unwürdig erachtet«. Das »*Waw* — der Messias – entfloh« vom Sinai und mit ihm das »Untere *He*«, das »Reich« Gottes auf Erden, das von nun an zum »künftigen Reich«, zur »kommenden Welt« wurde. Ohne das *Waw* und das »Untere *He«* war Israel seines unmittelbaren Daseinsgrundes beraubt, und *JHWH* wollte das götzendienerische Volk vernichten. Nur dank der Fürsprache Moses verzieh Er Israel, aber die ersten Tafeln waren zerbrochen. Gott gab Seinem unreifen Volke »andere Tafeln, die vom Baum der Erkenntnis des Guten und Bösen stammten«; die Menschheit sollte fürderhin ums Gute ringen und das Böse bekämpfen: Sie sollte »unter Schmerzen den Messias gebären«, der auf den Sinai herniedergestiegen und wieder entflohen war. Das Stiftszelt, der priesterliche Opfer- und Anrufungsdienst, der ursprünglich dazu bestimmt war, das messianische Licht über die ganze Welt zu verbreiten, war nur noch auf Israel beschränkt. Und *JHWH,* der Seinem Volk verziehen hatte, stieg aufs neue als *Waw* – aber nicht als Welterlöser, sondern als »Gott Israels« – in das »Untere *He«* hinab – nicht in den Tempel der Menschheit, sondern in das »Zelt Israels«, in die Stiftshütte Moses. Und Mose bereitete Israel mit der Hilfe der *Schechinah,* die in seinem Herzen wie im Stiftszelt wohnte und das Volk auf seiner vierzigjährigen Wanderschaft durch die Wüste begleitete, auf den Einzug in das verheißene Land vor, wo Salomo die allerheiligste Mitte errichten sollte, das »Haus« Gottes, das seinerseits dazu bestimmt war, die Menschheit auf das »letzte *He« JHWH's*, das kommende Jerusalem oder messianische Weltreich vorzubereiten.

Die *Schechinah* zog als *corpus mysticum* oder »Heilige Gemeinde« Israels ins verheißene Land und ruhte dort schließlich als Wahre Gegenwart *JHWH's* im Tempel Salomonis; der Hohepriester segnete darin das ganze Volk mit dem »vollständigen Namen« und vereinte es dadurch mit der Einwohnenden Herrlichkeit Gottes und dank ihrer mit Seiner unendlichen Jenseitigkeit, dem »Heiligen, gesegnet sei Er«. Durch diese unermeßliche, einende Gnade, die aus dem lebendigen Gottesnamen strömte, verwirklichte das auserwählte Volk innerhalb des Heiligen Landes eine *praefiguratio* des künftigen Gottesreiches auf Erden. Aber wiederum verfiel Israel in die Sünde der Abgötterei und anderer damit verbundener Laster, bis der Wundertempel zerstört und das geistig gefallene Volk in die Verbannung nach Babylonien getrieben wurde. »Während den 70 Jahren dieser Verbannung — so heißt es im *Sohar (Schemoth* 96) – hatte Israel kein Licht mehr von Oben, wodurch es hätte geleitet werden können, und darin bestand das eigentliche Wesen seiner Verbannung. Und als Israel endlich von der Gewalt Babyloniens befreit wurde und ins Heilige Land zurückkehrte, als endlich wieder ein Licht für es aufging, strahlte dieses nicht mehr wie früher (als das Volk die volle Ausstrahlung des Namens *JHWH*'s empfing; denn seiner Sünde wegen hatte sich der »vollständige Name« Israel weitgehend entzogen, was in der Zerstörung des ersten Tempels und in der Verbannung zum Ausdruck kam); und es herrschte (im zweiten Tempel) nur noch die Ausstrahlung des »Unteren *He*« (der *Schechinah*, der »Unteren Mutter« oder Empfänglichkeit Gottes auf Erden, die nun nicht mehr den vollen Einfluß des Urlichtes, des »Sohnes« oder des *Waw*, und damit auch nicht mehr denjenigen des *Jod-He* oder *JaH*'s erhielt), denn nicht ganz Israel war zur Reinheit zurückgekehrt, die es früher zum »auserwählten Volk« gemacht hatte. Deshalb kam die Ausstrahlung des *Jod* nicht mehr wie ehedem von oben herab, sondern gab sich nur noch in vermindertem Maße kund. Nunmehr wurde Israel in zahlreiche Kriege verwickelt, bis »die Finsternis die Erde bedeckte« und auch das »Untere *He*« sich verfinsterte und schließlich »zusammenbrach« (so daß der »vollständige Name« sich dem Volke gänzlich entzog und dessen Aussprechen der Mehrheit Israels und selbst seinen Priestern untersagt wurde). Der Obere Quell war aufs neue versiegt (wie beim inneren Zusammenbruch des ersten Tempels), der zweite Tempel wurde zerstört und alle zwölf Stämme in die Verbannung nach dem Reiche Edom* getrieben. Und auch das *He* zog in die Verbannung ...« Die *Schechinah* verließ ihren allerheiligsten sichtbaren Wohnort und begleitete Israel in seiner Zerstreuung über die Welt. Sie fuhr fort, mit ihren Funken überall dort ein schwaches Licht zu verbreiten, wo es Gemeinden Gottgetreuer Juden gab; dabei verbargen sich in der heiligen Asche ihrer versengten Herr-

---

* Der Name des Landes der Edomiter, das zwischen dem Toten Meer und dem Älanitischen Meerbusen (Golf von Akaba) gelegen war, bezeichnet hier sinnbildlich das ganze Römische Reich. Gemäß der Bibel (*Genesis* 36, 8–9) »ist Esau Edom«, und folglich »stammen die Edomiter von Esau her«, der sein Erstgeburtsrecht – und somit den erstrangigen Vatersegen und die damit verbundene geistige Erbschaft – gegen ein Linsengericht seinem jüngeren Bruder Jakob, dem künftigen Erzvater Israels, überließ. Deshalb ist für die jüdische Überlieferung Esau oder Edom der Inbegriff der tierischen und materialistischen Neigung des

lichkeit manchmal Glimmer, hochgeistige Menschen, in deren Herzen das Urlicht mit aller Macht aufs neue entflammte; und soweit es die geistige Empfänglichkeit der Wirkungskreise dieser Menschen gestattete, strahlte die *Schechinah* auch nach außen hin in ihrer wahren Größe wieder auf. Diese geistige Auslese bestand und besteht immer noch in den echten *Mekubbalim* oder eingeweihten Kabbalisten, welche die geheimen und manchmal auch bekannten »Pfeiler« des zerstreuten Volkes bilden; diese Auserwählten scheinen jedoch heute auf eine äußerst beschränkte Zahl vermindert zu sein, in dieser Gottfernen Welt, wo die Zivilisation »Edoms« triumphiert – bis ins Heilige Land hinein.

David, der dem *Sohar* gemäß durch den Heiligen Geist das Ende der letzten Zerstreuung Israels voraussah, welches nach den Propheten mit dem Ende der Zeiten zusammenfallen soll, offenbarte in Psalm 102, 9, der das »Gebet eines Elenden« ist, dessen »Tage wie Rauch vergangen« und »wie Schatten dahin sind«, — er offenbarte in diesem Psalm des »Endes«: »Das sei geschrieben für die Nachkommen *(dor acharon,* wörtlich: das »letzte Geschlecht«): Das Volk, das (zur Endzeit) geschaffen werden wird, lobe *JaH.*« Und das letzte Wort der jüdischen Propheten (*Maleachi* 4,5) ist: »Siehe, Ich werde euch senden *Elijah* (›Mein Gott ist *JaH*‹), den Propheten, (dessen Name offenbart, welchen Gottesnamen Israel anrufen soll, wenn er auf Erden erscheinen wird, um die Ankunft des Messias vorzubereiten,) ehe denn da kommt der Tag *JHWH*'s, der große und furchtbare (denn an diesem Tage werden sich Seine ›vier Buchstaben‹ in ihrer ganzen kundgebbaren Fülle auf Erden offenbaren) ...« Die Anrufung des Namens *JaH* ist nicht nur das Mittel zur »allmählichen Einung »des Menschen mit Gott, sondern auch zu seiner Vorbereitung auf die

---

Menschen, welcher sie die durch Jakob oder Israel verkörperte geistige, Gottverbundene Strebung entgegensetzt. Im Zusammenhang damit hat die Kabbala – wie wir es im Kapitel »Die Körperwelt und der Kosmische Abgrund« gesehen haben – die in den Versen 31–39 der obenerwähnten Schriftstelle aufgezählten Könige Edoms – außer dem letzten, Hadar – als Sinnbilder der unvollkommenen Zustände des Kosmos betrachtet, welche dem *Fiat Lux* vorausgingen. Im Verlauf der Geschichte legten die Juden den Namen »Edom« dem Römischen Reiche, sowie allen heidnischen Völkern des Altertums bei, und in der Neuzeit der materialistischen, glaubenslosen Zivilisation des Abendlandes.

Empfängnis des Namens *JHWH* am »großen und furchtbaren Tage«, an dem die Einung — wie die Vernichtung — blitzhaft sein wird. Der Mensch muß *JaH* anrufen, bis Seine erleuchtende und erlösende Antwort kommt; und welches ist Seine Antwort? Sie ist *WH*, Seine Herabkunft sowie die »Einung Seines Namens«. Die Sünde des Menschen hat die *Schechinah*, die Einwohnung Gottes *(WH)*, gleichsam in die Verbannung getrieben und von Seiner Jenseitigkeit *(JH)*, vom Heiligen, gesegnet sei Er, wie losgelöst. Deshalb muß der Mensch, wie es der große kabbalistische Meister Isaak Luria mit Nachdruck gelehrt hat, alle Gebote mit folgender Absicht erfüllen — eine Formel, die in ihrer ausführlichen Fassung in den chassidischen Gebetsbüchern für das tägliche Anlegen des Gebetsmantels und der Gebetsriemen gegeben ist: »Zum Zwecke der Einung des Heiligen, gesegnet sei Er, und Seiner *Schechinah*, in Furcht und in Liebe, um den Namen *J"H*, gesegnet sei Er, in vollkommener Einung zu einen, im Namen ganz Israels.«

Abgesehen von den angeführten Schriftstellen und vom Talmud, der in *Erubin* (18 b) darauf hinweist, daß Israel nach der Zerstörung des Tempels *JaH* anrufen soll, spricht auch die Kabbala, und sie ganz besonders, davon und gibt auch die verschiedenen Gründe dazu an; zu den oben erwähnten kommt folgender hinzu, der besonders zeigt, warum auf der rein praktischen Ebene der Name *JaH* zur Endzeit eines der allerwesentlichsten Gnadenmittel Israels ist – zu einer Zeit, wo das Erfüllen des ganzen Gesetzes für die in die widergeistige und glaubensfremde Welt einbezogene Mehrheit der Juden »so schwierig ist, wie eine glatte Bergwand emporzusteigen«: »Alles ist in diesem Namen *(JaH)* enthalten, alles was Oben ist (und von der jenseitigen Wirklichkeit des ersten Buchstabens *JHWH*'s, dem *Jod*, zusammengefaßt wird), und alles, was Unten ist (in der allgegenwärtigen Einwohnung des unteren oder »letzten *He«)*; in ihm sind alle 613 Gesetze der Thora — und somit die Essenz der himmlischen und irdischen Mysterien — enthalten (*Sohar*, *Terumah* 165 b).« Wer gegen eines der 613 Gebote und Verbote des mosaischen Gesetzes sündigt, der sündigt *JaH* gegenüber; wer aber *JaH* seine Sünde bekennt und Ihn reuigen, aufrichtigen Herzens um Vergebung bittet – wer Ihn »in Wahrheit anruft«, ist wie einer, der das ganze Gesetz erfüllt. Da der Name *JaH* derjenige des »barmherzigen Vaters« ist und alles Obere und Untere, alle Gebote und Verbote der Thora enthält, gleicht er gnädig die Unzulänglichkeiten des Ihn anrufenden Menschen aus: *JaH* verzeiht dem wirklich Reuigen seine Übertretungen. Deshalb hat der Psalmist und Prophet *JaH*'s ausgerufen: »In der Not rief ich *JaH* an, und Er erhörte und erlöste mich ... Ich werde nicht sterben, sondern leben und *JaH*'s Werke verkünden. *JaH* hat mich wohl schwer gezüchtigt, aber Er hat mich nicht dem Tode ausgeliefert. Tut mir auf die Tore der Gerechtigkeit, daß ich hineingehe und *JaH* preise! (Psalm 118, 5; 17–19).« Gott wird nicht durch seine Strenge Zion erlösen, Er wird es durch Sein Mitleid tun »zur festgesetzten Zeit«, wie es ebenfalls aus dem weiter oben angeführten Psalm des »Elenden« oder der »endenden Tage« hervorgeht: »Du wollest Dich aufmachen und Dich über Zion erbarmen; denn es ist Zeit, daß Du ihr gnädig seist, und die Stunde ist gekommen ... Denn Er schaut von der Höhe Seiner Heiligkeit, *JHWH* sieht vom Himmel zur Erde, um das Seufzen des (in dieser Welt ›Edoms‹) Gefangenen zu erhören und die Kinder des Todes zu befreien (nämlich all jene, die ihr Vertrauen in Ihn setzen und Ihn als ihren barmherzigen Vater, *JaH*, anrufen, damit Er sie aus der geistigen Finsternis der Endzeit erlöse) (Psalm 102, 20).« »Barmherzig und gnädig ist *JHWH*, langmütig und von großer Güte; Er wird nicht immer hadern noch ewiglich Zorn bewahren. Er handelt nicht mit uns nach unser Sünden und vergilt uns nicht nach unseren Missetaten. Denn so hoch der Himmel über der Erde ist, läßt Er Seine Gnade walten über die, die Ihn fürchten. So fern das Morgenland vom Abendlande ist, so entfernt Er auch unsere Übertretungen von uns. Wie ein Vater sich seiner Kinder erbarmt, so erbarmt sich *JHWH* (als »barmherziger Vater«, *JaH*) derer, die Ihn fürchten. Denn Er weiß, woraus wir gebildet sind, Er gedenkt, daß wir Staub sind (und die widergeistige Welt nicht ändern können, in der wir geboren sind und darin wir ein geistiges Leben führen müssen) (Psalm 103, 8–14).«

Die allmähliche Wirkung des Namens JaH

Wir haben gesehen, daß der Name *JaH* nicht die »unmittelbar herabsteigende« Wirksamkeit des *Schem ha-mephorasch* besitzt. Er birgt nicht den unmittelbaren Einfluß des *Waw*, des »lebendigen Gottes«, dessen geistige Austrahlung ohne die volle Gegenwart des »Unteren *He«* nicht ertragen werden kann. Diese volle Gegenwart der *Schechinah* auf Erden schließt ein: das Stiftszelt oder den Tempel mit seinem Opfer-, Anrufungs- und Segensdienst, die Einweihung in die »Geheimnisse der Thora«, die Verwirklichung des geistigen Weges und der heiligen Wissenschaften — wie der »Weg der *Sephiroth«* und der »Gottesnamen« und die damit verbundene Wissenschaft der Buchstaben und der Zahlen —, der wirksame Bestand aller theokratischen Einrichtungen, die vollkommene Übereinstimmung des ganzen Volkes mit dem Willen Gottes. Aber *JaH* ist nicht nur die erste, jenseitige Hälfte des Namens *JHWH*, ansonsten er keinerlei Beziehung zum Menschen haben könnte: Er bedeutet auch die Zusammenfassung des vierbuchstabigen Namens, nämlich sein jenseitiges *Jod* und sein einwohnendes letztes *He*. Dieses ist wohl der Gegenwart des *Waw* beraubt, aber nicht voll und ganz; sonst hätte das »untere *He«* gar keine Beziehung zum *Jod*, erhielte keinerlei Einfluß von Ihm und bliebe somit völlig unwirksam. Im Namen *JaH* – als »Anfang« und »Ende« von *JHWH* – ist das *Waw* als geheime Verbindung zwischen dem *Jod* (sowie dem unsichtbaren »oberen *He«*) und dem sichtbaren »unteren *He«* verborgen, so sehr diese Verbindung auch nach innen gekehrt sei und sich nach außen nur in beschränktem Maße auswirke. Diese Einschränkung erlaubt gerade die langsame Wirkung des *Waw* auf den schwachen Menschen der »letzten Tage« und somit dessen allmähliche Einung mit Gott; sie gestattet damit auch seine Vorbereitung auf den großen und furchtbaren Tag der Anrufung *JHWH*'s. Dieser Tag ist das Ende der Welt, das in ihren Neubeginn einmündet, in die »Erschaffung eines neuen Himmels (aus *JH*) und einer neuen Erde (aus *WH*)«; er ist die messianische Weltoffenbarung *JHWH*'s, der in dem von Seiner eigenen »Hand erbauten, unzerstörbaren Tempel« zu Jerusalem wohnen wird; und dieses neue Jerusalem wird »*JHWH* heilig sein und nie mehr verwüstet oder vernichtet werden«. So ist *JaH* der Gottesname des »letzten Geschlechtes«, das er zum Anfang, zum paradiesischen Ursprung aller Dinge zurückführt.

Abgesehen von dieser seiner geschichtlichen Sendung, unterscheidet sich der Name *JaH* in seiner überzeitlichen, beständigen geistigen Wirkung ganz allgemein vom Namen *JHWH* darin, daß der letztere vor allem die offenbarende und erleuchtende Herabkunft Gottes verwirklicht, während er den erlösenden und einenden Aufstieg des Menschen zu Gott bewirkt. Das tut selbstverständlich auch der vierbuchstabige Name, aber eben durch seine erste Hälfte, *JaH,* dieweil seine zweite Hälfte, *WH,* die göttliche Herabkunft sowie die Wiederkehr des Menschen aus seinem Eingehen in Gott hervorruft. Diese Wiederkehr in den menschlichen Zustand geschieht aber auch in Abwesenheit des »vollständigen Namens«, dank des unsichtbaren, mit dem *He* des Namens *JaH* insgeheim verbundenen *Waw.* Da dieses *He* nicht nur das »obere *He*«, sondern auch das »untere *He*« sein kann, vermag schließlich auch der Name *JaH* durch das »verborgene *Waw*« – und sei es auch in allmählicher Weise – die offenbarende und erleuchtende Herabkunft Gottes zu bewirken. Wir sahen, daß das Mysterium dieser allmählichen Herabkunft sich auch insofern erklärt, als im Unterschied zu *JHWH,* der in Seinem Herabstieg zur Einwohnenden Herrlichkeit Gottes – zum *Waw* – im Himmel und – zum »Unteren *He*« – auf Erden wird, *JaH* die »jenseitige Einwohnung« bleibt, die über Himmel und Erde, auf der »Oberfläche der Wasser« alles Erschaffenen ruht; von hier dringt Seine Ausstrahlung nicht unmittelbar in die Schöpfung ein – wie diejenige *JHWH*'s es von der Mitte jeder himmlischen und irdischen Ebene aus tun kann –, sondern Er gibt Sein Licht ähnlich wie die Sonne, die sich im Wasser spiegelt, nur gebrochen darin kund. Einer Seiner Funken aber genügt, um im Herzen des Menschen die geistige Flamme zu entzünden und immer heller aufstrahlen zu lassen und also auch den Schwachen langsam zum einzig Wahren und Wirklichen zurückzuführen.

Die »jenseitige Einwohnung« Gottes, der »Untere *JaH*«, der auf der Oberfläche der Schöpfung thront, ist die Einwohnende Drei-Einheit *Schechinah-Metatron-Awir.* Das *Jod* von *JaH* ist die Wahre Gegenwart von *Kether-Chochmah,* nämlich *Schechinah-Metatron,* die Urwirklichkeit in ihrer Urform, und das *He* ist die Gegenwart *Binah*s in *Awir*, dem Urstoff. Aus diesem »Unteren *JaH*« entströmen alle Wirklichkeiten, alle Formen, alle Stoffe des erschaffenen Daseins. Zu Füßen Seines Thrones, der auf den Wassern steht, beginnt und endet die ganze himmlische und irdische Schöpfung; hier geht sie aus Ihm hervor und wieder in Ihn ein in einem einzigen Jetzt, hier entspringen alle Geschöpfe ihrem einzigen Vater und Gott und kehren zu Ihm zurück in demselben, einzigen Freudenschrei, der nichts anderes ist als der allerschaffende, alloffenbarende und allerlösende Urton, die Stimme Gottes. Seine Stimme wird zu Seinem Wort oder Namen, der allem, was sie hervorbringt, seine erste, himmlische Form verleiht und auch alle Formen wieder in ihren überförmlichen, göttlichen Ursprung zurückführt. Dieser Name ist *JaH*, die wörtliche Urform des Urtones, das Urwort, das den ganzen Kosmos in seiner Urgestalt kundgibt und ihn wieder in seinen Ursprung, die Wahre Gegenwart *JaH's*, eingehen läßt. *JaH* ist der Name der schaffenden, offenbarenden, formenden, verwandelnden und erlösenden Freude, die auf der »Oberfläche der Wasser«, in *Araboth*, dem siebten Himmel herrscht. Deshalb hat der Psalmensänger ausgerufen: »Machet Bahn Dem, Der in *Araboth* einherfährt: *JaH* ist Sein Name! Und freuet euch vor Ihm!« (Psalm 68, 5). »Dieser Schriftvers – so sagt der *Sohar, Terumah* 165b – lehrt uns, daß der ›Älteste der Alten‹ (der Allerhöchste) in *Araboth* einherfährt (nicht in Seiner höchsten Jenseitigkeit, sondern in Seiner ›jenseitigen Einwohnung‹), in der Sphäre (des Unteren) *JaH*'s, des aus Ihm (dem Allerhöchsten) ausströmenden Urmysteriums (welches der allerschaffende, alloffenbarende und allerlösende Gott ist), der (als solcher) nicht kundgebbare (über der Schöpfung ruhende) Name *JaH*. Dieser ist nicht Er selber (der Allerhöchste *JaH*), sondern gleichsam ein Schleier, der von Ihm ausgeht; dieser Schleier ist Sein Name, Sein Wagen (darin Er bis zur Oberfläche der Schöpfung herniedersteigt und) der sich als solcher nicht (im Kosmos) kundgibt (sondern, wie gesagt, die ›jenseitige Einwohnung‹ bleibt). Das ist Sein Großer Name ... Wenn alles mit diesem Namen in Einklang steht, dann ist die Eintracht vollkommen, und in allen Welten herrscht *eine* Freude.«

JaH ist in Seinem einwohnenden Anblick die unmittelbare Ursache des Kosmos, bleibt aber über Seiner Auswirkung erhaben: Er verbirgt sich in der rein geistigen, urbildlichen »Welt der Schöpfung«, in der Welt der *Schechinah*, und ist die *Schechinah* selbst; und Sein unerschaffenes, unendliches Licht ist *Metatron*, dessen allformende und allerleuchtende Ausstrahlung gleichsam auf Seine Urhülle, den Urstoff oder Uräther, *Awir*, fällt, wobei der Urton hörbar wird. Das ist die Stimme des Schöpfers, die zum Urwort *JaH* wird, daraus das *Waw* hervorgeht und aus diesem die Himmelswelt sowie das »Untere *He*« samt der Erdenwelt. Und im Grunde aller Dinge klingt die Stimme des Schöpfers weiter, denn sie ist die Stimme des Lebens und des Lichtes, ohne welche nichts in der Schöpfung bestehen kann. Das ist die innere Stimme, mit welcher »die Himmel die Ehre Gottes erzählen, und das Firmament Seiner Hände Werk verkündet. Ein Tag sagt es dem andern, und eine Nacht tut es der andern kund. Es ist keine Sprache noch Rede, deren Stimme man nicht hörte: Ihr Widerhall geht aus in alle Lande und ihre Rede bis ans Ende der Welt . . . (Psalm 19, 2–5).«

Halleluja!

Die »innere Stimme« ist an sich das göttliche Licht selber, das unendliche Urlicht, das durch seine Strahlenbrechung im Uräther zum offenbarenden, schaffenden und erlösenden Urton wird. Der allweltliche Name Gottes ist innerlich dieser Urton, dieses Urlicht, die lebendige Urwirklichkeit selbst; und wenn diese Wirklichkeit sich als Licht, Leben und Stimme kundgibt, drückt sich die letztere in zahllosen Weisen – in Geräuschen, Lauten, Worten – durch alles aus »was Seele hat«. Alles ruft in Wahrheit den Namen Gottes an – bewußt oder unbewußt –, was der Psalmist offenbart, wenn er nicht nur die Menschen, sondern alles Daseiende auffordert, willentlich zu tun, was es natürlicherweise schon tut; er richtet seine Aufforderung sogar an die »Himmel der Himmel«, weil von dort aus, von *JaH* Selber, Seine allweltliche Anrufung, Seine Stimme erschallt, um sich auf der »Oberfläche der Wasser« auszudehnen und im ganzen Dasein als *JHWH* zu widerhallen bis in den Weltenabgrund hinunter. »*Halalujah:* Lobet *JaH!* Lobet *JHWH* von den Himmeln her, lobet Ihn in der Höhe! Lobet Ihn, alle Seine Engel, lobet Ihn, alle Seine Heerscharen! Lobet Ihn, Sonne und Mond, lobet Ihn, alle leuchtenden Sterne! Lobet Ihn, ihr Himmel der Himmel, und ihr Wasser, droben am Himmel! ... Lobet *JHWH* von der Erde her, ihr Walfische und alle Abgründe, Feuer, Hagel, Schnee und Nebel, Sturmwinde, die Sein Wort ausrichten, Berge und alle Hügel, Fruchtbäume und alle Zedern, Tiere und alles Vieh, Gewürm und Vögel, ihr Könige auf Erden und alle Völker, ihr Fürsten und alle Richter der Erde, Jünglinge wie Jungfrauen, Alte mit den Jungen, sie sollen loben den Namen *JHWH*'s! Denn Sein Name allein ist hoch, Sein Lob geht über Erde und Himmel hinaus ... (Psalm 148, 1–13).«

Für den Psalmenkönig und -propheten ist dieses allweltliche Lob Gottes zuerst die Anrufung Seines »Großen Namens« *JaH* – des aus dem Urton hervorgehenden Urwortes –, und dann diejenige Seines »ausdrücklichen« oder »vollständigen Namens« *JHWH* – des zum allumfassenden Namen entwikkelten Urwortes –; deshalb beginnt der obige Psalm in der besagten Weise: »Lobet *JaH!* Lobet *JHWH* ...« Diese allweltliche Anrufung ertönt als *JaH* auf der Oberfläche der Wasser, um als *Waw* durch alle Himmel hinunterzudringen und als »Unteres *He*« oder »Gefährt« des vollständigen Namens *JHWH* auf Erden »einherzufahren«; und das geschieht auf all die zahllosen Arten und Weisen, in denen sich die Stimme Gottes durch ihre »Organe«, die Geschöpfe, kundgibt. Dort aber, wo alle Welten, Wesen und Dinge unmittelbar aus ihrer ersten und göttlichen Einheit hervortreten, nämlich aus »*JaH*, der in *Araboth* einherfährt«, gibt es nur eine einzige Weise der Anrufung, einen einzigen Laut, Ton und »Schrei«, der die ekstatische Seligkeit der Einung aller Myriaden von Geschöpfen mit dem Einen und Einzigen ausdrückt. Denn da, wo alle Geschöpfe aus Gott hervortreten, gehen sie auch unverzüglich wieder in Ihn ein; hier, auf der Oberfläche der Schöpfung, im siebten Himmel, trennt sich alles vom Herrn, nur um sich mit Ihm zu vereinen: Hier ist Seine Tat der Schöpfung keine andere als die der Erlösung, der Einung aller Wesen mit Ihm, der ihr Urwesen ist.

Wie wir im Kapitel »Das Himmelreich« gesehen haben, treten die Wesen gleich »Funken« aus der Ausstrahlung der *Schechinah* hervor; und diese Ausstrahlung ist *Metatron*, die göttliche »Sonne«, die alle Wesen als einwohnende und ungetrennte Urbilder in sich birgt. Wenn die Urfunken aus dieser lichten Urwelt heraustreten, wo alles noch eins ist mit Gott, hüllen sie sich in die ersterschaffene Kundgebung *Awirs*, des Urstoffes ein, nämlich in die feinstofflichen, durchsichtigen »Wasser« des siebten Himmels, auf deren Oberfläche der »Wind« oder »Geist Gottes« weht und zahllose »Wellen« erzeugt. Dieser »Wind« ist ein anderes Sinnbild *Metatrons*, des göttlichen Allgeistes, der den Allstoff, *Awir*, bewegt, damit er Wellen des Lebens, des Lichtes und des Tones hervorbringe; und das sind also alle feinstofflichen Seelen, belebt durch den lebendigen Gott, erleuchtet durch Sein strahlendes Antlitz und durchdrungen von Seiner Stimme, die von solcher Majestät und zugleich von solcher Liebe ist, das jede Welle in einem ekstatischen Urschrei zerspringt. Dieser Schrei ist ihre Anrufung Gottes, ebenso wenn sie aus Ihm hervortritt, als auch, wenn sie aus der Tiefe des Allmeeres zu Ihm zurückkehrt; und wenn sie dabei zerspringt, dehnt sie sich endlos aus und wird zur ganzen Oberfläche der Wasser. Darüber breitet sich der Uräther aus, wie ein unermeßliches Himmelsgewölbe, ganz und gar erfüllt von der göttlichen Ursonne, welche die endlose Oberfläche des Daseinsmeeres erleuchtet. Jede Welle ist zu diesem uferlosen Wasserspiegel geworden, der so voll ist des Urlichtes, daß er – durch Wesenseinung und nicht durch Vermengung des Erschaffenen mit dem Unerschaffenen – ganz von diesem aufgesogen wird in das strahlende, zur Schöpfung hingeneigte Antlitz *JaH*'s. So verwandelt sich in der Uranrufung Gottes jedes Wesen zum ganzen Daseinsmeere und zum unendlichen Ursprung und Urwesen allen Daseins selbst.

Wenn aber gesagt wird, daß diese Einung sich in dem Augenblick vollzieht, wo das Wesen aus seinem unerschaffenen, unendlichen, göttlichen Selbst hervortritt, kann man sich die Frage stellen, wie es je in die unteren Himmel und sogar zur Erde herniedersteigen und daselbst das eitle Dasein eines von Gott getrennten Einzelwesens führen könne. Das geschieht folgendermaßen: Wenn das Wesen aus Gott heraustritt, bleibt seine »feine, obere Spitze«, sein geistiger, göttlicher Funke, mit seinem eigenen Urbild in Gott verbunden. Dann geht von dem Urfunken ein Strahl aus, dessen Licht zur Einzelseele wird, die, vom ersterschaffenen Stoff bekleidet, gleich einer Urwelle auf der Oberfläche des Daseinsmeeres erscheint. Ehe nun diese Welle oder Seele sich in der Urschau und Uranrufung Gottes endlos ausdehnt, um Sein ganzer, unermeßlicher Wasserspiegel zu werden, spiegelt sie sich selber, in ihrer Einzelheit, auf den unteren Ebenen des Allmeeres wider, und ihr Bild erscheint darin überall, wo ihr innerer, göttlicher Urstrahl es hinwirft. Wenn es sich um ein Menschenwesen handelt, kann dieses durch seine Vernunft und seinen verhältnismäßig freien Willen mit seinem inneren Strahl oder göttlichen Licht in Einklang kommen und darin bewußt zur Ursonne hinaufstreben, die sein eigenes Urwesen ist. Aber auch wenn der Mensch diesen Einklang mit Gott nicht sucht, wird er dennoch zur bestimmten Zeit durch den inneren Strahl zu Ihm zurückgeführt und somit seiner eigenen Urwahrheit, seinem eigenen Urwesen gegenübergestellt; und da die Menschenseele dann nicht bereit ist, in ihr eigenes göttliches Wesen einzugehn, muß sie wieder in die Schöpfung zurück, um sich auf dieses letzte Ziel allen Daseins vorzubereiten. Aber ihre feine obere Spitze, ihr Urfunke bleibt mit ihrem Urbild in Gott verbunden, und ihr Urwesen ist ewig eins mit Ihm; desgleichen bleibt sie, solange sie erschaffen ist, auf der höchsten Ebene der Schöpfung die ganze »Oberfläche der Wasser«, Gottes reiner, endloser Spiegel, Sein unermeßliches, vollkommenes Ebenbild. Darin, wie in ihrem Abstieg in die Tiefen des Daseinsmeeres, gleichen ihr die Buchstaben des hebräischen Alphabetes. Jeder Buchstabe geht von einer feinen, oberen Spitze aus und dehnt sich zuerst mehr oder weniger waagerecht aus, um schließlich auf die eine oder andere Weise nach seiner unteren Grenze hinzustreben. Und ebenso wie die Buchstaben, nachdem sie ausgesprochen worden sind, zu ihrem Ursprung, der stillen Welt des schöpferischen Gedankens zurückkehren, so geschieht es auch mit den Erdenwesen: Nachdem sie mit dem Urton als feinstoffliche Schwingungen oder »Wellen« aus der göttlichen Stille herausgetreten und mit dem allumfassenden Wort durch die Himmel zur Erde herniedergestiegen sind, kehren sie von hier aus schließlich bis zu ihrem göttlichen Ausgangspunkt zurück, von dem sie in Wahrheit nie getrennt gewesen waren.

Durch denselben Freudenschrei, durch dieselbe ekstatische Anrufung des Urnamens gehen alle Wesen aus und ein in Gott. Sie sind jene Urwellen, die auf der Oberfläche der Wasser vor Seligkeit zerspringen, sich miteinander vereinen und schrankenlos ausdehnen, bis sie allesamt vom Urlicht aufgesogen werden. Und während sie sich in reines Licht verwandeln, sind sie alle jener einzige, von unendlicher Liebe trunkene Schrei, der nichts anderes ist als die »Stimme Gottes, die auf den Wassern geht« (Psalm 19, 3). Diese Stimme, dieser allmächtige, allweltliche Laut, der gleichzeitig vom Schöpfer und von allen Seinen Geschöpfen ausgeht, ist im Selbstlaut *a* des Namens *JaH* verborgen: *a* geht aus dem *Jod* — der Einheit der *Schechinah* und *Metatrons* — hervor, um sich durch das *He* oder *Awir*, die »sehr reine und ungreifbare Luft«, welche aus dem Munde Gottes kommt, bis zu allen Enden des Daseinsmeeres auszudehnen. Deshalb rufen ohne Aufhören alle Wellen dieses Meeres, alle Seelen des Daseins: *JaH!* Und deshalb ist auch das letzte Wort des Psalmensängers: »Jede Seele lobe *JaH! Halalujah*« *(Gelobt sei JaH!)* *

Gott läßt Seinen schaffenden, erleuchtenden und erlösenden Namen ertönen, und alles geht aus Ihm hervor, besteht in Seiner Allgegenwart und kehrt zu Ihm zurück. Und jedes Wesen ruft Seinen Namen mit Ihm an, und dadurch wird es aus Ihm geboren, lebt es durch Ihn und in Ihm, und eint es sich völlig mit Ihm.

* Auch die Offenbarung Johannis (19, 6–7) spricht von der Anrufung *JaH's* durch die »Wasser« des Daseinsmeeres, von ihrer »Donnerstimme«, die »Halleluja« *(Halalu-JaH*, »Gelobt sei *JaH*«) sagt, und von der Freude der Erlösung, die diese Anrufung begleitet: »Und ich hörte eine Stimme einer großen Schar, und als eine Stimme großer Wasser, und als eine Stimme starker Donner, die sprachen: Halleluja! Denn der allmächtige Gott hat das Reich eingenommen. Laßt uns freuen und fröhlich sein, und Ihm die Ehre geben ...« In der Tat ist das »Halleluja« nicht nur eine Form der Anrufung *JaH's* im Judentum geblieben, sondern durch die Psalmen auch auf das Christentum übergegangen.

SCHLUSSBETRACHTUNG

Die Wirklichkeit der Einung des Menschen mit Gott wurde dem ganzen Volke Israel am Berge Sinai offenbart. Alle Daseinsstufen, von der höchsten bis zur niedrigsten, erschienen den Kindern Israels einbezogen und verwandelt in die Einwohnende Herrlichkeit Gottes, in Seine Allgegenwart und Seine unendliche Erhabenheit. Alle Dinge waren eins in ihrer allweltlichen Ursachenverkettung und ihrer Wesenseinheit mit dem Einen. Das war und das ist die Schau des Menschen, dem Gott sich offenbart, und das wird der Zustand aller vom Messias Erlösten sein, ihre Einung mit dem Einzigwahren und Alleinwirklichen.

Der große kabbalistische Meister Mose de Leon hat darüber in seinem *Sepher ha-Rimmon* gesagt: »Jedes Ding ist mit einem andern verbunden bis zum untersten Ring der Kette; und das wahre Wesen Gottes ist Oben wie Unten, in den Himmeln wie auf Erden: Es gibt nichts außer Ihm. Das lehren unsere Weisen, wenn sie sagen: ›Als Gott den Israeliten die Thora gab, tat Er ihnen die sieben Himmel auf, und sie sahen, daß in Wirklichkeit nichts anderes darin war als Seine Herrlichkeit. Er tat ihnen die sieben Erden auf, und sie sahen darin nichts als Seine Herrlichkeit. Er tat ihnen die sieben Abgründe auf, und sie sahen darin nichts als Seine Herrlichkeit.‹ – Sinnet darüber nach, und ihr werdet erfassen, daß das Wesen Gottes an alle diese Welten gebunden ist, und daß alle Formen des Daseins ihrerseits miteinander verbunden sind und dabei von Gottes Dasein und Wesen herrühren.«

Gott ist in Wirklichkeit der »Eine ohne Zweiten«. Er kann letzten Endes nichts anderes wollen als Sich Selbst in allem, was von Ihm den Anschein eines »Andern als Er« annimmt. Wenn Er etwas »anderes« wollte, wäre Er nicht mehr der Eine und Einzige, der Alleinwirkliche. Deshalb begehrt Sein Wesen und Sein und alles, was Er in Sich birgt, alles, was ist, lebt und strebt, nichts anderes als Ihn; und das gilt auch für das geringste unter allen Geschöpfen, ob es das weiß oder nicht. »Alles, was Odem hat«, sucht Ihn durch irgendeine Teilhaftigkeit an Seiner Wirklichkeit. Der Irrtum des Erschaffenen besteht darin, diese Teilhaftigkeit für die ganze Wirklichkeit zu halten, das Endliche mit dem Unendlichen zu verwechseln.

Das wahre, das göttliche Wollen des Geschöpfes drückt sich in seinem Durst nach dem Alleinwirklichen aus, in seinem Sehnen nach der Befreiung aus seinen Schranken, in seiner Suche nach dem Einzigwahren. Da sucht sich das Unendliche selber durch das Endliche hindurch. Das göttliche Selbst sucht sich in jedem menschlichen Ich, aber nicht jeder Mensch ist für diese Suche Gottes empfänglich, oder nicht jeder ist es im gleichen Maße. Die wahre Gottsuche nimmt nur von demjenigen voll und ganz Besitz, der all sein Denken und Wollen, sein ganzes Wesen dem »Einen ohne Zweiten« weiht; in diesem Menschen ist die wahre, die höchste Weisheit lebendig: die Einheit von Sein, Erkennen und Wollen. Die wahre Gottsuche führt den Menschen zur Einung seiner Taten und Eigenschaften, seiner Erkenntnis und seines Wesens mit dem Willen und den Eigenschaften Gottes, mit Seiner Weisheit und Seinem Wesen. Indessen wird in der jüdischen Überlieferung, wo die Gottesfurcht besonders stark ist – nämlich die Furcht, das Endliche mit dem Unendlichen zu verwechseln –, nicht der Begriff der Gottwerdung des Menschen gebraucht, sondern der seiner Heiligung. Der Mensch muß sich reinigen und heiligen durch seine innere und äußere Übereinstimmung mit dem Willen Gottes, durch sein Eindringen in die göttliche Wahrheit und seine geistige Versenkung in die unendliche Einheit. Dann befreit der Eine das wahre, göttliche Wesen des Menschen aus dessen geschöpflicher Verstrickung, aus allem Irrtum und aller Zweiheit und führt es in Seine Alleinwirklichkeit zurück.

»Seid heilig, denn Ich bin heilig, Ich, *JHWH*, euer Gott (*Levit.* 19, 2).« Alle Vollkommenheiten Gottes können in Seiner Heiligkeit zusammengefaßt werden, die metaphysisch Seine reine Jenseitigkeit bedeutet und sich auf der menschlichen Ebene als Ausgangspunkt zur Verwirklichung der Gottes-Ebenbildlichkeit und als Endziel des geistigen Aufstieges über alles Bildhafte, Gestaltete, Erschaffene hinaus offenbart. Der äußere Mensch, das menschliche Einzelwesen ist eine seelisch-leibliche Form, eine sinnbildliche Gestalt, und als solche vermag der Mensch nichts Höheres zu sein als ein möglichst vollkommenes Ebenbild Gottes; aber der innere Mensch, der seinen unteren Ausgangspunkt in der seelischen Form hat, übersteigt diese, wenn er in ihre »feine, obere Spitze« eingeht, wo ihr Einzelwesen ein Ende nimmt und wo ihre überförmliche, rein geistige Allweltlichkeit beginnt. Nachdem der Mensch durch diese »enge Pforte« in sein inneres Allwesen eingedrungen ist, vermag er über alle Gestalt und Ebenbildlichkeit hinauszutreten, geistig alles zu werden, heilig im Allheiligen, unendlich im Unendlichen, eins mit dem Einen.

Wie aber soll ein heutiger Jude, der nicht in einem streng orthodoxen Daseinskreis, sondern inmitten der finstern Welt »Edoms« lebt und wirkt, einen Zugang zu diesem geistigen Wege, zu dieser Heiligung und Einung finden? Die Antwort darauf ist in den vorangehenden Seiten – und was die praktische Ebene betrifft, besonders in den letzten Kapiteln dieses Buches – angedeutet worden. Es mag hinzugefügt werden, daß ein solcher Jude – wie übrigens jeder Zeitgenosse in ähnlicher Lage –, sofern er die Wahrheit sucht, zuerst den Irrtum der modernen Zivilisation einsehen und verwerfen muß: ihren falschen Glauben an den materiellen Fortschritt, der nicht nur den furchtbaren sittlichen und geistigen Rückschritt mit sich gebracht hat, welcher die heutige Welt verseucht, sondern sich auch auf der materiellen Ebene selber als verheerend erwiesen hat. Eine Menschheit, welche die einfache, gesunde, aus Gottes Händen entsprungene Natur des Alls und die damit zusammenhängenden, von Ihm offenbarten geistigen Wahrheiten und Daseinsgesetze verwirft, um sich eine selbstherrliche, künstliche Welt zu schaffen, ohne ein anderes Ziel als das irdische Wohlbefinden, muß an ihrem eigenen Truge zerschellen. Wer das nicht einsieht und nicht versteht, daß der Mensch auf die Dauer nur in einer Gottgewollten, heiligen Welt leben und glücklich sein kann, dem ist nicht zu helfen. Wem aber die Augen aufgegangen sind und wer sie, gemäß den Worten Jesaias, »in die Höhe hebt, um zu sehen, wer das alles erschaffen hat«, der mag wohl weiterhin leben und wirken in dieser edomitischen Welt, aber er ist nicht mehr »von dieser Welt«: Sein inneres Auge ist auf die Wahrheit gerichtet, die sich in seiner Religion – wie auch in allen andern offenbarten Glaubensformen – kundgegeben hat. Er beginnt, sein Denken mit dem Gedanken Gottes zu erfüllen, mit Seiner Lehre, die alle Anblicke der Wirklichkeit beleuchtet; denn er will wissen, wer und was er ist, woher er kommt, wo er steht und wohin er geht. In der Tat hat der heutige Mensch die offenbarte Metaphysik, Kosmologie und Menschenkunde – deren jüdischer Anblick auf den vorangehenden Seiten gezeigt wurde – bitter nötig, wenn er sich aus dem modernen Chaos des Denkens und Wollens zum übergedanklichen, göttlichen Geiste hin retten will, der in seinem eigenen Herzen ruht. Daß diese Notwendigkeit, dieses Bedürfnis heutzutage tatsächlich besteht, geht auch aus der reichen metaphysischen Literatur hervor, die gegenwärtig aus dem Boden aller Religionen wächst und darin sich die »Mysterien der göttlichen Weisheit« spiegeln, die während Jahrtausenden nur durch die auf Einweihung beruhende Überlieferung von Meister zu Schüler gelehrt wurden.

Die vergleichende Metaphysik der Religionen, wie die damit zusammenhängende vergleichende Lehre von der Welt und vom Menschen, zeigt, daß die Mysterien der göttlichen Allwirklichkeit – wenn auch in verschiedenen »Zungen« ausgedrückt – überall in ein- und demselben Urlichte erscheinen: Die Wahrheit ist eine und nicht zwei, die Wirklichkeit ist der »Eine ohne Zweiten«. Deshalb betrachten alle Überlieferungen auch den Menschen grundsätzlich in derselben Weise: Sein Ursprung, sein Wesen, sein Weg und sein Ziel klingen überall zusammen. Auch besitzen alle offenbarten Traditionen seit Jahrtausenden einander entsprechende prophetische Beschreibungen der Endzeit, die weitgehend auf unsere Epoche zutreffen, wo nur noch ein großes Wunder jene retten kann, die aufrichtig nach Licht verlangen. Dieses Wunder der Endzeit ist nach allen überlieferten Lehren kein anderes als das unendliche Erbarmen Gottes und der feste Glaube des Menschen an Ihn.

Der heutige Mensch ist so sehr von der Finsternis aufgesogen, die er aus der groben Materie zieht und mit aller Macht über die Welt verbreitet, er verstrickt sich so sehr in einen ebenso wilden wie unnützen Kampf ums Dasein, er geht mit einer solchen Gier und Hast der Verwirklichung eines falschen Erdenparadieses nach, daß er weder den Sinn, noch die Kraft, noch die Zeit mehr hat für das Wesentliche, das Unerläßliche: sein Seelenheil. Sogar der Mensch, der seine Seele retten und seinen Geist zu Gott erheben will, aber in dieser Welt leben und handeln muß, fällt mehr oder weniger – und zum mindesten äußerlich — den Folgen ihres Wahnes zum Opfer; oft fehlt es ihm an Kraft oder Zeit, all die frommen Werke, all die Bußetaten, all die geistigen Übungen zu unternehmen, welche die Gottsucher früherer Zeiten vollbrachten, um sich ihrem Ziele zu nähern. Das Erbarmen Gottes und der Glaube an Ihn müssen heute vieles davon aufwiegen, sonst kann der Mensch nicht mehr vor Ihm bestehen und nicht zu Ihm zurückfinden. Im übrigen schließt der Glaube selbstverständlich keine Gesetzeserfüllung und keine Vertiefung in die offenbarte Wahrheit aus, soweit sie dem heutigen Menschen noch möglich sind. Auch bleiben für diejenigen, die den Durst nach dem »Einen ohne Zweiten« bewahrt haben, nicht alle Türen zu den göttlichen Mysterien verschlossen und somit auch nicht jeder Zugang zur Einung mit Gott — insbesondere durch die Anrufung Seines Namens. All das hat der *Sohar* in folgenden einfachen Worten ausgedrückt: »Wehe dem, der zu jener Zeit leben wird, und Heil dem, der zu jener Zeit leben wird ... und den Glauben bewahrt! Denn er wird das seligmachende Licht des (göttlichen) Königs schauen (*Schemoth* 7b).« »Der Heilige, gesegnet sei Er, will nicht, daß die Mysterien der Welt offenbart werden; wenn aber die Tage des Messias näher kommen, werden sogar Kinder die Geheimnisse der Weisheit entdecken ... zu jener Zeit werden unsere Mysterien jedermann kundgetan, wie geschrieben steht (*Zephanja* 3, 9): ›Alsdann will Ich der Völker Lippen reinmachen, auf daß sie alle den Namen *JHWH*'s anrufen und Ihn einstimmig anbeten.‹ (*Wajera* 118 a.)«

Das will nicht heißen, daß alle Völker den Namen »*JHWH*« als solchen anrufen werden; sie werden seine innere Wirklichkeit anrufen, die keine andere ist als der eine und einzige Gott, der sich den Gläubigen jeder von Ihm offenbarten Religion durch einen besonderen Namen kundgibt; das versteht sich um so leichter als man weiß, daß Er sich sogar in ein- und derselben Religion – wie im Judentum – durch verschiedene Namen kundtut. Es ist ein- und derselbe Gott, den die wahren Gottsucher aller Völker »mit reinen Lippen und einstimmig«, wenn auch in verschiedenen »Zungen« anrufen. »Denn haben wir nicht alle Einen Vater? Hat uns nicht Ein Gott erschaffen (*Maleachi* 2, 10)?« Deshalb gilt auch das folgende Wort des Propheten Joel für alle Völker und für den jeweiligen Gottesnamen, bei dem die Gläubigen jeder Religion den Einen Vater und Gott anrufen: »Die Sonne wird sich in Finsternis verwandeln und der Mond in Blut, ehe denn da kommt der Tag *JHWH*'s, der große und furchtbare. Und jeder, der dann den Namen *JHWH*'s anruft, wird gerettet werden (2, 4–5).«

Das bedeutet in allgemeingültiger Sprache: Unmittelbar vor dem großen und furchtbaren Tag, wenn die Schrecken des Endes beginnen, wird jeder Gläubige, der in seiner eigenen Zunge, aber mit reinen Lippen, mit reinem Herzen den Einen Gott anruft, gerettet werden. Am großen Tage aber, wenn das Ende da ist, wird Gott wie am Anfang, wie auf der Oberfläche der Wasser, auch hienieden Selber Seinen Urnamen anrufen; »an diesem Tage wird *JHWH* eins sein (Er wird sich der ganzen Menschheit als eine einzige Wahre Gegenwart offenbaren), und Sein Name wird eins sein (für die Gläubigen aller Religionen) (*Sacharja* 14, 9).« Da werden nicht sie beginnen, Gott in ihren verschiedenen Zungen anzurufen, sondern Er wird durch sie hindurch Seine einzige, allgewaltige Stimme, Seinen Urnamen, den alloffenbarenden, allerlösenden und allrichtenden Urton erschallen lassen. Aus Seinem Munde wird wie aus einem Urpunkt, wie aus dem hebräischen Buchstaben *J* (י), der Urlaut *a* ausgehen und von Seinem Hauche, *H*, bis an alle Enden der Welt getragen werwerden; und es werden sich die Münder aller Geschöpfe auftun, und aus ihnen allen wird Sein Urname, Sein Urlaut *a* hervorbrechen und all ihren Atem erfüllen. Es werden »alle einstimmig« den Einen Namen des Einen anrufen; diese Anrufung wird aber nicht für alle dasselbe bedeuten, denn die einen werden es willig, die andern gezwungenerweise tun. Für die einen wird der Name Gottes das »ah!« einer unermeßlichen Freude sein, für die andern dasjenige eines überraschenden Schreckens; für die Begnadeten wird es der ekstatische Schrei der Einung mit dem Einen sein, aber der Schrei des Gerichtes in den Kehlen der Ungläubigen. »Siehe, Meine Knechte werden jauchzen in der Freude ihres Herzens; ihr aber werdet schreien vor Herzeleid und heulen mit zerschmettertem Geiste *(Jesaia* 65, 14).« Und aus dem Urnamen Gottes oder, wie Israel sich ausdrückt, aus *JaH* wird das *Waw* (ו), der Messias, herniedersteigen und mit ihm der »neue Himmel«; und in der Leere der alten, vergangenen Welt wird er das »untere, letzte *He*« des allumfassenden Gottesnamens – wird er *Malchuth*, das »Reich«, die »neue Erde«, das neue Jerusalem verwirklichen.

Rabbi Nachman von Bratzlaw (1772—1810), einer der größten chassidischen Meister, gab den Menschen der Endzeit folgenden geistigen Rat, der sich auf den »Schrei des Herzens«, die Anrufung Gottes im Herzen bezieht: »Es schreie ein jeder zu Gott und erhebe sein Herz zu Ihm, als hinge er an einem Haare und der Sturmwind brauste bis zum Herzen des Himmels; bis daß er nicht mehr wüßte, was er tun solle, und beinahe keine Zeit mehr hätte zu schreien. Und in Wahrheit ist ihm kein Rat und keine Zuflucht, als einsam zu werden und seine Augen und sein Herz zu Gott zu erheben und zu Ihm zu schreien. Und dies tue man zu jeder Zeit; denn der Mensch ist in der Welt in großer Gefahr.«

Das Gesagte will keine Einweihung in die Geheimnisse der Thora und in die Anrufung des Gottesnamens ersetzen. Es will nichts anderes als die eine, allweltliche Wahrheit und insbesondere den Ursprung, das Wesen, den Weg und das Ziel des Menschen im Lichte der Kabbala verdeutlichen, und dabei auf jene unermeßliche, rettende und einende Gnade hinweisen, die heute noch der ganzen Menschheit offensteht und von der es in der Schrift heißt: »Gott ist nahe all denen, die Ihn anrufen, all denen, die Ihn anrufen in Wahrheit (Psalm 145, 18).«

TRANSKRIPTION

Im vorliegenden Buche wurde die Transkription des hebräischen Alphabets in einfachster Weise vorgenommen. Die folgende Tafel enthält zugleich den Zahlenwert der hebräischen Buchstaben.

Zahlenwert	*Buchstaben*	*Namen*	*Transkription*
1	א	Aleph	gemäß Vokalisierung
2	ב	Beth	b (wie בּ)
3	ג	Gimel	g
4	ד	Daleth	d
5	ה	He	h
6	ו	Waw	w (oder je nach Vokalis.: u, o)
7	ז	Sajin	s
8	ח	Cheth	ch
9	ט	Teth	t
10	י	Jod	j (oder i)
20	כ	Chaph *oder* Kaph	ch oder k (= כּ)
30	ל	Lamed	l
40	מ	Mem	m
50	נ	Nun	n
60	ס	Samech	s
70	ע	Ajin	gemäß Vokalisierung
80	פ	Phe *oder* Pe	ph (= f) oder p (פּ)
90	צ	Zade	z
100	ק	Koph	k
200	ר	Resch	r
300	ש	Sin *oder* Schin	s (שׂ) oder sch (שׁ)
400	ת	Thaw *oder* Taw	th oder t (wie תּ)

INHALTSVERZEICHNIS